当代中国马克思主义研究工程

当代中国马克思主义哲学研究

吴晓明　户晓坤　等◎著

上海人民出版社

目　录

导论　当代中国马克思主义哲学的时代内涵与思想体系

当代中国马克思主义哲学在改革开放40年的历程中取得了重要的发展与突出的成果，尤其是在中国特色社会主义进入新时代的历史条件下，实现了重大的理论创新与历史贡献。当代中国马克思主义哲学是马克思主义中国化的成果结晶，是中国特色社会主义历史性实践的科学总结，也是中国特色哲学社会科学建设的指导思想。当代中国马克思主义哲学在不断发展中形成了科学、发展、创新、开放的思想体系，这一体系的形成既遵循了历史逻辑，也是对时代问题的解答。当代中国马克思主义哲学始终是时代精神的精华，不断体现出历史发展的时代内涵与精神特质。理解和阐释当代中国马克思主义哲学尤其需要把握中国特色社会主义进入新时代这一特殊现实，在新时代条件下诠释当代中国马克思主义哲学的思想内容和理论旨趣。

第一节　当代中国马克思主义哲学的历史逻辑

当代中国马克思主义哲学思想体系的形成有其历史逻辑与实践动因。从历史逻辑上来看，马克思主义哲学来到中国后，经历了转化与发展，当代中国马克思主义哲学是马克思主义哲学在中国的新发展、新成果，其思想体系承继了中国化马克思主义哲学发展的历史逻辑。从实践动因上来看，当代中国马克思主义哲学思想体系的形成始终伴随着对时代问题的解答，在实践的发展中，当代中国马克思主义哲学始终体现着时代精神的精华，并随着时代的发展、新时代的来临，不断在理论上开拓和发展自身的思想体系。

一、当代中国马克思主义哲学的创新与发展

当代中国马克思主义哲学思想体系的形成具有一以贯之的历史逻辑，从马克思主义来到中国，到中国特色社会主义进入新时代，当代中国马克思主义哲学的发展遵循了历史逻辑，始终将马克思主义哲学与当代中国、当代中国社会的发展结合起来，坚持马克思主义哲学一以贯之的理论品格和价值追求。马克思主义自诞生起，经过曲折、漫长的发展历程，形成了实践性、创新性、人民性、开放性的理论品格，当代中国马克思主义哲学的发展证实了马克思主义的理论品格在当代中国的体现。

马克思主义来到中国之后，既成为一部分中国先进知识分子的理论指引，也成为中国共产党人的思想武器，尤为重要的是，马克思主义很快在中国革命的历史性实践中实现了中国化。在学习马克思主义的初级阶段，由于未能真正把握马克思学说的活的灵魂，也曾出现过教条主义的马克思主义。例如，"中心城市武装起义"的革命主张就是把俄国经验教条化的结果，它在实践中遭遇了一次又一次惨痛的流血失败。只有当中国共产党人终于在"农村包围城市"的纲领中确立其革命的道路时，马克思主义的革命理论才开始了具有决定性意义的中国化——因为只有在这一纲领中，才包含着真正的"中国问题"和"中国经验"，才意味着马克思主义同中国革命的实际相结合。马克思主义来到中国并开始中国化进程时，一方面是理论要依循中国的社会现实来定向，另一方面是中国的社会变革也需要理论的指导与启示，而马克思主义同时也在经由中国的社会现实而获得一系列具体规定的行程中来实现中国化。任何一种外来的思想、理论或学术只有在总体上依循各自独特的方式被中国化时，它对于我们来说的外在性才开始得到解除，也就是说，它才不是仅仅作为教条或公式来起作用的。

马克思主义中国化的历史进程，是马克思主义的思想理论与中国现实不断结合的进程。在这一发展进程中，先后形成了毛泽东思想、邓小平理论、"三个代表"重要思想、科学发展观和习近平新时代中国特色社会主义思想等重大理论创新成果。当代中国马克思主义哲学取得的理论成果无疑是马克思主义与中国社会现实相结合的产物，体现了马克思主义最本质的理论品格与价值追求。改革开放40年来，马克思主义哲学在理论解读与实践运用中取得实质性的进步，坚持和发展了马克思主义哲学中的一系列重要概念、原则和方法，如实践概念、人民立场、新发展理念等，从而不断开拓着新领域，产生出新成果。当代中国马克思主义哲学在改革开放40年的过程中始终在场，对改革开放的历史性进程产生了不可替代的重要作用，它极大地推动了思想的解放，为社会改革提供了思想先导。尤其是进入新时代以来，面对百年未有之大变局，马克思主义哲学的思想理论显示出更为深广的意义。处于这样“一个需要理论而且一定能够产生理论的时代，一个需要思想而且一定能够产生思想的时代”，当代中国马克思主义哲学必将发挥更为重要的作用。

中国特色社会主义进入新时代意味着中国化马克思主义进入新时代，当代中国马克思主义为发展马克思主义作出了中国的原创性贡献，谱写了马克思主义新篇章。中国共产党始终将马克思主义视为看家本领，强调“马克思主义是我们党和人民事业不断发展的参天大树之根本，是我们党和人民不断奋进的万里长河之泉源”。当代中国马克思主义哲学的突出品格是科学性、人民性、实践性和开放性。当代中国马克思主义哲学的科学性在于：它坚持了马克思主义一以贯之的科学精神，积极探索人类社会发展规律，探寻实现自由和解放的道路。当代中国马克思主义哲学又特别强调人民性。马克思主义哲学归根到底是为人类求解放，人民立场是其根本立场。习近平总书记在纪念马克思诞辰200周年大会上指出：“马克思主义是人民的理论，第一次创立了人民实现自身解放的思想体系。马克思主义博大精深，归根到底就是一句话，为人类求解放。”[①]这一论断精辟地阐释了马克思主义的人民性。不仅如此，当代中国马克思主义哲学还是实践性的理论，始终坚持马克思主义“改变世界”的宗旨。当代中国马克思主义哲学一以贯之地坚持用马克思主义观察和分析社会历史发展，在实践中继承和发展马克思主义，使得马克思主义成为中国革命、建设、改革的强大思想武器。当代中国马克思主义哲学还是创新开放的，是始终站在时代前沿的，它不是一成不变的教条，而是随着实践不断发展的理论，是不断探索时代新课题、回应人类社会新挑战的理论。开放创新性特征是确保马克思主义理论科学真理性的重要前提。习近平总书记深刻总结了马克思主义的理论特征，即科学性、人民性、实践性和开放性。他强调：“马克思主义是不断发展的开放的理论，始终站在时代前沿。”[②]科学认识马克思主义开放性特征的理论真谛，对于我们在理论创新和实践创新的统一中来发展当代中国马克思主义、21 世纪马克思主义具有重要意义。

长期以来，马克思主义在中国显示出强大的生命力，我们党把坚持马克思主义和发展马克思主义有机统一起来，做到既不忘老祖宗、又讲出新话。当代中国马克思主义是当今时代最现实、最鲜活的马克思主义。当代中国正经历着广泛而深刻的社会变革，也正在

① 习近平:《在马克思诞辰 200 周年纪念大会上的讲话》，人民出版社 2018 年版，第 8 页。

② 同上书，第 9 页。

为世界贡献更多的中国方案与中国智慧，这种前无古人的伟大实践与使命为当代中国马克思主义哲学的创新发展提供了强大的动力和广阔的发展空间。

当代中国马克思主义哲学是以马克思主义哲学为范式或理论框架的研究，也是对各种理论和现实问题的研究，既涉及各种纯哲学的问题，如本体论、认识论、方法论等问题，也涉及对外部世界及其与人的关系的哲学理解，例如对自然、社会和人以及它们之间相互关系的认识。这些问题在不同时期、面对不同的社会环境和实践，又具体化为各种时代性的理论和现实问题，例如改革开放以来实践标准的讨论、生产力标准的讨论、社会主义本质的讨论、以人为本和科学发展观的讨论，又如对当今的全球化问题、数字化时代、可持续发展、科技革命、人的发展、市场经济等等的哲学思考。①

二、当代中国马克思主义哲学是对时代问题的解答

伟大时代呼唤伟大理论，伟大时代孕育伟大理论。当代中国马克思主义哲学思想体系是在中国特色社会主义的历史进程中形成和发展起来的。当代中国马克思主义哲学始终在解答时代问题、回应时代挑战，从改革开放的积极起步，到中国特色社会主义进入新时代，当代中国马克思主义哲学回答着不同的时代问题，在不同的时

① 苏培:《当代中国哲学格局中的马克思主义哲学》，中国社会科学网，2016年12月13日。

代问题中呈现出自身的开放性、时代性与创新性。

回顾历史，中国化的马克思主义首先需要回答的是中国道路问题。在特殊的历史条件与时代背景下，需要回答中国社会何去何从，如何实现发展，如何坚持中国道路、塑造中国精神等问题。在关于中国道路的探索中，马克思主义者必须把握中国的现实，并由此去揭示中国的发展道路。马克思主义哲学从“感性活动”出发建立起唯物史观，它要求“深入到历史的本质性的一度中去”，要求把握时代的独特现实。只有从社会现实这一立场出发，中国化的马克思主义才能科学地阐释中国道路。当马克思主义哲学开辟出理解中国道路的科学途径时，遇到的最严重的思想障碍就是“外部反思”。“所谓外部反思，从哲学上来说，就是一种‘忽此忽彼地活动着的推理能力’，它从来不会驻足并深入于特定的实体性内容之中；但它知道一般原则，而且知道把一般原则运用到任何内容之上。”[①] 外部反思也就是教条主义。

关于中国道路问题，在不同的历史环境下，中国化的马克思主义哲学回答了不同的时代问题；也正是在历史的发展中，在时代的变迁中，当代中国马克思主义哲学思想体系的形成获得了实践动因。在中国革命时期，马克思主义要与中国现实相结合，要回答中国革命向何处去，中国革命由谁来领导，中国革命依靠谁，中国革命如何取得胜利等具体问题。科学的态度不是将马克思主义作为某种教条，而是坚持马克思主义活的原则，在对马克思主义经典的学习中，

① 吴晓明：《论中国学术的自我主张》，复旦大学出版社 2016 年版，第 147 页。

结合中国革命的现实状况，摸索适合中国国情的革命道路。但是，外部反思在今天的很多领域依然盛行（先前的教条大多来自苏联，今天的教条则主要来自西方），而完全遗忘了中国社会本身的实体性内容。在这方面必须汲取历史的经验和教训。中国共产党人正是在不断克服、摆脱外部反思的过程中，最终发现中国的事情和中国的道路必须植根于中国的社会现实，只有深入把握中国的社会现实，才能形成真正的中国问题和中国经验，才能开辟出中国革命和建设的正确道路。

在改革开放 40 年的历史进程中，中国化的马克思主义再度回答了中国要坚持和发展什么样的社会主义，如何坚持发展的问题，中国特色社会主义正是马克思主义与中国现实相结合的成果，中国特色社会主义充分体现了马克思主义哲学的历史性原则，即历史道路理论及其具体化纲领。当下，中国特色社会主义进入新时代，这对于当代中国马克思主义哲学的发展，意味着新的发展阶段，新的问题与新的挑战。如何运用当代中国马克思主义哲学来把握新时代的社会特征与时代本质，如何探索新时代条件下社会发展的中国经验、中国方案，如何塑造中国智慧、中国精神，这需要以当代中国马克思主义哲学为理论指导，需要中国特色哲学社会科学去对时代问题作出积极的思考和解答。

三、当代中国马克思主义哲学是时代精神的精华

当代中国马克思主义哲学是时代精神的精华，为实现中华民族

伟大复兴提供了精神力量；这一思想体系也包含着对人类发展重大问题的睿智思考和独特创建，为建设美好世界贡献了中国智慧、中国方案。当代中国马克思主义哲学最为本质的特征就体现为它始终与时代课题紧密相关，并且与时俱进，这也正是马克思主义哲学的理论品格。

"任何真正的哲学都是自己时代的精神上的精华。"从古希腊哲学、近代哲学到当代哲学，莫不如是。黑格尔也称哲学为"把握在思想中的时代"。在他看来，任何哲学都不可能超越其时代，妄想一种哲学可以超出它那个时代，这与妄想个人可以跳出他的时代，跳出罗陀斯岛，是同样愚蠢的。

马克思主义哲学自觉地意识到它与时代的本质联系。这一哲学始终面对着其所处时代的基本问题，其思想体系的力量正在于与它同时代的本质关联。它从思想上牢牢把握着这个时代，在深度和广度上将思想一直推进到这个时代最隐蔽的本质之中。而马克思主义哲学所面对的时代就是广义的"现代世界"，即"资本主义世界"。这个世界具有世界历史意义，意味着一个现代的世界—历史格局。现代世界的本质根据是现代性，而马克思主义哲学正是对现代性的批判。马克思将现代世界的本质根据揭示为资本和现代形而上学，在这个意义上，马克思主义哲学是对现代性的双重批判，而对资本的批判和对现代形而上学的批判是内在统一的。我们今天生活的世界依然处于现代性的基本规定中，当代世界仍然是以资本和现代形而上学作为本质根据的，因此马克思主义哲学对现代性的批判依然有效。马克思主义哲学的现代性批判呈现为一种历史辩证法，即对于马克思主义哲学而言，现代经济生活、资本主义生产方式、整个现代世界都是历史的事物，而历史的事物都有自己的出生、成长、繁盛和衰亡，马克思主义所要把握的正是现代资本主义世界的历史限度，从而要求对这一历史事物作出历史的分析和批判。因此，当马克思主义传入中国时，它能够带着时代的根本问题与中国现实结合起来，它能够在中国的历史进程中生根、繁盛，在历史辩证法中把握和塑造中国社会的发展道路。

当代中国马克思主义哲学也是当代中国精神的精华。当代中国精神一方面部分地从属于现代文明，另一方面则依其独特的国情、传统和历史处境而获得自身的发展定向。当代中国精神的阐释与重建要依循当代中国的历史性实践所产生的可能性，要运用历史辩证法探索具有开创性意义的中国式的发展，这里涉及的是社会主义新文明的积极开启，是整个生活方式、生活态度、价值体系等的变革与重铸，从而也意味着要求开启哲学的新形态。因此，当代中国马克思主义哲学一方面体现了中国精神，另一方面也在中国精神的创建中获得自身发展的新形态。

第二节　当代中国马克思主义哲学的新时代性质

当代中国马克思主义哲学面对的最大现实是：中国特色社会主

义进入新时代。因此，对新时代历史方位的把握就成为理解当代中国马克思主义哲学的基础与前提。在党的十九大报告中，习近平总书记提出："中国特色社会主义进入了新时代，这是我国发展新的历史方位。"这一判断和表述不是凭空产生的，而是对中国经济社会发展进行系统梳理和深刻把握得出的科学论断，具有丰富而厚重的思想内涵、实践内涵和历史内涵。

"这个新时代，是承前启后、继往开来、在新的历史条件下继续夺取中国特色社会主义伟大胜利的时代。"中国特色社会主义是党和人民几十年来奋斗拼搏所取得的根本成就，改革开放更是极大地激发了中国人民的创造力，极大地解放和发展了社会生产力，增强了社会活力，提升了我国国际地位，使中国特色社会主义焕发出强大生命力。"这个新时代，是决胜全面建成小康社会、进而全面建设社会主义现代化强国的时代；这个新时代，是全国各族人民团结奋斗、不断创造美好生活、逐步实现全体人民共同富裕的时代。"中国特色社会主义进入新时代意味着：中国的现代化进程取得了实质性发展，中国特色社会主义收获了重大的成绩，在对以往成绩与经验的总结中，中国特色社会主义迎来了新的时代、新的挑战。"这个新时代，是全体中华儿女勠力同心、奋力实现中华民族伟大复兴中国梦的时代；这个新时代，是我国日益走近世界舞台中央、不断为人类作出更大贡献的时代。"在新的历史方位上，中国智慧、中国精神将为世界作出更大的贡献，在世界舞台上展现自身的生命力。最后，"新时代是中国特色社会主义新时代，而不是别的什么新时代。”① 用新时代界定当前我国发展新的历史方位，有利于进一步统一思想、凝聚力量，在新的起点上把中国特色社会主义事业推向前进。

一、中国特色社会主义进入新时代的历史方位

新时代的“新”在于我们面临着新的社会主要矛盾，这也是新时代所具有的基本社会历史内涵。党的十九大报告指出，我国社会主要矛盾已经转化为人民日益增长的美好生活需要和不平衡不充分的发展之间的矛盾。社会主要矛盾的变化深刻揭示了当前我国发展状况和人民生活状况的时代特点，对党和国家各方面工作都提出了新的要求。

生产力和生产关系、经济基础和上层建筑的矛盾是社会基本矛盾。这一矛盾规定并反映了社会基本结构的性质和基本面貌，涉及社会的基本领域，囊括社会结构的主要方面。社会矛盾的转化，一是社会主要矛盾双方的内容发生一定的变化；二是矛盾地位发生变化，即原来的主要矛盾转化为从属地位的矛盾，而原来的某个非主要矛盾则上升为占支配地位的主要矛盾。新的社会主要矛盾揭示了我国发展的现实状况，并要求在新的历史条件下去解决当代中国发展所面临的主要问题。在改革开放 40 年的进程中，我国稳定解决了人民的温饱问题，总体上实现了小康，进而全面建成小康社会，不断满足人民日益增长的美好生活需要；与此相应，我国的社会生产力也获得了显著提高，发展不平衡和不充分的问题成为更加突出的

① 《习近平谈治国理政》第三卷，外文出版社 2020 年版，第 70 页。

主要问题，制约着人民对美好生活需要的满足。当现实的社会主要矛盾发生变化时，我们就需要从全局出发，在新的历史方位与新的时代坐标中全面把握我国社会主要矛盾的变化。

社会主要矛盾的变化反映了时代和实践的要求。早在革命时期，毛泽东就指出抓住社会主要矛盾的重要意义。“对于矛盾的各种不平衡情况的研究，对主要的矛盾和非主要的矛盾、主要的矛盾方面和非主要的矛盾方面的研究，成为革命政党正确地决定其政治上和军师上的战略战术方针的重要方法之一，是一切共产党人都应当注意的。”在救国救民的革命运动中，中国共产党正确把握住了当时的主要矛盾，即帝国主义与中华民族、封建主义与人民大众这一社会矛盾及其不同时期的具体表现，从而赢得了中国革命的胜利。新中国成立后，关于中国社会主要矛盾的表述也在特定的历史与时代条件下发生了变化。党的八大第一次对我国社会主要矛盾作出明确表述：“国内的主要矛盾，已经是人民对于建立先进的工业国的要求同落后的农业国之间的矛盾，已经是人民对于经济文化迅速发展的需要同当前经济文化不能满足人民需要的状况之间的矛盾。”党的十一届三中全会以后，“我国社会的主要矛盾是人民日益增长的物质文化需要同落后的社会生产之间的矛盾”。对于当代中国马克思主义哲学来说，当今社会的发展与对社会主要矛盾的把握是密不可分的，只有准确把握了社会的主要矛盾，才能制定正确的路线、战略、方针。由此可见，分析社会主要矛盾正是马克思主义哲学的重要理论任务之一。在历史的发展变化中，从我国社会的发展实际出发，在诸多社会矛盾中去把握主要矛盾，以主要矛盾为核心，不断探索中国的发展与改革问题，寻找中国经验与中国方案。中国特色社会主义进入新时代，首先意味着社会主要矛盾发生了变化，这是关系全局的历史性变化，而这一变化是由我国现阶段的客观实际决定的。经过改革开放的历程，我国社会生产力水平总体上显著提高，社会生产能力等很多方面都进入了世界前列。随着人民生活水平的提高，人民对生活的追求也有了更高的期待，对美好生活的向往更加强烈。这样的期待和向往不仅体现在对物质文化生活提出了更高要求，而且体现在对民主、法治、公平、安全、环境等方面都提出了更高的要求，人民群众的愿望和要求表现出了更高的层次和更丰富的内容。因此，在满足人民美好生活需要的过程中，我们面对的问题和挑战，主要表现为发展不平衡不充分问题。“发展不平衡，主要指各区域各领域各方面发展不够平衡，存在‘一条腿长、一条腿短’的失衡现象，制约了整体发展水平提升。发展不充分，主要指一些地区、一些领域、一些方面还存在发展不足的问题，发展的任务仍然很重。”①

我国社会主要矛盾的变化对实践提出了新的要求，要求更好地贯彻以人民为中心的发展思想，要求从全局的高度思考和谋划党和国家工作。同时，我们还需要在社会主要矛盾的变化中把握我国社会主义所处历史阶段的基本性质，把握在变化中未变的方面。即必须认识到，我国社会主要矛盾的变化，没有改变我们对我国社会主

① 《习近平新时代中国特色社会主义思想三十讲》，学习出版社 2018 年版，第 169 页。

义所处的历史阶段的判断——我国仍处于并将长期处于社会主义初级阶段的基本国情没有变，我国是世界上最大发展中国家的国际地位没有变。

二、中国特色社会主义进入新时代的哲学内涵

新时代意味着社会主要矛盾的变化，意味着新的历史条件与发展现状，意味着新的问题与挑战。“中国特色社会主义进入新时代意味着近代以来久经磨难的中华民族迎来了从站起来、富起来到强起来的伟大飞跃，迎来了实现中华民族伟大复兴的光明前景；意味着科学社会主义在21世纪的中国焕发出强大生机活力，在世界上高高举起了中国特色社会主义伟大旗帜；意味着中国特色社会主义道路、理论、制度、文化不断发展，拓展了发展中国家走向现代化的途径，给世界上那些既希望加快发展又希望保持自身独立性的国家和民族提供了全新选择，为解决人类问题贡献了中国智慧和中国方案”。要言之，新时代中国特色社会主义是普遍性与特殊性的统一，既是21世纪科学社会主义的新发展、新生机，又是具有中国特色的独特道路与方案，必将对社会主义和人类世界的整体发展贡献出重要的智慧与力量。

新时代中国特色社会主义不仅是中华民族伟大复兴的历史性进程，而且是21世纪科学社会主义的新发展。20世纪80年代末和90年代初，苏联解体、东欧剧变，世界社会主义遭受严重曲折，甚至有人宣称“历史将以社会主义的失败和资本主义的胜利而告终”。然而，到了21世纪，世界社会主义在中国的历史性发展中重新焕发出

生机和活力，我们完全可以说，中国不但在世界上把社会主义的旗帜举住了、举稳了，而且把科学社会主义推向崭新的阶段。中国特色社会主义开辟了科学社会主义的新境界，形成了道路、理论、制度、文化有机统一的科学体系。在中国特色社会主义思想体系的指引下，中国特色社会主义道路越走越宽，使马克思主义和社会主义在世界范围内重现巨大的生命力，越来越多的人选择正视和相信马克思主义和社会主义，马克思主义、社会主义在世界历史中的地位发生了深刻转变。新时代中国特色社会主义在21世纪科学社会主义的发展舞台上扮演了重要的角色，从这个意义上说，它具有普遍性，具有世界社会主义发展的一般性质。

同时，新时代中国特色社会主义又具有鲜明的特殊性。新时代中国特色社会主义是中华民族从站起来、富起来到强起来的伟大飞跃，也为世界上的发展中国家走向现代化提供了新途径，为解决人类问题贡献了中国智慧和中国方案。新时代中国特色社会主义的形成与发展是和中国现实结合在一起的，中国的现实具有自身的特点，马克思主义依据现实原则而规划的历史道路并不意味着某种僵化的公式。唯物史观包含了历史原则，这一历史原则是决定性的，马克思的历史道路理论正是以这种历史原则为基础的；但这样的历史原则同时具有彻底的具体化纲领，只有通过具体化的贯彻，历史原则才真正深入到现实的对象中。要言之，马克思的历史道路理论实质上包括两个主要方面：一方面是关于世界历史进程诸阶段的概说，另一方面是一个必须贯彻始终的具体化纲领。关于世界历史进程的若干概述是一些必要的抽象，而具体化纲领则是对具体对象开展出深入于现实本身的研究，是使科学抽象成为理论指引的根本方法。这两方面在马克思的历史道路理论中是内在关联、不可须臾相失的。没有科学抽象作为“指引”的历史研究会沉没到“僵死的事实的汇集”中去，而脱离具体化纲领的抽象必将沦为用主观思想去强制历史内容的外部反思。因此，为了真正把握中国道路，为了真正理解新时代中国特色社会主义，就需要借重于科学的抽象，即一定意义上的普遍性；但还需要依循马克思历史道路理论的具体化纲领，深入到中国的社会现实中去，把握好中国社会及其历史发展的特殊性。

三、中国特色社会主义进入新时代的世界历史意义

中国特色社会主义进入新时代“在中华人民共和国发展史上、中华民族发展史上具有重大意义，在世界社会主义发展史上、人类社会发展史上也具有重大意义”。新时代的中国特色社会主义之所以具有世界历史意义，是因为它拓展了发展中国家走向现代化的途径，为世界上那些既希望加快发展又希望保持自身独立性的国家和民族提供了现代化的全新选择，为解决人类问题贡献了中国智慧和中国方案。

改革开放40年来，中国顺应世界历史发展的大势和机遇，走出了一条中国特色的社会主义现代化道路。而世界上的一部分发展中国家在追随欧美资本主义国家的发展理念和发展道理时，并没有很好地解决发展问题，大多发展缓慢、困难重重。中国打破了发展中国家对西方现代化路径的依赖，提供了新的选择，用实践上的巨大

成就树立了发展榜样。这意味着，在世界上并没有某种普遍适用、放之四海而皆准的现代发展模式，西方的现代化道路并不是唯一的选择，各国完全可以而且应当按照自己的现实与历史条件走出自己的道路、作出自己的全新选择。改革开放以来，特别是党十八大以来，中国的发展成就可谓举世瞩目。越来越多的目光聚焦在中国的发展走向及其可能带来的诸多后果上，人们关切中国的发展，尤其是中国将如何运用新近取得的进步成果。中国是在非常独特的，与西方几乎完全不同的——国情及文化传统的基础上提出自己的现代化任务的。

在阐释中国的现代化发展道路时，必须明确区分现代化和西方化，区分现代化的资本主义样式和社会主义样式。“就中国之现实的发展道路而言，它的现代化不等于（也不可能等于）西方化，它的社会主义道路不等于（也不可能等于）资本主义道路——这不是一个可以在抽象的理论上用‘假设历史’的方式来讨论的问题，而是一个首先由中华民族的历史性实践做出的决定性区分，是一种历史的‘决断’……。”① 现代化与西方化的区别，现代化的资本主义样式与社会主义样式的区分，要求深入到历史的本质性一度中去，要求深入到特定社会的现实中去。在2020年“读懂中国”国际会议（广州）上，中央宣传部部长黄坤明指出：“读懂中国的一个重要视角，就是读懂中国对现代化的不懈追求与立场观点。现代化是人类

① 吴晓明：《马克思主义中国化与新文明类型的可能》，《哲学研究》2019年第7期。

社会的共同愿景，也是中国党和人民接续奋斗追求的伟大梦想；现代化道路不止一条，需要各国根据自身国情不断探索；现代化是物的现代化、更是人的现代化，现代化成果必须造福于民；现代化是近代以来世界历史的主线，应对全球性挑战必须推动构建人类命运共同体。”①

中国的现代化发展道路与中国的文化传统息息相关，它既是一个迈向现代化的历史进程，又是对文化传统的接续与继承。中国不可能完全按照西方资本主义的标准和路径来开展现代化，同样也不可能完全根据书本和曾经的苏联模式来达到它的目的。中国的现代化发展立足于与西方不同的社会现实和文化条件。中国现代化发展道路的现实可能性首先来自它走西方资本主义道路的不可能性，这种不可能性从基本性质上规定了中国现代化实践的立足点和历史性进程，规定了它的实际内容和价值取向。不仅如此，中国的现代化实践也打开了传统本身的封闭状态，为传统的延续和再生创造了条件、规定了方向。中国的发展道路既意味着不可遏制的现代化的发展要求，又意味着中国的发展不能脱开其独特的文化传统，并且会对这一传统进行积极的开启与重建。由此而形成的发展道路必定是中国特色的，但这种中国特色却不能仅仅归结为传统，因为正是中国特色社会主义的历史性实践，才为既有的文化传统开辟出崭新的意义领域和活动空间，并为现代化道路的选择提供中国经验、中国方案。

① 《2020 年“读懂中国”国际会议（广州）在广州举行 黄坤明宣读习近平主席贺信并发表在线演讲》，http：//www.gd.xinhuanet.com/zt19/ddzg/。

第三节　建构中国特色哲学社会科学的思想引领与时代任务

2016年5月17日，习近平在哲学社会科学工作座谈会上的重要讲话中要求加快构建中国特色哲学社会科学，并明确指出，中国特色哲学社会科学的建设需要坚持以马克思主义为指导，“坚持以马克思主义为指导，是当代中国哲学社会科学区别于其他哲学社会科学的根本标志”①。中国特色哲学社会科学的建设与发展需要不断深化思想并使之切中当今的社会现实，因为新时代中国哲学社会科学植根于当今中国生气勃勃的历史性实践，植根于在这一实践过程中不断呈现出来的思想任务。坚持马克思主义在我国哲学社会科学领域的指导地位，就是要坚持马克思主义思想的科学性和真理性，这也是我国近现代思想文化发展的历史必然。我国的历史性实践和现实发展不仅极大地丰富了马克思主义的思想内容，而且为哲学社会科学的发展提供了取之不尽的源头活水。新时代的中国特色哲学社会科学建设包含了思想体系、学术体系和话语体系建设，它以构建当代中国马克思主义哲学体系为基础，开辟出中国特色哲学社会科学发展的新境界。

---

① 习近平:《在哲学社会科学工作座谈会上的讲话》，人民出版社2016年版，第8页。

一、坚持马克思主义在哲学社会科学领域的指导地位

中国特色哲学社会科学建设首先要坚持马克思主义在我国哲学社会科学领域的指导地位。马克思主义之所以能够担当这样的使命，正在于其理论自身的科学性，马克思主义哲学的根本任务和目的就是深入到社会现实中去，并且使整个思想理论以社会现实为旨归。习近平总书记指出，马克思主义尽管诞生在一个半多世纪之前，但历史和现实都证明它是科学的理论，迄今依然有着强大生命力。马克思主义深刻揭示了自然界、人类社会、人类思维发展的普遍规律，为人类社会发展进步指明了方向；马克思主义坚持实现人民解放、维护人民利益的立场，以实现人的自由而全面的发展和全人类解放为己任，反映了人类对理想社会的美好憧憬；马克思主义揭示了事物的本质、内在联系及发展规律，是“伟大的认识工具”，是人们观察世界、分析问题的有力思想武器；马克思主义具有鲜明的实践品格，不仅致力于科学地“解释世界”，而且致力于积极地“改变世界”。在人类思想史上，还没有一种理论像马克思主义那样对人类文明进步产生了如此广泛而深刻的影响。

新时代的马克思主义哲学研究需要实现三项对话，即与经典著作的积极对话、与当代哲学的积极对话、与时代问题的积极对话。首先是与经典著作之间的积极对话。这一方面意味着返回经典的文本解读，另一方面又是解释学意义上的对话式研究。返回经典，并不是一个类似于原教旨主义的步骤，而是到思想的源头去汲取新的

动力，哲学经典总是集中并且深刻地反映着时代的精神状况和人民生活的重大变迁。其次是与当代哲学的积极对话，马克思主义哲学的发展不是孤立的、自我封闭的，它的生命力与当代哲学及其问题密切相关，马克思主义哲学只有在同当代哲学思潮的批判性对话中，才能彰显其当代意义，并使这种当代意义获得真正的开拓和巩固。最后，马克思主义哲学必然要与时代问题进行积极的对话。马克思主义与社会现实密切相关，无论是对经典著作的关注，还是与当代哲学的积极对话，归根到底都是要揭示并切中当下的社会现实，因此，马克思主义哲学势必要与时代问题开展积极的对话。只有通过这种经常不断和循环往复的对话，生活世界的地平线才有可能渐次显现出来，我们这个时代问题所在的那个核心也才有可能被充分揭露出来。与时代问题的对话构成马克思主义哲学的生命线，坚持马克思主义在我国哲学社会科学领域的指导地位，就是要坚持马克思主义哲学对当代现实、对时代问题的敞开。

确立马克思主义在我国哲学社会科学领域的指导地位是我国近现代思想文化发展的历史必然，是新时代思想文化发展的必然选择。在近现代思想文化发展过程中，马克思主义进入中国，融入了中国的文化土壤。中国自近代以来，思想文化的发展受到马克思主义、中国传统思想及西方近代思想这三个方面的影响，这三种思想不断进行对话，以各种形式联合与碰撞，产生着积极的和强大的张力。这样一种文化思想的对话植根于中国近代以来的现实的历史，与当代中国的实践本质相关。马克思主义在我国哲学社会科学领域的重要意义也是由历史和现实的发展内在规定的。中国自近代以来面临着持续不断的现代化任务，在这个过程中有必要向先进的西方学习，以便积极地占有现代资本主义文明的成果。不仅如此，中国的现代化实践又是在中国传统文化的地基上开展出来的，它的发展进程既极大地改变着这个地基又是从中生根的。最为重要的是，中国的现代发展在现实的进程中历史地形成了独特的社会主义道路、社会主义思想体系，从而建立起中国的现代化与马克思主义的本质关联。马克思主义对于中国特色哲学社会科学建设，不仅是一个重要的要素，更是居于指导地位的核心思想，其重要性正在于它穿透现实的品格与植根于历史实践的向度。

二、建构中国特色哲学社会科学思想体系、学术体系与话语体系

中国特色哲学社会科学的建设需要实现思想体系、学术体系、话语体系的建构，这一任务的实现将积极开启我国哲学社会科学的全新局面，切实增强我国哲学社会科学的国际影响力。在建设任务中需要深刻认识和把握哲学社会科学的发展规律和思想体系、学术体系、话语体系建设的本质特点和内在要求。同时，这一建设任务尤其需要立足中国的现实，挖掘历史，把握当代，面向未来，使中国特色哲学社会科学充分体现出继承性、民族性、原创性、时代性、系统性、专业性。只有这样，新时代中国特色哲学社会科学的思想体系、学术体系和话语体系建设才能体现中国立场、中国智慧、中

国价值，才能在体系中实现中国特色、中国风格、中国气派，也才能真正实现中国学术“走出去”的目标。

新时代中国哲学社会科学的思想体系建设是中国哲学社会科学建设任务的重要内容，是学科体系与教材体系的基础。思想体系的形成要能够在整体上把握新时代中国哲学社会科学的本质与特征。思想体系建设要立足于哲学社会科学的实质性内容，而其实质性内容又是基于中国实践的，是对中国实践的凝练，对中国道路、中国经验的探索与概括。思想体系建设需要体现中国立场、中国智慧，凸显中国特色，并且思想体系建设需要与学术体系、话语体系建设互为依托，用思想建设来引领学术与话语建设。

新时代中国哲学社会科学的学术体系建设是教材体系与话语体系的支撑。首要任务在于逐渐摆脱它对于外部学术的“学徒状态”，从而获得它的“自我主张”。学术体系建设一方面背负着过去的遗产，另一方面也接受着各种外来思想、观念的融合，中国学术体系建设要使中国学术成为能思的和批判的，也就是说，通过它的自我主张而达到真正的成熟阶段。新时代中国哲学社会科学的学术体系还要坚持不忘本来、吸收外来、面向未来，在提升学术原创能力和水平、推动学术理论中国化、建立激发科研活力的体制机制、构建具有自身特质的学术评价体系上下大功夫。

学术体系建设必然伴随着话语体系建设，因为学术从本质上来说采取思想的形式，而思想总是为一定的民族精神所限制，并植根于这一民族之“活的语言”中。因此，学术体系是在特定的语言体系中发育、成熟、繁盛的。同时，中国话语体系建设又不是完全抽象的话语形式问题，它具有特定的社会—历史内容，也就是说，它植根于中国的历史性实践中，植根于中国的现代化发展道路中，植根于中华民族面向未来的复兴事业中。当下话语体系的建设要建立在“现实生活的语言”的基础上，并且要表现为一种持续的任务——使整个话语体系能够深入到社会生活的内容之中并把握住现实。话语体系建设还需要实现大众化和中国话语国际化，立足实践与经验，不断概括出新概念、新范畴、新术语，打造具有中国特色、中国风格、中国气派的学术话语体系。坚持大众化方向，用群众听得懂的语言讲群众听得进去的理论学术观点，同时围绕我国和世界发展的重大问题，增强我国哲学社会科学的国际影响力。

新时代中国哲学社会科学思想体系、学术体系、话语体系建设是一个整体，是学科体系、教材体系的有机载体，是实现中国特色哲学社会科学建设任务的题中应有之义。同时，对于这一重大体系建设还需要有与之相适应的“评价体系”建设。因此，要加快构建中国特色哲学社会科学，更好引领推动学科体系、教材体系、话语体系、评价体系建设。①这是一项重大的任务，需要深入我们正在经历的、波澜壮阔的历史性实践之中，这项任务的核心是揭示当今中国的社会现实，并指向一种意义深远的开拓与创新。新时代正处于实现中华民族伟大复兴的关键时期，新时代中国哲学社会科学建

① 王沪宁：《扎实推进马克思主义理论研究和建设工程》，新华网，2020年12月10日。

设任务因此也就具有了重要的历史意义。

三、马克思主义哲学是构建中国特色哲学社会科学的思想基础

哲学社会科学是认识世界与改变世界的重要工具，也是推动历史发展和社会进步的重要力量。在人类文明的发展中，在中国特色社会主义的实践探索中，哲学社会科学起到了知识变革和思想先导的作用，具有不可替代的重要地位。当代中国马克思主义哲学是构建中国特色哲学社会科学的理论基础，在中国特色哲学社会科学的建设中，马克思主义始终具有指导作用和基础地位，研究和阐释当代中国马克思主义是这一任务中的重中之重。

当代中国马克思主义哲学为构建中国特色哲学社会科学提供了有力的学理支撑。当代中国马克思主义哲学与当代中国的改革实践和发展息息相关，是立足于实践的科学理论。它的基础地位不仅对于思想文化发展具有指导作用，而且对于中国特色哲学社会科学的构建也具有指导意义。当代中国马克思主义哲学是深入中国社会现实的理论，它是科学创新的理论，是发展开放的理论，是具有人民性的理论，它的精神内涵与价值品格决定了中国特色哲学社会科学的发展取向。当代中国马克思主义哲学之所以为中国哲学社会科学的构建提供了积极的启示，是因为这一哲学明确指示出中国哲学社会科学立足其上的核心立场。当代中国马克思主义哲学坚持了人民立场，它面向人民群众的需求，从人民群众的生产和生活、从中国

特色社会主义的伟大实践中汲取智慧，获得源泉和动力；同样，新时代中国哲学社会科学的构建也要坚持人民立场，为人民立论，在服务人民中实现体系建设与发展进步。

因此，阐释和研究当代中国马克思主义哲学需要坚持创新原则，坚持正确的政治方向，不断探索当代中国在发展过程中的社会现实和历史进程。当代中国马克思主义哲学的发展要坚持中国化、时代化、大众化，把马克思主义哲学与当代中国实际和时代特点紧密结合起来，始终坚持马克思主义哲学的现实观，深入当代中国的历史现实。我们需要实现马克思主义的时代化，充分发挥马克思主义哲学的时代精神作用，为21世纪马克思主义注入新活力，使当代中国马克思主义为世界马克思主义的发展贡献中国智慧。我们要解决好真学真懂真信真用的问题，深入研究当代中国马克思主义所蕴含的时代背景、时代意义、科学内涵、精神实质，用马克思主义中国化的最新成果来武装头脑、凝心聚魂，为进一步加快构建新时代中国特色哲学社会科学提供坚实的基础。

加快构建中国特色哲学社会科学是历史赋予我们的时代重任，其建构需要立足中国、借鉴国外，挖掘历史、把握当代，关怀人类、面向未来，并在这样的基点上着力构建中国特色哲学社会科学的思想体系、学术体系、话语体系。在体系的建构中要能够充分体现中国特色、中国风格、中国气派，并且体现继承性、民族性，善于进行文化结合，融通马克思主义、中国传统文化和现代西方的思想文化资源；从我国的实际出发，立足中国立场，概括的总结中国经验，形成中国智慧、中国价值。同时，中国特色哲学社会科学建设还应体现原创性、时代性，从当下改革开放的实践出发，挖掘新材料、发现新问题、提出新观点、构建新理论，不断完善哲学社会科学的思想体系、学术体系和话语体系，增强我国哲学社会科学的国际影响力。

第四节　发展当代中国马克思主义哲学的理论要求

当代中国马克思主义哲学是立足当代中国实际、解答时代难题的实践哲学，是科学认识新变化、遵循历史规律的发展哲学，又是正确处理人与自然、家国与世界的辩证哲学。当代中国马克思主义哲学所具有的实践、发展、辩证的精神品格，不仅为中国特色哲学社会科学的构建提供了积极的思想指引，而且在马克思主义哲学与当代中国现实的结合中不断产生出内容丰富、充满活力的积极成果。

一、立足当代中国、解答时代难题

当代中国马克思主义哲学的根本要义在于：它既是当今中国历史性实践的产物，又要求深刻把握中国的社会现实。从这个意义上说，当代中国马克思主义哲学是立足当代中国实际、解答时代难题的实践哲学。当代中国马克思主义要研究中国问题、把握中国经验，从而使当今中国的社会现实能够被揭示着前来同我们照面。同马克思主义哲学的本质相一致，当代中国马克思主义哲学也具有一个重要的学术向度，但这个学术向度的根本任务和根本目的就是深入社会现实，努力解决时代问题。

当代马克思主义哲学是实践哲学，具有实践的品格。马克思主义哲学从诞生之初就坚持实践原则，马克思在《关于费尔巴哈的提纲》和《德意志意识形态》中明确提出了实践原则，并将这一原则作为其新世界观的基本特征和主要标志。马克思的实践学说首先具有本体论的意义，换言之，实践从根本上来说是关于存在与非存在、关于存在的现实性、关于自然界和人的现实存在的基本原则。马克思同旧哲学的决定性区别之一，就是把现实的人理解为他的存在本身，理解为感性活动。针对旧哲学把人等同于意识的观点，马克思指出："意识在任何时候都只能是被意识到了的存在，而人们的存在就是他们的现实生活过程。"①马克思正是从人与实践，人的存在与现实生活的同一中展开"关于现实的人及其历史发展的科学"。

马克思的实践概念最简单、最基本的表达是"人的感性活动"或"对象性的活动"，马克思由此开启了哲学的全面变革。"对象性活动"是马克思实践学说的最初表述，也是马克思同以往哲学家的决定性区别。所以在《关于费尔巴哈的提纲》中，实践的原理表明："问题在于改变世界。"正是通过实践原则，马克思第一次使哲学真正与当代世界、与人们的现实生活相贯通，并使之成为当代生活的

① 《马克思恩格斯选集》第1卷，人民出版社1995年版，第72页。

推动原则。

马克思主义来到中国后，实践原则也被用来思考和指导中国的历史性实践，毛泽东在其《实践论》中极大地继承和发展了马克思主义哲学的实践观点。他不仅强调人类的生产活动是最基本的实践活动，是决定其他一切活动的东西，人的社会实践还有其他很多的形式，并一步一步由低级向高级发展；而且还将实践与人们的认识联系起来，强调实践是人们对于外界认识的真理性的标准，“通过实践而发现真理，又通过实践而证实真理和发展真理。从感性认识而能动地发展到理性认识，又从理性认识而能动地指导革命实践，改造主观世界和客观世界”①。正是依循实践原则，中国共产党人开辟出马克思主义中国化的进程，不断将马克思主义的原理与中国的现实结合起来。

当代中国马克思主义哲学继承了马克思主义哲学的实践品格，立足当代中国实际，用马克思主义的原理、方法反思中国当下的现实，坚持在实践中不断总结时代状况、历史条件和解答时代难题、应对时代挑战。当代中国马克思主义哲学的实践品格要求以中国的历史性实践为基础，在对中国现实的思考中丰富当代中国马克思主义哲学的理论内涵，同时，运用马克思主义哲学的立场、观点和方法来进一步指导中国实践，使当代中国马克思主义哲学与当代中国实践紧密结合起来。

---

①《毛泽东选集》第1卷，人民出版社1991年版，第296页。

二、科学认识新变化新趋势、遵循历史发展规律

习近平总书记在《在哲学社会科学工作座谈会上的讲话》中指出，观察当代中国哲学社会科学，需要有一个宽广的视角，需要放到世界和我国发展的大历史中去理解。马克思主义哲学是科学地认识新变化、遵循历史规律的发展哲学，当代中国马克思主义哲学坚持发展原则，始终在中国特色社会主义的实践中把握新发展、新变化，用发展的视角看待社会历史。马克思的历史理论以探索人类社会的发展规律为鹄的，并确立了历史性原则，而这一原则又是以现实为基础定向的，是不断依据现实的变化而展开的。

马克思关于历史规律的探索始终以对社会现实的理解为基础。在他看来，关于历史的原理只能从人们的现实生活过程中加以揭示，而这样的历史原理绝不提供“可以适用于各个历史时代的药方或公式”。马克思历史道路理论的价值正在于通过其具体化纲领而深入到现实的对象中去，并不是仅凭一些稀薄的抽象，而是要使科学的抽象在深入到现实内容中去时得到全面的具体化。例如，当查苏利奇向马克思询问俄国革命的道路问题时，马克思慎之又慎，从未提供某种可用于任何内容之上的先验公式，而是根据对俄国现实的了解就其现实的可能性提示了若干指引，具体的答案只有通过具体对象的研究才能给出。因此，马克思始终用历史原则来研究现实，始终用发展的眼光来反思现实。

马克思主义进入中国，对中国社会的发展具有重要的价值，对

当代中国发展理念的构建起到重要作用。当代中国仍然面临重大的发展问题，但应该确立什么样的发展理念，这是需要随着中国社会现实的转变而不断深化的问题。在中国改革开放的过程中，发展始终是核心概念，中国应该坚持怎样的发展理念，走怎样的发展道路，这是改革开放和现代化建设的关键问题。当代中国马克思主义哲学也为新的发展理念的形成提供了理论指引，新时代要坚持的新的发展理念，即创新、协调、绿色、开放、共享的发展理念，新发展理念的提出既是基于中国当下的社会现实，也是立足于中国社会历史的发展规律。

在新发展理念中，“创新”是引领发展的第一动力，坚持创新发展事关国家发展全局，要不断推进理论、制度、科技、文化等各个方面的创新，让创新在全社会蔚然成风。“协调”是持续健康发展的内在要求，由于地域广大、情形各异，我国发展的不平衡不协调问题是长期存在的，协调发展正是强调发展的全局性、总体性，正确处理发展中的主要矛盾和重大关系，增强发展的整体性和协调性。“绿色”是永续发展的必要条件，也就是要求长期发展，可持续发展，这就必须处理好生态问题，在尊重自然、顺应自然、保护自然的基础上走生产发展、生活富裕、生态良好的文明发展道路。“开放”是国家繁荣发展的必由之路，只有坚持对外开放才能通过交流、合作不断获得进步，进而提高我国在全球经济治理中的话语权，壮大我国的经济实力和综合国力。“共享”是中国特色社会主义的本质要求，也是社会主义制度优越性的集中体现，是我们党为人民服务根本宗旨的体现，共享发展就是使发展为了人民、发展依靠人民、发展成果由人民共享，使全体人民有更多的获得感、幸福感、安全感。这五个新发展理念并不是孤立的，而是相互贯通、相互促进的有机整体。无论是新发展理念的确立，还是历史道路的阐释，当代中国马克思主义哲学都是以发展的眼光在努力回答时代问题，为探索中国社会的发展道路贡献力量。在这个意义上，当代中国马克思主义哲学乃是科学认识新变化、遵循历史规律的发展哲学。

三、正确处理人与自然、家国与世界关系

辩证法是马克思主义的活的灵魂，当代中国马克思主义哲学同样也是辩证的哲学。中国特色社会主义的发展需要处理各种复杂的关系，尤其是在面对人与自然、家国与世界的关系问题上，充分体现出马克思主义辩证法的重大理论价值。人与自然、家国与世界的关系是辩证统一的，如何把握这种辩证统一是问题的核心。马克思主义的方法与辩证思维在今天依然是重要的方法论原则，其辩证法不仅体现为具体—总体性，也体现为批判的精神。当代中国马克思主义哲学的发展高度注重对马克思主义哲学方法的继承与发展，并运用辩证方法与辩证思维来思考中国现实、解决中国问题。

在处理人与自然的关系问题时，马克思充分强调了两者之间相互关联、相互作用的辩证法。在马克思看来，自然是人的生活和活动的一部分，人要依靠自然界生活。“自然界是人为了不致死亡而必须与之处于持续不断的交互作用过程的、人的身体”，也就是说，人

是自然界的一部分。自然和人的这种统一是人的本质的体现，而人类社会的目标，也只有立足于人和自然之间的矛盾的真正解决，才可能得到实现。当代中国马克思主义哲学同样必须思考人与自然的关系，必须在社会发展过程中处理和解决好人与自然的关系问题。习近平总书记指出并强调人与自然是生命共同体，在思考自然问题的时候需要采用辩证的眼光与辩证的思维。人与自然是密切相关、相互依存的有机整体。因此在思考自然问题时，同时也就是在思考人的问题。不能仅仅将自然视为人的任意活动的工具和对象，而割裂人与自然的统一性；同样，也不能认为与人无关的自然才是真正的自然。当下存在的自然无疑是人的活动的产物，是在人们的实践活动中生成的；人在改变自然的过程中也改变着自身，人在塑造人化自然的同时也在塑造自身，自然和人在历史性的实践过程中已不可分割地联系在一起。因此，在思考人与自然的关系时，在处理人与自然的问题时，当代中国马克思主义哲学始终强调要坚持人与自然的辩证统一。

家国与世界的辩证关系是思考中国发展道路和发展取向的重要问题。中国自近代以来的发展始终是世界发展的一部分，世界的发展势必影响着中国发展道路的选择，中国自身发展道路的开辟又反过来为世界的发展贡献了中国方案。随着资本来到世间，随着资本开辟出世界市场，原先民族的、地域的历史成为“世界历史”，世界历史成为各个国家开启现代化的过程。在现代化的过程中，西方资本主义国家率先形成了自身的发展模式，而抽象的、非历史的观点则将这种模式看作通向现代化的唯一道路，将现代化等同于西方化。由于现代性在特定阶段上的“绝对权力”，中国自近代以来也不可避免地进入了现代化的进程，并且也经历了向西方学习的过程。在历史性实践的检验中，照搬西方模式的道路是根本走不通的，我们的现代化任务只有在开辟中国道路的进程中才能完成，而中国道路的形成与发展势必要处理家国与世界的关系。中国道路是在世界历史中形成的，虽然这是一条实现现代化的道路，但却是在与西方国家相当不同的国情、文化传统和历史处境中开辟出来的道路。所以我们必须立足自身实际，给出自己的答案与选择，经过历史证明这是正确的选择、正确的道路。当中国道路、中国特色社会主义走近世界舞台中央时，世界各国都在关注中国的发展，思考中国道路的发展取向。中国道路的选择既立足于中国的现实，又扎根于中国的传统文化，在此基础上确立的中国道路不仅取得了举世瞩目的成就，而且将被证明是一条和平主义的发展道路，是致力于人类命运共同体的发展道路。

第一章 “以人民为中心”的发展思想与马克思主义历史观

马克思的唯物史观深刻阐明了人民群众创造历史的根本立场。社会历史是人的创造性活动的历史，人民群众是创造历史的主体，是推动历史发展的决定性力量。从历史唯物主义的群众史观出发，中国共产党形成了“一切为了群众，一切依靠群众，从群众中来，到群众中去”的群众路线。在“实践”这一马克思主义哲学的基础上，历史主体的自我生成与人类历史的全部运动作为同一进程内在地统一起来，摒弃了唯心史观将历史进程抽象地把握为某种特殊目的或意志的自我实现，从而真正将人类历史发展的现实主体与内在动力确立为人民群众及其物质实践活动，这种活动的革命性和现实性同样构成实现中华民族伟大复兴历史使命的力量来源。以人民为中心，是马克思主义群众史观与英雄史观、唯心史观的根本区别；以人民为中心，不仅强调人民群众是推动社会历史发展的主体，是社会物质财富和精神财富的真正创造者，而且强调尊重群众、依靠群众、为了群众、造福群众；以人民为中心，将历史主体、动力源泉和价值指向建立在人民群众实践活动的基础上。中国特色社会主义进入新时代取得的历史性和根本性成就，是人民群众历史性创造活动的结果，是人民群众作为历史主体的现实生成，是中国共产党“以人民为中心”这一根本立场的始终坚持与具体化贯彻。

第一节　马克思主义群众史观与创造历史的主体

马克思、恩格斯指出：“历史不过是追求着自己目的的人的活动而已。”①人是历史活动的主体，一方面，人是历史活动的目的，人的存在本身是价值和意义的来源；另一方面，人又是历史发展的动力，人通过追求自己的目的推动历史的进步。“以人民为中心”的发展理念作为马克思主义与中国道路历史性实践的内在结合，充分体现了马克思历史主体思想在我国具体社会–历史阶段上的实践的展开：第一，“以人民为中心”即人民群众创造历史，“对社会主义的人来说，整个所谓世界历史不外是人通过人的劳动而诞生的过程”②，中国特色社会主义道路是由人民群众的历史性实践活动开拓并推动的，是实现中华民族伟大复兴历史使命的现实道路和必然环节，这一创造活动的结果汇聚为新中国成立以来、改革开放以来取

① 《马克思恩格斯文集》第1卷，人民出版社2009年版，第295页。

② 《马克思恩格斯全集》第3卷，人民出版社2002年版，第310页。

得的全部历史性成就。第二，这一现实的历史运动恰恰是人民群众作为历史主体的形成过程或现实生成，党的十九大报告强调：“坚持以人民为中心。人民是历史的创造者，是决定党和国家前途命运的根本力量，必须坚持人民主体地位，坚持立党为公、执政为民，践行全心全意为人民服务的根本宗旨，把党的群众路线贯彻到治国理政全部活动之中，把人民对美好生活的向往作为奋斗目标，依靠人民创造历史伟业。”“以人民为中心”作为新时代坚持和发展中国特色社会主义的基本方略之一，必然在现实的历史进程中为人的全面自由发展建构现实基础与必要前提，这一根本立场体现为党的群众路线的具体化贯彻与始终坚持。中华民族伟大复兴的社会历史运动与人民群众真正成为创造历史的主体作为同一历史进程的现实展开，构成中国特色社会主义进入新时代的实践逻辑与发展动力。

一、人民群众创造历史的现实性与革命性

群众史观与英雄史观的对立，也是唯物史观与唯心史观之间的根本对立，即承认人民群众是历史的创造者，还是承认上帝、神、英雄的个人意志是历史的创造者。马克思主义哲学诞生之前，社会历史观方面基本上是唯心主义的。历史唯物主义从社会存在决定意识的基本原理出发，认为人类社会的历史首先是物质资料生产发展的历史，是社会发展方式不断更替的历史。人民群众是社会生产力的根本要素，是物质资料生产的直接承担者，是社会关系和实践活动的主体。以劳动人民为主体的人民群众是历史的创造者和力量源

泉，人民群众才是创造世界历史的动力。

以1845年《关于费尔巴哈的提纲》和《德意志意识形态》为标志，马克思完成了其唯物史观的奠基性工作。“社会生活在本质上是实践的”这一命题意味着对黑格尔以及费尔巴哈唯心史观的批判性扬弃；“实践”作为新世界观的哲学根基，要求将周围的感性世界把握为人的活动的结果，即把握为人的本质力量对象化的现实，并将这一“现实”真正纳入思想的领域，而“现实的人”及其物质实践活动构成了社会—历史运动的现实基础与内在动力。这一哲学根基的改弦更张，第一次在唯物史观的原则高度上，将“现实的人”“从事实际活动的人”“他们的活动和他们的物质生活条件”提升为历史主体，人类社会历史的展开过程恰恰是历史主体的产生活动与现实生成，从而意味着马克思于对市民社会以及原子式个人的批判性超越，并在“私有财产的积极扬弃”以及“人类解放”的高度上开展人类社会的重建。

在马克思之前，在以西方理性形而上学为哲学根基的唯心史观中，社会历史运动的主体是神、上帝或英雄的个人意志，而历史发展的动力则是抽象的、无人身的理性或自由意志。在这样的视域，现实的个人及其活动从未真正作为全部历史运动的现实前提，构成哲学研究对象。也就是说，人类社会的现实运动并未真正进入哲学的思想领域。无论是致力于“新科学”并要求理性认识人类自我活动历史的维柯，还是旨在撰写为人类增光的那个伟大时代“智慧史”的伏尔泰，或是将人类历史进程把握为合目的性与合规律性统一的康德，乃至于将哲学的历史作为世界历史内在核心的黑格尔，都没有超出唯心史观的范围。按照波普尔的判断，这种历史观相信，“可以有一种总体论意义上的历史学，有一种关于‘社会状态’的历史学，它代表着‘整个的社会有机体’或者‘一个时代全部的社会历史事件’。这种观念出自把人类历史当作一条巨大的、包罗万象的发展河流的那种直觉观点”①。而这种以普遍理性为主导和推动力量的历史学，虽然力图发现和寻求支配人类社会历史演进的内在规律，但却只是把规律理解为思维的抽象本质。

很长一段时间以来，对于马克思的唯物史观存在着曲解，特别是实证主义、机械唯物主义的阐释模式占据着人们的头脑。马克思同样被归入贫乏的历史决定论，唯物史观仅仅被概括为几个抽象的教条或公式。“人民群众创造历史”这一唯物史观的核心命题被抽空其实体性内容——既定社会自我运动的现实主体，并以马克思最为反对的抽象方式将“现实的人”消解于主观思想的外部反思之中，成为某种经济范畴或类的人格化，从而取消了历史主体及其自我活动的现实基础与内在动力。在这样的情况下，全部历史运动不过是某种外在于人的普遍规律或抽象本质的展开环节，被思辨地、唯心地、即幻想地解释为“类的自我产生”，在历史的连续性中前后相继、自我发展着的个人、从事物质实践活动的个人，以特定方式进行物质生产的一定的个人，被淹没并窒息于神秘化的“唯一的个人”

① ［英］卡尔·波普尔：《历史主义贫困论》，何林等译，中国社会科学出版社1998年版，第69页。

之中，而历史不过是消融于自我意识的“产生于精神的精神”。

在马克思看来，上述脱离了现实的人的现实活动的历史观，“不是完全忽视了历史的这一现实基础，就是把它仅仅看成与历史过程没有任何联系的附带因素。因此，历史总是遵照在它之外的某种尺度来编写的；现实的生活生产被看成是某种非历史的东西，而历史的东西则被看成是某种脱离日常生活的东西，某种处于世界之外和超乎世界之上的东西”①。就此而言，基于理性形而上学传统的唯心史观，无法真正触及由历史主体自我运动所形成并推动的世界历史进程及其本质性领域，即物质生产方式的变动结构，也就是说，无法真正触及以生产力和生产关系为主轴的社会基本结构的演化进程，更无法真正发现作为历史主体的人民群众所具有的现实性与革命性力量，以及由这种力量所推动并展开的人类历史的解放进程，而只能以观念的历史支配现实的历史。唯物史观要求立足于人类社会的现实的历史运动过程：“人们为了能够‘创造历史’，必须能够生活。但是为了生活，首先就需要吃喝住穿以及其他一些东西，因此第一个历史活动就是生产满足这些需要的资料，即生产物质生活本身。”② 人民群众所从事的物质资料生产，为社会的存在和发展奠定了现实基础和物质前提，在此基础之上，人们才能从事政治、科学、艺术等其他社会活动。

唯物史观的确立以“实践”为新的哲学基础，“这种历史观和唯

---

① 《马克思恩格斯选集》第1卷，人民出版社1995年版，第93页。

② 同上书，第79页。

心主义历史观不同，它不是在每个时代中寻找某种范畴，而是始终站在现实历史的基础上，不是从观念出发来解释实践，而是从物质实践出发来解释观念的形成”①。以历史为原则的唯物主义，即历史唯物主义，一方面驱逐了由黑格尔绝对唯心主义哲学体系为后盾的历史观，这种历史观从后期历史中抽象出某些“观念”或“使命”，思辨地将其把握为前期历史的目的，“于是历史便具有了自己特殊的目的并成为某个与‘其他人物’(像‘自我意识’、‘批判’、‘唯一者’等等)‘并列的人物’”②，从而只能够在较低层次上以“类”“唯一者”“人”等世俗化范畴来谈论“一般人”，并将其提升为抽象的历史主体。马克思进一步指出，德国哲学家们所从事的观念的批判，既无法触及比经验事实更高的“现实”，更无法真正进入其所反对的普遍观念产生的现实基础。

另一方面，马克思充分肯定了费尔巴哈的哲学功绩，即通过“感性”“对象性”原则构成了重要的理论革命，与此同时又指出费尔巴哈在历史领域与唯物主义的完全脱离。费尔巴哈的对象性原理要求把现实的主体理解为对象性的存在，即“现实的人”，它在存在论上不依赖于关于人的本质的神秘思辨，即并非孤立地存在抑或局限于意识内在性的范畴规定，现实的主体在对象性的关系中乃是“社会的存在”或“文化的存在”。然而，由于费尔巴哈仅仅诉诸思辨思维相对立的感性直观，其人本学唯物主义将人的本质理解为最

① 《马克思恩格斯选集》第1卷，人民出版社1995年版，第92页。

② 同上书，第88页。

高的类存在物，即理想化的“单个人所共有的抽象物”，因而他所设定的只是情感范围内“现实的、单个的、肉体的人”。马克思在肯定费尔巴哈将现实性理解为感性—对象性的同时，指认“他从来没有把感性世界理解为构成这一世界的个人的全部活生生的感性活动”，因而只能诉诸观念上的“类的平等化”，并以此宣称自己是社会主义者或唯物主义者，然而，“正是在共产主义的唯物主义者看到改造工业和社会结构的必要性和条件的地方，他却重新陷入唯心主义”①，因此，费尔巴哈无从触及使社会现实发生革命性变革的现实性力量以及通过物质实践活动所展开的历史领域。

在指认费尔巴哈的唯物主义与历史完全脱离的同时，对于黑格尔辩证法的批判与拯救，使马克思在思辨的“活动”中发现了历史性的原理，从而为历史主体及其物质实践活动的辩证发展提供了革命性原则。黑格尔所谓自我实现的活动或否定之否定的活动是对劳动之本质的思辨表达，“劳动是人在外化范围之内的或者作为外化的人的自为的生成”②。因此，马克思批判地吸收了黑格尔的“活动”原则，洞见到其思辨逻辑学在异化范围内所把握到的积极方面：“它主张人的现实的对象化，主张人通过消灭对象世界的异化的规定、通过在对象世界的异化存在中扬弃对象世界而现实地占有自己的对象性本质。”③也就是说，黑格尔在自我意识异化的范围内把握住了

① 《马克思恩格斯选集》第1卷，人民出版社1995年版，第78页。

② 《马克思恩格斯全集》第3卷，人民出版社2002年版，第320页。

③ 同上书，第331页。

“把外化收回自身的、对象性的活动”，即否定之否定的“革命的实践活动”。

马克思的实践活动原理在社会历史观中的贯彻，意味着人民群众既是物质生产活动的主体，同样也是社会革命的主体，人民群众的实践活动与创造力量以前所未有的现实性与革命性，推动了人类社会形态由低级向高级发展。生产关系的根本变革、社会制度的新旧更替，是必然通过代表新生产力的阶级推翻落后阶级的统治而实现的。正如列宁所指出的：“革命是被压迫者和被剥削者的盛大节日。人民群众在任何时候都不能够像在革命时期这样以新社会制度的积极创造者的身份出现。在这样的时期，人民能够作出从市侩的渐进主义的狭小尺度看来是不可思议的奇迹。”①

二、人民群众的实践活动与社会历史进步

人民群众是推动社会历史发展和进步的根本性力量，这一现实的历史运动不是单纯的线性进程，而是在既有社会条件下辩证地、曲折地前进与上升。列宁指出：“设想世界历史会一帆风顺、按部就班地向前发展，不会有时出现大幅度的跃退，那是不辩证的，不科学的，在理论上是不正确的。”② 社会现实是人民群众的实践活动在其中展开的、既有的各种客观条件与要素的总和，包括经济的、社

① 《列宁全集》第 11 卷，人民出版社 2017 年版，第 96 页。

② 《列宁全集》第 28 卷，人民出版社 2017 年版，第 6 页。

会的、政治的和文化的条件与要素。“人们自己创造自己的历史，但是他们并不是随心所欲地创造，并不是在他们自己选定的条件下创造，而是在直接碰到的、既定的、从过去承继下来的条件下创造。”① 以实践活动为基础的新世界观的确立，意味着全部历史不外是人通过人的实践活动的自我产生过程。人们的实践活动所直接继承和立足的既定社会条件，需要被当作实践活动及其结果去理解，而这种活动的革命性、能动性以及现实性就体现为“环境的改变和人的活动或自我改变的一致”。这意味着：人在改变环境的同时也不断形成人的本质力量，将自身提升为历史的主体，从而人类的全部历史活动呈现出向着自由和解放的目标不断趋近和上升的发展过程。

基于对旧唯物主义和思辨唯心主义哲学的批判，马克思的唯物史观实质性地超出了德国的哲学家们与费尔巴哈，全面克服了唯心史观，并使真正具有革命性质的社会现实领域进入哲学的视域，“只有在现实的世界中并使用现实的手段才能实现真正的解放……‘解放’是一种历史活动，不是思想活动”②。将实践活动作为唯物史观的哲学根基，将“革命的”“实践批判的”活动作为历史发展的现实基础和内在动力，这种连续不断的实践活动或创造，这一使现存世界革命化的现实运动，正是人民群众作为历史主体的产生活动或现实生成。从而，共产主义作为一种人向自身的复归，同时占有以往社会发展全部财富与人的本质力量，并且成为实践的唯物主义者或

① 《马克思恩格斯选集》第1卷，人民出版社1995年版，第585页。

② 同上书，第74页。

者共产主义者的理论自觉。在这样的视域中，人民群众作为历史主体的生成过程，是人对人的本质的真正占有，是人向“社会的”存在的复归，也就是说，历史主体的形成与人类历史的发展是内在统一的辩证运动过程。

在唯物史观的基础上，马克思一方面揭示出人民群众的实践活动及其实际发展过程真正构成了历史发展的内在动力，从而将历史主体及其物质实践活动确立为全部历史运动的现实基础；另一方面揭示出，人民群众的实践活动所创造的历史发展趋势，在本质上是以“异化的积极扬弃”为核心的共产主义的现实生成运动。由于人类社会发展的具体性和曲折性，在总体上表现为特定时代的历史进步是相对性和绝对性的统一，并与这一时代的社会条件、现实基础相联系，具有既定社会的实体性内容。因此，坚持唯物史观的根本要义，并不在于给出人类历史演进的普遍公式或抽象原理，而在于把握既定社会自我运动与历史展开的科学指南和具体化方法。马克思的唯物史观从神圣的天国回到“人们的现实生活过程”，将观念的对立导向社会存在，将现实的人及其物质生活条件把握为人类全部历史运动的现实基础，将对市民社会的解剖作为解答历史之谜的钥匙。在这样的意义上，唯物史观要求在科学抽象的基础上展开对特定社会形态的具体化研究，揭示出构成全部历史运动的现实前提和基础，即制约着整个社会生活、政治生活和精神生活过程的物质生产方式。

进而马克思又将政治经济学把握为现代经济生活的理论表现，

并以之作为解剖“市民社会”即资本主义物质生活的理论中介，从而开展对资本主义生产方式内在矛盾的批判性分析；在此基础上，马克思以历史性的原则或“革命的辩证法”进一步揭示出，资本主义构成了存在对抗性社会关系的人类历史史前时期的最后一个阶段，“资产阶级的生产关系是社会生产过程的最后一个对抗形式，这里所说的对抗，不是指个人的对抗，而是指从个人的社会生活条件中生长出来的对抗；但是，在资产阶级社会的胎胞里发展的生产力，同时又创造着解决这种对抗的物质条件。因此，人类社会的史前时期就以这种社会形态而告终”①。正是基于人民群众及其物质实践活动的革命性与现实性，马克思依照人民群众作为历史主体的解放程度和自由能力区分了史前史和人类史，资本主义恰恰是作为史前史的最后一个阶段，即以物的依赖性为基础的人的独立性阶段。而以共产主义为定向的人类解放作为向着未来的积极筹划，立足自我异化之积极扬弃的“人类社会”或“社会化人类”之重建，必然通过全面占有资本主义社会生产力以及全部人类历史性成就来为自己开辟道路。

人民群众所从事的物质生产实践活动，内在地包含人类社会关系，因而这种实践活动正是使现存世界革命化的现实的力量。这种活动的辩证本性体现为：现实的、处于特定物质生产关系中的现实的人，在改变外部环境的同时，也使自身越来越从各种外在力量的异化状态中摆脱出来，越来越获得人的本质力量对象化的主体性，

① 《马克思恩格斯文集》第2卷，人民出版社2009年版，第592页。

越来越使全面发展和自由解放成为人的存在方式，从而将人自身提升为历史主体。就此而言，“历史不外是各个世代的依次交替。每一代都利用以前各代遗留下来的材料、资金和生产力；由于这个缘故，每一代一方面在完全改变了的环境下继续从事所继承的活动，另一方面又通过完全改变了的活动来变更旧的环境”①。这种人类历史发展的内在连续性，表现为历史进程中社会生产力水平的不断累积和叠加，表现为人民群众的解放程度和自由能力的不断上升与提高，表现为人向着人的本质或者社会本质的复归，并且越来越能够共同占有和支配全部的社会财富和社会生产力。简言之，人民群众通过物质生产实践不断获得自我实现和自我解放的现实力量。人类全部的历史运动，就表现为人民群众将自身提升为历史主体的辩证运动过程，表现为人类社会从史前史向人类史生成的辩证运动过程。

人民群众在自己的物质生产实践活动中既是历史的前提，又是历史的结果，从而在物质实践活动的辩证运动中获得了自我解放的现实条件与现实力量，并确证了人民群众改造自然与推动社会历史发展的本质力量。正是在这一意义上，马克思强调，人的历史性实践活动在改变自然的同时，也将人作为自我活动的主体，即作为历史主体创造出来。作为历史的前提，现实的人总是先前历史过程的结果，其物质实践的活动方式作为一种既得性的力量，取决于已经存在的、由前人的活动所创立的社会形式、所形成的历史条件、所

① 《马克思恩格斯选集》第1卷，人民出版社1995年版，第88页。

获得的生产力。就此而言，人的历史性创造活动不是随心所欲的，而是受制于某种必然性或物质前提，“人们不能自由选择自己的生产力——这是他们的全部历史的基础，因为任何生产力都是一种既得的力量，是以往的活动的产物。可见，生产力是人们应用能力的结果”①。然而，这种必然性或物质前提，只有作为物质实践活动的结果才表现为某种客观的历史发展规律；作为历史的结果，现实的人获得了创造历史的现实条件和现实力量，并在此基础上改变自我活动以及自我的生存环境，“后来的每一代人都得到前一代人已经取得的生产力并当作原料来为自己新的生产服务，由于这一简单的事实，就形成人们的历史中的联系，就形成人类的历史，这个历史随着人们的生产力以及人们的社会关系的越益发展而越益成为人类的历史。由此就必然得出一个结论：人们的社会历史始终只是他们的个体发展的历史”②。

全部的人类历史就这样表现为追求自己的目的的人的活动的辩证运动，在这一历史性运动的现实展开过程中，人和自然界之间、人和人之间的矛盾与对立，在私有财产积极扬弃的前提下趋于瓦解，并在“人类社会”或者“社会化的人类”的状态中重新达致完成了的统一。共产主义的理念是在历史主体物质实践活动的辩证运动与展开中获得了“现实性”，就此而言，马克思指出，“共产主义对我们来说不是应当确立的状况，不是现实应当与之相适应的理想。我

①② 《马克思恩格斯选集》第4卷，人民出版社1995年版，第532页。

们所称为共产主义的是那种消灭现存状况的现实的运动。这个运动的条件是由现有的前提产生的”①。

简言之，在马克思唯物史观视域中，人民群众作为历史主体正是以历史的现实运动为定向的，并且只有在“史前史”最后阶段的历史运动中，共产主义意识与思想自觉、以及新的社会形式或文明类型才能够自我生成并开展出来。在《神圣家族》中马克思与各种形式的唯心史观进行论战，尖锐抨击了那些对现实世界报以绝对批判立场的哲学家们将“精神”与人民群众对立起来，将现实的人本身变成精神范畴或普遍理性，将人民群众作为历史上消极的、精神空虚的、非历史的物质因素而取消人民群众的现实性与革命性。马克思就此指出，“历史什么事情也没有做……正是人，现实的、活生生的人在创造这一切，拥有这一切并且进行战斗。并不是‘历史’把人当做手段来达到自己——仿佛历史是一个独具魅力的人——的目的。历史不过是追求着自己目的的人的活动而已”②。这意味着，每一特定历史时代的人民群众创造历史的力量是有限的；然而，由于人民群众实践活动的世世代代积累，其创造历史的力量则是无限的。人类历史正是从这种有限趋向于无限、从必然王国趋向于自由王国的矛盾运动中不断前进，充分展示人民群众是创造历史的根本性力量。

---

① 《马克思恩格斯选集》第1卷，人民出版社1995年版，第87页。

② 《马克思恩格斯文集》第1卷，人民出版社2009年版，第295页。

第二节 中国共产党以人民为中心的实践进程与思想逻辑

群众路线是中国共产党对马克思主义群众史观的创造性发展，是中国共产党的生命线和根本工作路线，是党性和人民性的现实表达。“一切为了群众”，全心全意地为人民服务，维护最广大人民的根本利益，是我们党一切工作的根本出发点和目的。“一切依靠群众”，相信人民群众，组织群众用自己的力量去解决自己的问题，把党的正确主张转化为人民群众的自觉行动。“从群众中来，到群众中去”，是我党的根本领导方法和工作方法，要求深入到基层一线和广大人民群众中去，了解基层一线的需求和困难。实行群众路线是党带领人民最终实现自身利益的途径，群众路线的价值指向是人民当家作主。因此，党性和人民性既是群众路线的理论基础，也是群众路线的实践启示。中国共产党党性指导着群众路线的实现，党性实践要求坚持人民立场，维护广大人民的根本利益，党的最高目标是实现共产主义。实现每个人的自由而全面的发展。人民性是马克思主义最鲜明的品格，其核心就是人民至上，人民才是历史的创造者。群众路线要求既要服务人民，也要依靠人民，就是以人民群众为本。

一、马克思主义群众史观与中国道路的历史性实践

马克思主义与中国道路历史性实践的辩证统一，是中国共产党领导人民群众坚持和发展中国特色社会主义、建设现代化强国、实现中华民族伟大复兴的科学指南。马克思主义中国化的理论成果建立在人民群众实践活动的基础之上，其科学真理性与强大生命力源于对人类社会生活本质及其历史必然性的深刻把握。作为由中国道路的历史性实践规定自身并获得现实性与革命性的思想观念，中国化的马克思主义能够有力地贯彻于社会变革的具体进程，在自身实践基础的展开过程中积极地占有传统质素和外来成果、不断进行自我革新与自我调整，从而形成对社会有机体各个部分、各个要素的巨大统摄力与创造力。卢卡奇在《历史与阶级意识》中将现实趋近于思想、实践统摄于观念的前提条件表述为，“只有当意识的产生成为历史过程为达到自己的目的所必须采取的决定性步骤时；只有当理论的历史作用在于使这一步骤成为实际可能时；只有当出现一个阶级要维护自己的权利就必须正确认识社会这样的历史局面时；只有因此这个阶级既是认识的主体，又是认识的客体，而且按照这种方式，理论直接而充分地影响到社会的变革过程时，理论的革命作用的前提条件——理论和实践的统一才能成为可能”①。

① ［匈］卢卡奇：《历史与阶级意识》，杜章智等译，商务印书馆 2017 年版，第 46 页。

历史唯物主义是在思辨终止的地方、在现实生活面前，描述人们现实生活及其实际发展过程的“真正的实证科学”。这一科学从人民群众的物质实践出发来解释观念形成、把握社会现实、制定科学理论，从而构成中国共产党的指导思想。“革命的实践”原理在社会—历史领域的贯彻要求把握既定社会自我运动——人们的实际社会生活过程——所形成的社会结构的总体，即物质生产方式及其生活方式的变动结构。中国共产党将马克思主义与中国道路相结合，在各个历史时期形成的指导思想及其具体化纲领，恰恰在于能够将人民群众作为创造历史的根本性力量，能够在不同历史时期充分把握人民群众的根本需求，充分发挥人民群众主体性和创造性，并对社会生产力状况、主要矛盾及其发展动力，即历史的社会生活总体或“一定的生活方式”作出符合其自身历史展开逻辑的重大判断。正是依据唯物史观，中国共产党在“人们的现实生活过程中”把握其道路、理论、制度、文化的本质性与现实性，并通过领导人民群众的实践活动推动现实世界的革命化。

马克思主义作为无产阶级和进步人类的思想武器，其理论的彻底性在于，经由哲学革命所创制的“新的世界观”将人民群众及其物质实践活动确立为历史发展与人类解放的内在动力，从而，这一世界观作为社会主义从空想走向科学、从理论走向实践的思想表达，意味着无产阶级登上世界历史舞台并积极开展使现存世界革命化的现实运动。马克思主义与中国道路历史性实践的结合，使自近代以来由中华民族伟大复兴所形成的发展道路，要求在占有现代文明积极成果的同时，突破由资本主义所规划的权力体系。中国共产党领导人民群众通过一场广泛而深刻的社会革命，使中国的现代化事业历史地采取了新民主主义一社会主义的定向，并从而使中国特色社会主义的伟大实践获得了历史必然性与科学真理性。马克思要求从资本主义市民社会自我分裂和自我对立的历史运动和现实基础中去把握既定社会自我运动的内在本质，并在人民群众的实践活动中使之革命化。“无论为了使这种共产主义意识普遍地产生还是为了实现事业本身，使人们普遍地发生变化是必需的，这种变化只有在实际运动中，在革命中才有可能实现；因此，革命之所以必需，不仅是因为没有任何其他的办法能够推翻统治阶级，而且还因为推翻统治阶级的那个阶级，只有在革命中才能抛掉自己身上的一切陈旧的肮脏东西，才能成为社会的新基础。”①

就近代中国基于民族复兴与实现现代化的双重任务所开展出来的历史道路而言，马克思实践学说的革命性质特别体现为“理论与实践的内在统一”，体现为根据这种统一去克服主观主义与教条主义的观念论障碍。作为中国共产党领导人民群众自主性探索中国发展道路的行动指南，理论与实践的统一在根本上要求具体的而非抽象的、历史的而非“超历史的”观点去筹划自身的发展道路，去把握与西方世界不同的中国社会自我运动的现实基础与历史发展趋势，从而在世界观的哲学变革与现实世界的革命化这一双重维度上实现

① 《马克思恩格斯选集》第1卷，人民出版社1995年版，第91页。

马克思主义与特定民族历史道路相结合。

鸦片战争作为中国近代史的开端打破了中国历史发展的自然进程，近代中国社会的急剧变革冲击并瓦解了几千年来自然经济的生产方式所建构起来的超稳定的社会结构及其日常生活模式。在中华民族救亡图存的实践探索中包含着必然的现代化诉求，这意味着东方的农业民族对于西方—资本主义文明的“部分从属”，虽然“现代化总是使一切国家达成某种程度的共识，但是另一方面，每一国的人必定是依据他们自己承袭下来的境况、制度和价值观，以他们自己的方式来对待现代化。在这个基础上，中国革命已经在一种新的中国文化综合体中导致了中国和外国因素的某种共识”①。就近代中国革命方向的历史性选择而言，欧洲模式和苏联模式都曾经强烈刺激了中国先进知识分子。使现代性得以实现的社会革命从一开始便被描述为欧洲中心论的历史图景，苏联模式成功地突破了资本主义世界体系的单一格局，两者在思想—观念领域为中国现代化路径提示了可供借鉴和选择的外部权威。然而整个中国近代革命和建设史证明，尽管现代化和社会革命成为中国近代历史的主旋律，尽管西欧和苏联曾给予这一历史以深远的影响，但无论是西欧模式还是苏联模式，都不可能将某种抽象的普遍法则从外部先验地强加于某个特定民族的现代化进程。正如黑格尔所指出的，“如果要先验地给一个民族以一种国家制度，即使其内容多少是合乎理性的，这种想法

① ［美］费正清：《伟大的中国革命》（1800—1985），世界知识出版社2000年版，第10页。

恰恰忽视了一个因素，这个因素使国家制度成为不仅仅是一个思想上的事物而已。所以每一个民族都有适合于它本身而属于它的国家制度”①。

近一百年来由各个发展阶段的经验汇聚与实践探索所形成中国道路，在自身既与的、几千年文明积累的独特历史—文化根基中开启了实现中华民族伟大复兴与建设现代化强国的任务。虽然它必须进入由现代性所开辟的“世界历史”进程中，但却在不同于西方—资本主义的新的社会制度与文明类型中开启一条实现现代化、发展社会生产力的独特道路。虽然资本主义世界历史进程的现实展开导致了东方的农业民族对于现代文明的部分从属，然而在中国社会现实的根基上经由一场社会革命而形成的道路与制度，尤其是改革开放 40 年来中国发展实践所取得的巨大社会经济成就证明，其必然在实现现代化任务的同时，在占有现代文明成果的同时，将扬弃现代资本主义文明的历史限度作为自身发展的必要环节。

中国道路的社会主义定向恰恰在于：人民群众及其物质实践活动构成了使现实世界革命化的根本动力，因而这一定向可以说是历史的选择，人民的选择。“中国的现代化进程之所以与马克思主义建立起关乎本质的联系，是因为从根本上来说，中国的现代化事业必须经由一场彻底的社会革命来为之奠基，而这场社会革命历史地采取了新民主主义—社会主义的定向。不消说，没有一场彻底的社会

① ［德］黑格尔：《法哲学原理》，商务印书馆 1961 年版，第 191 页。

革命，中国的现代化事业就不可能全面地开展并得以真正的实现；同样不消说，没有一场以新民主主义—社会主义来定向的革命，中国的社会变革就不会停顿下来并达到自己的完成。正像中国的新民主主义革命在其定义中将社会主义把握为自身之完成了的本质一样，以新民主主义—社会主义来定向的社会革命在现实的历史中将马克思主义规定为自身的思想理论基础。”① 换言之，中华民族伟大复兴的历史使命必然通过一场以社会主义为定向的决定性的社会革命，方能在自身的历史进程中真正实现现代化。中国共产党将马克思主义实践学说有力地贯彻于中国道路的历史性实践，为这场社会革命奠定了新的世界观与方法论，指明了现代世界的本质内涵以及世界历史展开的必然方向，将人民群众及其物质实践活动作为历史主体与社会发展的根本动力，从而使马克思主义与中国道路的结合获得了科学真理性。

二、新民主主义革命与建立人民民主专政的国家政权

鸦片战争爆发以后，中国处在一个极其复杂的历史方位中。一方面，中华民族虽然根脉尚存但已是羸弱不堪，无法依靠自身的力量完成从传统到现代的革命性转化以适应工业文明的发展大势；另一方面，西方列强的殖民式入侵虽然强势冲击了中国社会的内生型

① 吴晓明：《马克思主义中国化与新文明类型的可能性》，《哲学研究》2019 年第 7 期。

演进机制，但外部力量终究不能吞噬中华民族强大的文明母体。传统与现代、西方与中国前所未有地交织叠加，构成了近代中国极为复杂的“现存状况”。近代中国需要一场新型的社会革命来为其生存和复兴奠基，而这场革命必然依靠中国共产党的领导以及人民群众的历史性创造活动。中华民族因为最终选择了社会主义的历史定向，从此踏上了从站起来、富起来到强起来的历史进程。

实现中华民族伟大复兴与追求现代化构成了中国近代以来的历史进程。在诸多救国方案中，只有中国共产党将人民群众作为革命主体和根本力量，通过社会主义道路实现民族解放与国家独立，在融入世界历史的进程中积极寻求自主性的发展道路。近代以来，在中国这个母体上历史地产生出三个要素：作为目的的民族复兴、作为手段的现代化和作为道路的社会主义。中国共产党把这三个要素彻底统一起来，即实现党的自我革命和它所领导的社会革命的辩证统一。

在《中国革命与中国共产党》(1939）一文中，毛泽东分析了近代中国作为现代殖民地、半殖民地和半封建社会的状况后指出：“帝国主义和中华民族的矛盾，乃是各种矛盾中的最主要的矛盾。这些矛盾的斗争及其尖锐化，就不能不造就日益发展的革命运动，伟大的近代和现代的中国革命，是在这些基本矛盾的基础之上发生和发展起来的。”① 在分析近代中国经济发展不平衡、土地广大、反革命

① 《毛泽东选集》第2卷，人民出版社1991年版，第631页。

阵营内部充满矛盾以及中国共产党领导的农民斗争成为中国革命的主力军时，毛泽东将中国革命展开的必然趋势判断为，“一方面，中国革命有在农村区域首先胜利的可能；而在另一方面，则又造成了革命的不平衡状态，给争取革命全部胜利的事业带来了长期性和艰苦性”①。当时党内关于革命路线之间的争论——“农村包围城市”还是“中心城市武装起义”——恰恰体现了指导思想上是使马克思主义中国化还是教条化之间的对立。中国共产党要正确领导中国革命取得胜利，需要充分把握革命的特殊性质及其发生展开的独特社会—历史状况，在认清民主主义革命与社会主义革命既相区别又相联系的前提下，同时承担起两个伟大革命的任务。毛泽东对于中国革命的重大判断在于：“中国式的、特殊的、新式的民主主义”革命已经在其实践基础的历史展开中，将自身融入了社会主义的世界革命，换言之，只有作为世界社会主义革命的一部分，中国的新民主主义革命方能取得胜利。

20世纪初，列宁洞见到资本主义民族国家体系的瓦解与国际垄断资本凌驾于其上这一国际秩序的内在冲突与张力。以金融资本为主导的跨国资本开始重新瓜分世界，世界市场再次成为资本与劳动之间国际化冲突的领域，资本主义世界体系内在矛盾的升级叠加与复杂化，构成了俄国从二月革命走向十月革命的外部条件，而世界范围民族主义与阶级斗争的结合，也构成了殖民地、半殖民地国家

① 《毛泽东选集》第2卷，人民出版社1991年版，第635页。

赢得自身独立和主权，并走上民族民主革命道路的内在动力。在这个意义上，中国共产党领导的“中国式的、特殊的、新式的民主主义”革命取得成功的现实性，在于其立足于特定的中国社会现实并实质性地超出资产阶级民主革命的局限。这是一场使广大人民群众承担起创造历史使命的革命，是一场革命主体最为广泛、社会动员最为深刻的革命；正是在人民群众作为创造历史主体的前提下，社会主义世界革命与落后国家的民族独立革命能够在中国革命的现实进程中深刻结合起来。

在长期的中国革命实践过程中，毛泽东提出了具有中国特色的建国学说与人民民主专政理论。在《论人民民主专政》（1949）一文中，毛泽东将人民群众作为创造历史的主体这一马克思主义基本立场，转化为社会主义政治制度建设的思想理论基础：“总结我们的经验，集中到一点，就是工人阶级（经过共产党）领导的以工农联盟为基础的人民民主专政。”同时强调这一专政所具有的国际工人运动性质，“必须和国际革命力量团结一致。这就是我们的公式，这就是我们的主要经验，这就是我们的主要纲领”①，从而在落后国家民族民主革命的基础上拓展了马克思主义无产阶级专政理论。人民群众作为历史范畴，在不同社会关系、不同国家及其不同历史阶段具有不同内容。随着新中国的成立，社会主要矛盾发生了转变，既需要在巩固革命成果的基础上扩大人民民主的范围，同时又需要在

① 《毛泽东选集》第4卷，人民出版社1991年版，第1480页。

国家政权中确立民主与专政的构成形式。针对上述问题，毛泽东指出，“在中国，在现阶段，是工人阶级，农民阶级，城市小资产阶级和民族资产阶级”[①]属于人民。这意味着，在社会主义阶段，一切赞成、拥护和参加社会主义建设事业的阶级、阶层和社会集团都属于人民的范围。这一对中国国情与革命经验根本性质的判断，对于争取一切民主力量、扩大革命统一战线、夺取新民主主义革命的胜利、尽快建立“工人阶级领导的人民共和国”，具有决定性意义。这一理论，丰富和发展了马克思主义经典作家的“无产阶级专政”学说，表明中国人民需要在现阶段“在工人阶级和共产党的领导之下，团结起来，组成自己的国家，选举自己的政府，向着帝国主义的走狗即地主阶级和官僚资产阶级以及代表这些阶级的国民党反动派及其帮凶们实行专政……对于人民内部，则实行民主制度，人民有言论集会结社等项的自由权。选举权，只给人民，不给反动派。这两方面，对人民内部的民主方面和对反动派的专政方面，互相结合起来，就是人民民主专政”[②]。马克思主义无产阶级专政理论的实质性内容和具体化形式在中国特殊国情之下获得进一步的规定，从而实现团结一切可团结的力量建设社会主义新中国的目的。

在关于人民民主专政的界定中，新中国各阶级在国家政权中的社会地位和相互关系被确立下来。工人阶级是“最有远见，大公无私，最富于革命的彻底性”的先进阶级，这是由中国革命的理论

①② 《毛泽东选集》第4卷，人民出版社1991年版，地1475页。

和实践所证明的；而且在工农占中国人口的百分之八十到九十的前提下，只有依靠这两个阶级的力量，将城市小资产阶级和民族资产阶级纳入国内统一战线联盟，才能解决民族资产阶级在国家政权以及社会阶级结构中地位的策略。这是由于“民族资产阶级在现阶段上，有其很大的重要性。……为了对付帝国主义的压迫，为了使落后的经济地位提高一步，中国必须利用一切于国计民生有利而不是有害的城乡资本主义因素，团结民族资产阶级，共同奋斗”①。毛泽东深刻指出，民族资产阶级自身的进步性和两面性决定了其在中国社会阶级结构中的特殊地位，既不能充当革命的领导者，也不应当在国家政权中占主要的地位，因此通过节制的方式，在实行私营企业国有化的时候，再进一步对他们进行教育和改造。人民民主专政思想深刻阐释了我国实行人民民主专政的性质与特征、合法性与必然性，体现了中国共产党将马克思主义与中国实际相结合，建立社会主义国家政权体系的纲领与策略，不但丰富和发展了马克思主义国家学说，也进一步推进了无产阶级专政的现实路径与具体方针。《宪法》总纲规定：中华人民共和国是工人阶级领导的、以工农联盟为基础的人民民主专政的社会主义国家。新中国实行人民民主专政的国家制度既是中国革命历史经验的深刻总结，也是顺利完成社会主义革命、建立具有中国特色社会主义国家的重要保证。

① 《毛泽东选集》第4卷，人民出版社1991年版，第1479页。

三、改革开放与中国特色社会主义道路的历史性成就

改革开放以来，中国共产党始终相信人民群众，紧紧依靠人民群众，顺应各族人民过上更好生活的期待，注重解决人民最关心最直接最现实的利益问题，不断推进改革开放和社会主义现代化建设，努力做到发展为了人民、发展依靠人民、发展成果由人民共享，为党和国家事业发展打下了深厚群众基础、凝聚了强大社会力量。由于坚持“以人民为中心”的思想，一切为了人民、一切依靠人民、一切成果由人民共享，改革开放才获得了最广泛、最可靠的群众基础和最深厚的力量源泉。

以邓小平为核心的第二代党中央领导集体继承了毛泽东实事求是的思想路线，坚决否定以阶级斗争为纲的指导思想，冲破“两个凡是”的禁锢，确立“实践是检验真理的唯一标准”。面对中国社会现实，重新理解和定位人民内部矛盾，调整在社会主义计划经济体制下以阶级斗争和政治运动解决人民利益冲突的指导思想，对于社会主义主要矛盾重新认识——这是重新确立党的基本政治路线的主要根据。1978 年 12 月 13 日邓小平在中共中央工作会议闭幕会上作了《解放思想，实事求是，团结一致向前看》的讲话，强调“解放思想，开动脑筋，实事求是，团结一致向前看，首先是解放思想。只有思想解放了，我们才能正确地以马列主义、毛泽东思想为指导，解决过去遗留的问题，解决新出现的一系列问题，正确地改革同生产力迅速发展不相适应的生产关系和上层建筑，根据我国的实际情

况，确定实现四个现代化的具体道路、方针、方法和措施”。“实事求是”作为我党思想及一切工作的出发点和落脚点，是深化马克思主义普遍真理与中国实际相结合的现实基础。中国共产党将马克思主义群众史观运用于具体的实际工作，形成了“从群众中来，到群众中去”的群众路线，在党的优良传统中，“群众路线和群众观点是我们的传家宝”。毛泽东曾对无产阶级政党的群众路线做了精辟的概括：“在我党的一切实际工作中，凡属正确的领导，必须是从群众中来，到群众中去。这就是说，将群众的意见（分散的无系统的意见）集中起来（经过研究，化为集中的系统的意见），又到群众中去作宣传解释，化为群众的意见，使群众坚持下去，见之于行动，并在群众行动中考验这些意见是否正确。然后再从群众中集中起来，再到群众中坚持下去。”①

在 1981 年通过的《关于建国以来党的若干历史问题的决议》中，对党的群众路线思想进行了回顾和科学总结，强调贯彻党的群众路线是坚持党的领导。将社会主义事业推向前进的重要保证：“把马克思列宁主义关于人民群众是历史的创造者的原理系统地运用在党的全部活动中，形成党在一切工作中的群众路线，这是我们党长时期在敌我力量悬殊的艰难环境里进行革命活动的无比宝贵的历史经验的总结。毛泽东同志经常强调，只要我们依靠人民，坚决地相信人民的创造力是无穷无尽的，因而信任人民，和人民打成一片，

① 《毛泽东选集》第 3 卷，人民出版社 1991 年版，第 899 页。

那就任何困难都有可能克服，任何敌人最终都压不倒我们，而只能被我们所压倒。他还指出，领导群众进行一切实际工作时，要取得正确的领导意见，必须从群众中来、到群众中去，实行领导和群众相结合，一般号召和个别指导相结合。这就是说，把群众的意见集中起来，化为系统的意见，又到群众中坚持下去，在群众的行动中考验这些意见是否正确。如此循环往复，使领导的认识更正确、更生动、更丰富。这样，毛泽东同志就把马克思主义的认识论同党的群众路线统一起来了。党是阶级的先进部队，党是为人民的利益而存在和奋斗的，但是党永远只是人民的一小部分；离开人民，党的一切斗争和理想不但都会落空，而且都要变得毫无意义。我们党要坚持革命，把社会主义事业推向前进，就必须坚持群众路线。”①在1982年党的十二大《中国共产党章程》中丰富了“把党的正确主张变为群众的自觉行动”，从而形成了关于党的群众路线的完整表述。党的群众路线为改革开放提供了创造力的源泉，“尊重群众的首创精神”作为邓小平群众路线思想的鲜明特色，为集中全党和全国人民的智慧与力量、推进改革开放伟大实践确立了坚实的信念基础。邓小平指出：“我们搞四个现代化，因为经验不足，会面临多方面的困难。这些问题，归根到底，只有相信群众，依靠群众，充分走群众路线，才能够得到解决。”②

为了打破当时盛行的平均主义，建立效率与公平的有中国特色

① 《改革开放三十年重要文献选编》(上)，人民出版社2008年版，第209—210页。

② 《邓小平文选》第2卷，人民出版社1994年版，第230页。

的社会主义市场经济，邓小平提出了先富带动后富的理论，对于解放和发展社会主义生产力、打破原有经济体制的禁锢，调动广大人民群众的积极性和实现共同富裕具有划时代意义。这一政策不仅符合我国改革开放之初落后的生产力状况，同时又极大地尊重人民群众的创造精神和劳动成果，在社会经济状况发展的特殊时期，有利于最大程度改善人们的物质生活水平、迅速增加社会财富。不断改善人民的物质生活水平作为社会主义本质和优越性的体现，丰富了马克思主义理论，也为中国特色社会主义道路提供方向引领。邓小平就此指出："什么叫社会主义，什么叫马克思主义？我们过去对这个问题的认识不是完全清醒的。马克思主义最注重发展生产力。我们讲社会主义是共产主义的初级阶段，共产主义的高级阶段要实行各尽所能、按需分配，这就要求社会生产力的高度发展，社会物质财富极大丰富。所以社会主义阶段最根本任务就是发展生产力，社会主义优越性归根到底要体现在它的生产力比资本主义发展得更快一些、更高一些，并且在发展生产力的基础上不断改善人民的物质文化生活。如果说我们建国以后有缺点，那就是对发展生产力有某种忽略。社会主义要消灭贫穷。贫穷不是社会主义，更不是共产主义。"①

邓小平始终站在人民群众的立场上把握和阐释中国问题。随着中国改革初见成效，中国经济迅速发展起来，随着一部分地区、一

① 《邓小平文选》第3卷，人民出版社1993年版，第63—64页。

部分人富裕起来，邓小平的思考重点转向了如何防止两极分化，通过“先富”带动“后富”，最终实现共同富裕。“共同致富，我们从改革一开始就讲，将来总有一天要成为中心课题。社会主义不是少数人富起来、大多数人穷，不是那个样子。社会主义最大的优越性就是共同富裕，这是体现社会主义本质的一个东西。如果搞两极分化，情况就不同了，民族矛盾、区域间矛盾、阶级矛盾都会发展，相应地中央和地方的矛盾也会发展，就可能出乱子。”①在1992年的南方谈话中，邓小平完整地阐释了社会主义本质，并将“共同富裕”纳入社会主义本质论中，充分调动人民群众建设社会主义的创造性和积极性，肯定人民当家作主在政治、经济、社会、文化等各个方面所享有的权利，是对党的群众路线的重要发展。“三个有利于”将是否有利于提高人民的生活水平作为根本性标准；而是否有利于发展社会主义社会的生产力、是否有利于增强社会主义国家的综合国力，说到底都是为了在根本上提高人民的生活水平。

改革开放40年取得了巨大的历史性成就，使中国迅速成为全球第二大经济体。这同邓小平建设有中国特色社会主义理论的指导，同我们党坚持解放思想、实事求是，重新认识什么是社会主义、怎样建设社会主义，增强工人阶级的主人翁责任感，同广大人民群众为推进改革和现代化建设不断开拓创新，是密不可分的。对于把握社会主义国家的现代化道路、分析中国改革开放40年所取得经济成

① 中共中央文献研究室：《邓小平年谱：（1975—1997）》下册，中央文献出版社2004年版，第1324页。

就而言，不能简单地归结为政策规划、市场要素等纯粹的经济因素，也不能将之片面地归结为私有制和市场的力量；在这一发展过程中，中国共产党领导的国家以及人民群众的创造力量发挥了根本性和关键性的作用。中国特色社会主义的历史经验恰恰说明，经济活动应被置于生产力、生产关系、社会阶级结构、政治权力架构、意识形态与传统文化等社会结构各层次、要素之间相互作用的整体中，才能获得生机活力。中国经济高速增长、社会改革稳定的根本原因在于，中国共产党的一系列经济发展政策建立在广大人民群众利益之上，通过深化改革、扩大开放、促进发展造福于最广大的人民群众，并且始终保持安定团结的政治局面和稳定有序的社会环境。

中国特色社会主义道路强调人民利益至上、坚持对外开放，在根本上实现人民群众与民族利益的根本一致性，将改革开放的主要目标设定为民族复兴，契合了全国人民的爱国主义和民族情感。改革开放所形成的中国特色社会主义及其经济发展模式为中国道路确立了正确方向：第一，中国特色社会主义改革初期的实践表明，搞活市场经济的根本目的是为了尊重人民群众的创造活动与劳动成果，提高人民群众的生活水平。因此，改革开放所推动的社会主义市场经济转型是依靠人民群众的积极性和创造力逐步展开的，中国共产党将大力发展生产力、提高人民的生活水平作为主要任务，形成了多样化的、发达的所有权结构。民族复兴、国家发展成为凝聚全国人民共同奋斗的普遍共识。第二，政府进行系统的宏观经济调控改革，即从行政管理方式转变为经济杠杆在宏观层面对市场机制的调节作用，大幅度提高人民群众的收入水平，同时保持按劳分配的原则，创建多元化的、人口社会保障系统，把经济的发展同群众的切身利益紧密地联系起来，使劳动者经常得到看得见的物质利益，这样才能进一步调动群众的积极性。第三，在外交政策中奉行对外开放，中国公司通过直接投资、金融和智力组合投资选择“走出去”战略，实现了中国对于全球经济的深度参与。第四，将中华文明的基本价值观与马克思列宁主义毛泽东思想相结合，国家在指导思想层面灵活而系统，具有不断自我更新的张力与弹性，有利于消除社会矛盾，使社会和谐成为中国特色社会主义的重要特质。第五，中国共产党不仅代表工人阶级的利益，而且代表国家全体人民的利益。第六，社会主义意味着科学、教育、文化的增长，提高人民群众的生活质量，知识分子是中国社会现代化的重要参与者。

中国道路涵盖了中国特色社会主义形成过程以及前后发展的较长历史时段，中国特色社会主义的历史性成就表明，没有单一的社会主义模式；需要充分发挥国家的社会经济职能；社会主要矛盾是人民群众日益增长的物质文化需求与落后的生产力水平之间的矛盾；社会主义建设的中心问题是发展生产力。因此，需要深刻认识到在国家职能问题上东西方文明、社会主义与资本主义道路之间的差异性，在改革开放的过程中，国家在经济活动方面的积极作用体现为计划机制与市场机制的协调，两者之间良性互动的经济模式是取得“经济奇迹”的基础，中国特色社会主义道路证明了这一系统的显著成效。中国经验在发展经济方面的意义表现为，在国家宏观调控下建立有效的市场经济，充分调动人民群众的积极性和创造性，有效发挥企业的创造力与集中管理的优势。中国改革开放的持续发展，使人民群众享受到了改革开放的丰硕成果，从而赢得了人民群众的支持和拥护。中国的改革开放，极大地解放和发展了生产力，其根本意义就在于首先解放和发展了人；而改革开放和社会主义现代化建设的主体恰恰就是人民群众。

第三节 “以人民为中心”发展思想的理论内涵与现实意义

“以人民为中心”的发展思想，是在党的十八届五中全会上首次提出的，是在治国理政的历史性实践中逐步发展起来的。坚持这一思想，就是在发展目的上坚持一切为了人民，在发展主体上坚持一切依靠人民，在发展方法上坚持一切从问题出发，在发展效果上坚持一切由人民检验。这一思想，是推进中国特色社会主义伟大事业的“指南针”，是推进党的建设新的伟大工程的“动力源”，是开展具有许多新的历史特点伟大斗争的“助力器”。

一、“以人民为中心”发展思想的提出过程

党的十八大以来，以习近平同志为核心的党中央把马克思主义

哲学原理与治国理政的具体实践结合起来，秉承马克思主义理论与无产阶级政党的人民属性，把“以人民为中心”作为治国理政的价值主线，提出以人民为中心的奋斗目标，宣示以人民为中心的执政立场，践行以人民为中心的工作导向，从而为“以人民为中心”发展思想的形成创造了坚实的理论、政治和实践条件。

提出以人民为中心的奋斗目标，为“以人民为中心”发展思想的形成创造了理论条件。奋斗目标最能体现一个政党的立场和情怀。中国梦，归根到底是中国人民的梦，因而也是一个以人民为中心的奋斗目标。这一奋斗目标的提出过程，蕴含了三个渐次推进的逻辑关系，而每一次推进都是坚持以人民为中心发展的结果。第一，着眼于人民的现实利益，宣示党的奋斗目标。2012 年 11 月 15 日，在党的十八大产生的新一届政治局常委同中外记者见面会上，习近平以生动的语言揭示了人民在教育、就业、住房、医疗等方面的现实利益，并庄严宣示：“人民对美好生活的向往，就是我们的奋斗目标。”这是新一届党中央的“开场白”，也是开宗明义的价值宣示，体现了人民利益至上的追求与情怀。第二，着眼于人民的整体利益，明确党的奋斗目标。在参观《复兴之路》展览时，习近平总书记明确提出了党的奋斗目标，就是实现中华民族伟大复兴的中国梦。从顺应人民对美好生活的向往，到进一步提出“中国梦”，这其中的逻辑遵循就是人民的整体利益，正如习近平所指出的：“这个梦想，凝聚了几代中国人的夙愿，体现了中华民族和中国人民的整体利益，是每一个中华儿女的共同期盼。”① 第三，着眼于人民的根本利益，升华党的奋斗目标。在第十二届全国人民代表大会第一次会议上，习近平进一步提出“中国梦归根到底是人民的梦”，要让人民“共同享有人生出彩的机会，共同享有梦想成真的机会，共同享有同祖国和时代一起成长与进步的机会”②。这三个“共同享有”诠释了最广大人民的根本利益、中国人民整体利益、中华民族最高利益的统一，进一步明确了中国梦的本质是历史的、现实的也是未来的，是国家的、民族的也是每一个中国人的。这就在思想内涵和精神实质上进一步升华了党的奋斗目标。以习近平同志为核心的党中央在宣示、明确、升华奋斗目标的过程中，都牢牢坚持以人民为中心，最终确立了“中国梦”的人民性。正是以人民为中心发展的奋斗目标奠定了治国理政的总基调，这就为“以人民为中心”的发展思想的提出创造了理论条件。

宣示以人民为中心的执政理念与执政立场，为“以人民为中心”发展思想的提出创造了政治条件。2014 年 2 月 7 日，习近平主席在俄罗斯索契接受专访时谈到了他本人的执政理念，即为人民服务。习近平不仅对自己，而且对党中央乃至全党，都不断宣示以人民为中心的执政理念。十八届常委会产生后，他强调说，我们的责任就是“对人民的责任”。十八届中央政治局产生后，习近平再次强调：“中

① 《习近平总书记重要讲话文章选编》，党建读物出版社、中央文献出版社 2016 年版，第 19 页。

② 《习近平谈治国理政》，外文出版社 2014 年版，第 40 页。

央政治局的同志必须有天下为公的宽阔胸襟，摒弃任何私心杂念，把为全中国人民谋利益作为自己唯一的追求。”他指出，衡量一名共产党员、一名领导干部是否具有共产主义远大理想，是有客观标准的，那就要看他能否坚持全心全意为人民服务的根本宗旨。对于全党，习近平说道，“为人民服务是共产党人的天职”，“民心是最大的政治”，“党的一切工作，必须以最广大人民根本利益为最高标准”。①

2016 年 7 月 1 日，在庆祝中国共产党成立 95 周年的大会上，习近平庄严宣示了中国共产党的执政立场。他指出：“人民立场是中国共产党的根本政治立场，是马克思主义政党区别于其他政党的显著标志。”当前，我国的改革发展事业已经进入攻坚期和深水区，要冲破思想观念的障碍和利益固化的藩篱，就需要执政党亮明身份、宣示立场，毫无保留地公开自己的观点和意图。打铁还需自身硬。以习近平同志为核心的党中央宣示以人民为中心的执政理念和执政立场，就为党的建设和治国理政新实践注入了灵魂，从而为“以人民为中心”发展思想的提出创造了政治条件。

践行以人民为中心的工作导向，为“以人民为中心”发展思想的提出创造了实践条件。十八大以来，我们党所有理论和实践都紧紧围绕着实现“中国梦”这个奋斗目标而展开。一个以人民为中心的执政党，追求实现一个以人民为中心的奋斗目标，必然展开以人民为中心的社会实践。具体说来，在涉及人民利益的各个领域，特

① 习近平：《在纪念毛泽东同志诞辰 120 周年座谈会上的讲话》，人民出版社 2013 年版，第 19 页。

别是经济、社会和民生领域，习近平总是旗帜鲜明地强调以人民为中心的工作导向。

2013年8月19日，习近平在全国宣传思想工作会议上提出了“树立以人民为中心的工作导向”的重要论断。从公开资料来看，这是十八大以后习近平总书记首次在实践层面强调“工作导向”问题，由此，“以人民为中心”从理念层面深入到实践层面，这其中的逻辑正如他所指出的：“以人民为中心的发展思想，不是一个抽象的、玄奥的概念，不能只停留在口头上、止步于思想环节，而要体现在经济社会发展各个环节。”① 自此，以人民为中心的治国理政新实践就进一步深入展开了。这就为“以人民为中心”发展思想的提出创造了实践条件。

习近平在谈到建设社会主义文化强国、改进宣传思想工作、改进新闻舆论工作、构建现代公共文化服务体系时，强调要坚持以人民为中心的工作导向；在谈到繁荣发展社会主义文艺事业时，强调要坚持以人民为中心的创作导向；在谈到繁荣发展哲学社会科学时，强调要坚持以人民为中心的研究导向。不仅如此。在“以人民为中心”的发展思想提出以后，习近平在谈到马克思主义政治经济学、供给侧改革、“十三五”规划、全面深化改革、中国特色人权发展道路、公安机关和公安队伍建设等领域和问题时，都要求践行“以人民为中心”的发展思想。

---

① 《习近平总书记系列重要讲话读本》，学习出版社、人民出版社2016年版，第129页。

以人民为中心是以习近平同志为核心的党中央鲜明的价值理念。这一价值理念贯穿于治国理政的全过程，表现为三种实现形态。一是实践形态，践行以人民为中心的工作导向，不断把治国理政新实践推向纵深，取得了实践新成就。二是理论形态，秉承以人民为中心这个马克思主义的根本立场，形成和发展了中国特色社会主义政治经济学，开创了理论新篇章。三是思想形态，把理论发展和实践发展统一起来，不断推动思想升华，最终形成了指导整体发展的“以人民为中心”的发展思想。

二、“以人民为中心”发展思想的理论内涵

我国尚处于并将长期处于社会主义初级阶段，需要先富共富的实施策略与历史路径。经过 40 年的改革开放，我国经济社会已经处于历史的最好时期，已经拥有迈向共同富裕的最大可能和最好条件。对此，一定要有足够的现实自信和未来担当。只要我们能够作出更有效的制度安排，在做大发展蛋糕的同时分好蛋糕，着力解决分配不公、收入差距和城乡区域公共服务水平差距较大的问题，使改革发展成果更多更公平地惠及全体人民，我们就能创造条件，积小胜为大胜，不断朝着共同富裕的目标迈进。

在现阶段，人民群众的共同利益和普遍需求，已经不单来自量的增长而更多地来自质的提升。这就需要提升发展的品质，把发展的目标和群众的普遍需求统一起来，维护好现阶段人民群众的共同利益，不断增强人民群众对发展的“获得感”。正如习近平指出的：

“如果只实现了增长目标，而解决好人民群众普遍关心的突出问题没有进展，即使到时候我们宣布全面建成了小康社会，人民群众也不会认同。”①

有效扩大全面发展的“覆盖面”，维护好不同群体的具体利益。以人民为中心的发展思想，核心是促进人的全面发展。人的全面发展和全面发展的人，都不是抽象的、玄奥的概念，在现阶段表现为具体的人和实在的利益。一是发展的主体要全面，不能有缺位。目前，我国还面临着深化脱贫、防止返贫的长期任务，城镇低保人员、城镇登记失业人员、残疾人等，是全面发展的重点人群。落实以人民为中心的发展思想，就要着力解决好特定人群的特定困难，坚决打赢扶贫攻坚战，不让任何群体在发展过程中掉队。二是发展的领域要全面，不能有短板。要实现全面小康的目标，就要全面推进“五位一体”总布局，以回应人的全面的需求。随着发展进程的展开，我们在社会建设和生态文明建设的任务进一步凸显。坚持以人民为中心的发展思想，就要大力保障和改善民生，大力建设美丽中国，补上社会建设和生态文明建设的短板。

坚持以人民为中心的发展思想，就是坚持马克思主义唯物史观，就是把人民作为发展的依靠力量。当前的改革，啃硬骨头多、打攻坚战多、动奶酪多，推进发展的敏感程度、复杂程度前所未有。然而，改革发展事业越是艰难，就越是要依靠人民的力量。只有一切

① 《习近平关于社会主义经济建设论述摘编》，中央文献出版社 2017 年版，第 47 页。

依靠群众，把群众作为发展主体，才能为发展注入强大的物质力量与精神动力。

一是坚持人民主体地位，核心是巩固人民当家作主的政治制度。具体来说，就是坚持和完善人民代表大会这个根本政治制度，以及中国共产党领导的多党合作和政治协商、民族区域自治、基层群众自治等基本政治制度。习近平指出：“保证和支持人民当家作主不是一句口号、不是一句空话，必须落实到国家政治生活和社会生活之中。”[①] 对我国政治生活和社会生活作出根本规定的就是宪法。因而，巩固人民当家作主的政治制度，就必然要发扬宪法精神，弘扬宪法权威。弘扬宪法权威，就是要坚持宪法确定的中国共产党的领导地位不动摇，坚持宪法确定的人民民主专政的国体和人民代表大会制度的政体不动摇，从而为坚持人民主体地位提供最坚强的法律与制度保障。中国特色社会主义政治发展道路是坚持党的领导、人民当家作主、依法治国有机统一的道路，是尊重和实现人民主体地位的道路。因此，坚持人民主体地位就是要毫不动摇地坚持中国特色社会主义的政治发展道路。

二是尊重人民首创精神，核心是走群众路线。尊重人民首创精神，具体说来就是尊重人民所表达的意愿、所创造的经验、所拥有的权利、所发挥的作用，其方法论就是坚持群众路线。群众路线，在本质上体现的是马克思主义哲学关于“人民群众是历史的创造者”

① 《习近平总书记系列重要讲话读本》，学习出版社、人民出版社 2016 年版，第 170 页。

这一基本原理，是对人民首创精神的最大尊重。走群众路线，永远做人民群众的小学生，自觉地拜人民为师，向能者求教，向智者问策，从群众中汲取推动发展的智慧和力量。

三是依靠人民力量，核心是把人民组织起来。组织起来，从来都是我们不断走向胜利的奥秘所在。没有人民的参与和支持，任何改革和发展都不可能取得成功。依靠人民来推动发展，关键是把人民动员和组织起来，投身到党领导的伟大事业中去。一方面要树立整体人民观，坚持问政于民、问需于民、问计于民，充分发挥广大人民群众的积极性、主动性和创造性，营造人人参与、人人尽力的社会环境，激励人们通过劳动创造美好生活，使人民群众成为实现中国梦的追梦者。另一方面要树立专业人才观，以识才的慧眼、爱才的诚意、用才的胆识、容才的雅量、聚才的良方，把党内外和国内外各方面的优秀人才吸引过来，聚天下英才而用之，为其创造发挥作用的舞台，努力形成人人渴望成才、人人努力成才、人人皆可成才、人人尽展其才的良好局面。

在发展方法上坚持一切从问题出发。坚持以人民为中心的发展思想，就是要更好地解决人民生活和经济社会发展中的实际问题，其问题导向不仅鲜明而且具体：一方面是从问题出发，通过解决人民的需求来实现更好的发展；另一方面是顺应人民期待，通过更好的发展来解决人民的需求。落实以人民为中心的发展思想，需要准确把握这一思想的方法论要义。

第一，坚持问题导向与目标导向相结合，准确定位人民的需求和发展的着力点。以人民为中心，是发展的目标导向；发展，是以人民为中心的问题导向。只有树立了目标导向，问题导向才能精准。增进人民福祉、促进人的全面发展，是“以人民为中心”的发展思想的目标导向。因此，我们的问题导向主要有两个要义。从宏观上看，问题导向就是“老百姓关心什么、期盼什么，改革就要抓住什么、推进什么”，“群众想什么、我们就干什么”。从微观上看，问题导向就是从具体问题入手，从群众最关心最直接最现实的利益需求入手。民生问题离老百姓最近，同老百姓生活最密切。进而言之，坚持问题导向就要从保障和改善民生做起，做好普惠性、基础性、兜底性民生建设，满足群众多样化的民生需求，给人民带来更多的获得感。

第二，坚持问题导向与结果导向相结合，作出经得起实践、人民、历史检验的实绩。结果导向强调的是实际成效，是老百姓的“定心丸”。坚持结果导向，就是明确发展的路线图和时间表，让老百姓知晓发展的预期。只有树立了结果导向，问题导向才能坚决。习近平强调：“每项改革落实要有时间表、路线图，跑表计时，到点验收。”以抓落实、见成效为结果导向，我们的问题导向就有两个内在要求：一是解决问题要发扬钉钉子精神，不折腾、不反复，推出的每件事都要一抓到底，做到件件有着落、事事有回音，让老百姓看到变化、得到实惠；二是解决问题要“功成不必在我”，一件事情接着一件事情办，一茬接着一茬干，一步一个脚印、稳扎稳打向前走，不断积小胜为大胜，一张蓝图干到底，作出经得起实践、人民、历史检验的实绩。

在发展效果上坚持一切由人民检验。一个思想是否具有人民性，从根本上说，是看人民是否掌握评价权。以人民为中心的发展思想，具有彻底的人民性，它完整地回答并确认了人民的评价权。

第一，人民是至高无上的评价主体。习近平指出："我们党的执政水平和执政成效都不是由自己说了算，必须而且只能由人民来评判。人民是我们党的工作的最高裁决者和最终评判者。如果自诩高明、脱离了人民，或者凌驾于人民之上，就必将被人民所抛弃。"① 在发展问题上，人民拥护不拥护、赞成不赞成、高兴不高兴、答应不答应，是衡量党的一切工作得失的根本标准。这个根本标准直观地体现为人民的满意度和获得感，一切关于发展的目标、政策、成效均通过人民的满意度和获得感得以检验。只有依靠群众，让群众来监督和评判，以人民为中心的发展思想才能落实到经济社会发展的各个环节，新一轮发展才能不虚不空不偏，从而真正造福人民。

第二，始终坚持为人民谋利益的政绩观。民心是最大的政治，民心决定政绩观。在实际工作中，有的领导干部不是以人民为中心，而是以人民的名义行一己之私；有的领导干部不是从群众正在做什么和想要做什么出发，而是从我要做什么出发，最终背离人民的意愿；有的领导干部不是从群众的整体利益出发，而是从局部利益甚至特殊利益出发，最后损害人民的利益；有的领导干部不是从群众的长远利益出发，而是搞短平快的"冒进工程"，甚至搞注水瞒报的

① 习近平：《在纪念毛泽东同志诞辰120周年座谈会上的讲话》，人民出版社2013年版，第20页。

“数字工程”，留下历史烂尾；有的领导干部不啃硬骨头不打攻坚战，而是庸政怠政、“为官不为”，如此等等。坚持以人民为中心，必须坚持为人民谋利益的政绩观，真正做到对历史和人民负责。

第三，着重把干事创业作为干部考核评价体系的重要内容。政治路线确定之后，干部就是决定的因素。落实以人民为中心的发展思想，主体是人民，关键在干部，要害是干部考评体系。要把为人民干事创业的考核评价工作进一步制度化、系统化。一是在用人导向上，坚持正确的干部标准，把干事创业、勇于改革、敢于担当、作风扎实的干部提拔使用起来，形成能者上、庸者下、劣者汰的用人导向。二是在从政环境上，把广大党员干部的精气神引导到改革发展上来，让干净的人有更多干事的机会，让干事的人有更干净的环境，让那些既干净又干事的人能够心无旁骛地施展才华、脱颖而出，培育优良的党内政治文化和风清气正的党内政治生态。

三、“以人民为中心”发展思想的现实意义

坚持“以人民为中心”的发展思想具有重大而深远的现实意义。第一，这是由这一理论成果的重要地位所决定的。发展是党执政兴国的第一要务，是解决中国一切问题的基础和关键。解决好发展问题，就为治国理政奠定了雄厚的基础。因而，这一理论成果必将在当代中国马克思主义哲学的理论体系中居于基础性地位，必将在当代中国的治国理政新理念新思想新战略中居于先导性地位。第二，这是由理论成果的重要功能所决定的。这一成果就如同一座信

号“发射塔”，覆盖面广，辐射功能强。开展具有许多新的历史特点的伟大斗争、推进党的建设的伟大工程、推进中国特色社会主义伟大事业、实现中华民族伟大复兴，都必须从这一成果中汲取思想的养分和前进的动能。

推进中国特色社会主义伟大事业，需要坚持“以人民为中心”的发展思想。坚持和发展中国特色社会主义必须从客观实际出发。当代中国最大的客观实际，就是我国仍处于并将长期处于社会主义初级阶段。这就决定了我们必须坚持以经济建设为中心。同时还要看到，客观实际不是一成不变的，而是不断发展变化的，尤其要看到我国经济社会发展呈现出来的新特点。这就决定了我们必须坚持“以人民为中心”的发展思想。在发展问题上，以人民为中心和以经济建设为中心并不是相互否定的，而是辩证统一的。以经济建设为中心，重在实现物质的不断丰富；以人民为中心的发展，重在实现人的全面发展。只有把两者统一起来，中国特色社会主义才是全面发展的社会主义，才是迈入新发展阶段的社会主义。以人民为中心的发展思想，集中反映了我们党对发展阶段的新判断和对发展规律的新认识，深刻揭示了实现更高质量、更有效率、更加公平、更可持续发展的必由之路。这条发展之路通向共同富裕和人的全面发展，正是社会主义的本质要义。

推进党的建设新的伟大工程，需要坚持“以人民为中心”的发展思想。习近平指出，能不能保持经济社会持续健康发展，从根本上讲取决于党在经济社会发展中的领导核心作用发挥得好不好。这一论断蕴含了厚重的历史逻辑。建党百年来，我们党不断取得胜利的根本原因就是把党性和人民性统一起来，而实现这种统一的重要经验就是把党的建设和党领导的事业统一起来。党的十八大以来，习近平提出“人民立场是中国共产党的根本政治立场”和“以人民为中心”的发展思想，这就是把最高的党性原则和最彻底的人民性统一起来了。“以人民为中心”的发展思想，反映了坚持人民主体地位的内在要求，彰显了人民至上的价值取向，而这也正是全面从严治党继而推进党的建设新的伟大工程的价值遵循与行为坐标。“以人民为中心”的发展思想，不仅关系人民也关系党，是党的建设和党的事业的合题，是党性和人民性的合题，也必将成为推进党的建设新的伟大工程的“动力源”。

开展具有许多新的历史特点的伟大斗争，需要坚持“以人民为中心”的发展思想。任何伟大斗争的前途和命运最终都取决于人心向背。坚持以人民为中心的发展思想，就是在“蛋糕”做大的同时，摒弃私利，这是一种道义的力量；就是以人民立场和优良作风始终与人民保持血肉联系，这是一种人格的力量；就是坚守人民至上和人民创造历史的唯物史观，这是一种真理的力量；就是致力于人的全面发展从而获得人民的衷心拥护，这是一种历史的力量。“以人民为中心”的发展思想，是开展具有许多新的历史特点的伟大斗争的“助力器”，它必将汇聚起十四亿人民的磅礴力量，汹涌澎湃地走向中华民族的伟大复兴。

四、“以人民为中心”发展思想对马克思主义群众史观的丰富与发展

马克思主义哲学视域中的历史主体就是人民群众，人们的实践活动无非是由社会个体所构成的群众的活动，“历史活动是群众的活动，随着历史活动的深入，必将是群众队伍的扩大”①。与各种形式的唯心史观基于“自我意识”内在性所虚构的抽象的历史主体与发展动力相对立，唯物史观深刻洞见到，只有群众的现实斗争，即现实地改变自己的现实存在、改变自己的现实条件的自我活动，即人民群众的历史性实践才具有真正的现实性和革命性。人民群众创造历史这一基本立场，第一次在哲学上使人类社会的全部历史运动——从史前史向着人类史的生成——的本质被揭示出来。历史主体的产生活动与现实生成这一历史性领域真正成为马克思主义哲学的思想基础和现实取向，这也意味着马克思的历史道路理论与科学社会主义获得了真正的物质基础和现实的力量来源。

唯物史观构成“以人民为中心”发展思想的哲学基础，而对这一哲学基础的把握，又必须避免流于虚空的教条化和形式主义。以自然规律的必然性为阐释方案的历史观，作为贫乏的历史决定论，必然以社会历史发展的抽象规律来取消人民群众作为实践主体的能动作用，陷入历史虚无主义，并在根本上取消历史主体及其物质实

---

① 《马克思恩格斯文集》第1卷，人民出版社2009年版，第287页。

践活动的现实性与革命性；另一种亟待反思的历史观念在于，取消人类历史运动的辩证本质、拒绝在思想上把握这一运动的历史性原则，以经验事实（即单纯的“实存”）取消历史辩证运动所开展出的更高的“现实”。就此而言，基于唯物史观的原则高度阐明“以人民为中心”所包含的丰富哲学内涵与历史性实践本质，构成了始终坚持并具体贯彻党的群众路线的思想基础。换言之，“以人民为中心”所内在蕴含的历史唯物主义基本立场，必然将中国道路的群众性实践提升为创造历史的主体和力量源泉。

中国特色社会主义道路、理论、制度、文化作为以社会主义为定向的展开过程，是马克思主义与中国道路历史性实践的内在结合，在这一生机勃勃的历史性实践中，不断展现出中华民族伟大复兴的现实进程和光明前景。一方面，广大人民群众是自近代以来中华民族站起来、富起来和强起来所依赖的现实主体与力量来源，在这一艰苦卓绝的历史性实践中，锻造了人民群众作为历史主体的现实力量，真正成为社会主义国家的主人和建设的主体，从而获得了人的本质力量对象化的现实。“正是在改造对象世界中，人才真正地证明自己是类存在物。这种生产是人的能动的类生活。通过这种生产，自然界才表现为他的作品和他的现实”；① 也正是通过这种创造性活动的实际发展过程，现实的人才能够真正发挥他的本质力量、占有他的社会本质。就此而言，历史主体及其物质实践活动的

① 《马克思恩格斯全集》第3卷，人民出版社2002年版，第274页。

辩证运动构成了既定社会自我运动的根本性力量，只有通过由最广大人民群众所参与的中国特色社会主义的历史性实践，才能在社会生活的各个领域展现出人民当家作主的新文明类型的可能性与现实性。这种不断生成的新的社会结合方式、新的社会生产力发展方式，将以自我异化的积极扬弃为旨归，历史地建构新的社会基础与历史主体。将中国特色社会主义所取得的根本性成就归结为人民群众创造性活动的结果，意味着人民群众对社会生产力和全部社会财富的占有，意味着人民群众拥有作为社会主义国家主人和建设主体的获得感。

另一方面，人民群众作为创造历史的主体，作为中国道路历史性实践的现实主体，推动中国特色社会主义建设取得了一系列根本性与历史性的变革与成就，拓展了发展中国家超越资本逻辑走向现代化的现实道路，从而不断将中国特色社会主义的伟大斗争、伟大工程、伟大事业和伟大梦想推向深入，推向更高的历史阶段，使这一道路本身不断获得新的时代内容与历史合理性。习近平在十九大报告中深刻凝练了中国特色社会主义进入新时代的“三个意味着”，不仅将中国特色社会主义所取得的历史性和根本性成就归结为人民群众的创造性力量，而且表明，中国特色社会主义道路通过人民群众的创造性力量所取得的历史性成就具有了世界历史意义。这一世界历史意义为人类的整体进步提供了现实的可能性，“给世界上那些既希望加快发展又希望保持自身独立性的国家和民族提供了全新选择，为解决人类问题贡献了中国智慧和中国方案”。

将人民群众对美好生活的需要和向往作为中国共产党的奋斗目标，是“以人民为中心”发展思想的具体化贯彻，“明确新时代我国社会主要矛盾是人民日益增长的美好生活需要和不平衡不充分的发展之间的矛盾，必须坚持以人民为中心的发展思想，不断促进人的全面发展、全体人民共同富裕”。在对新时代基本性质的判断中，深刻体现并充分实践了马克思主义哲学的历史主体思想，即坚持人民群众创造历史这一根本性立场和原则性高度。为中国人民谋幸福，为中华民族谋复兴作为中国特色社会主义道路的历史方向与发展趋势，既是激励中国共产党实现其初心和使命的根本动力，也是中国共产党制定路线与方略坚持的根本出发点和枢轴，“以人民为中心”恰恰是中国特色社会主义道路取得的一系列历史性成就的思想基础与信念支撑。

只有基于对马克思主义哲学的根本立场与中国特色社会主义进入新时代的社会—历史现实，才能够真正把握“以人民为中心”的丰富内涵，将人民日益增长的美好生活需要与不平衡不充分发展之间的矛盾，作为实现社会主义现代化、创造人民美好生活的内在动力与发展目标；从而在以社会主义为定向的社会—历史运动中真正理解历史主体的生成活动，摒弃历史虚无主义与教条主义对历史主体以及历史发展内在动力的否定与消解。人民对美好生活的需要成为始终坚持与具体贯彻“以人民为中心”发展思想的实践基础与力量源泉，对于“需要”的社会性质的充分肯定，意味着扬弃私有制条件下“需要”的狭隘性、利己性及其彼此对立，从而真正将人的全面自由发展作为整个社会发展的前提，将历史主体的生成活动与社会的全面进步作为同一历史进程现实地开展出来。

当今中国的发展进程虽然将长期处于社会主义初级阶段，但是这一以社会主义为定向的历史运动的辩证展开过程，必然在现代文明之历史界限的不断迫近中，开启出新文明类型的可能性，它意味着对于西方—资本主义文明的积极扬弃。简言之，马克思主义哲学为积极理解和深刻把握中国特色社会主义发展实践中所生发出的“中国问题”“中国经验”提供了理论根基和思想信念，指明了中国特色社会主义历史性实践的现实主体与发展动力，以及这一历史运动的过程性、革命性与方向性。以唯物史观深刻阐释中国特色社会主义进入新时代的核心理念和丰富哲学内涵，同样构成当今哲学社会科学的思想任务和学术自觉。

第二章　实事求是的思想路线与马克思主义认识论

第一节　以实践为基础的马克思主义认识论

从理论根据上来看，马克思主义的科学性奠基于马克思主义的哲学理论。马克思指出：“哲学家们只是用不同的方式解释世界，问题在于改变世界。”① 改变世界的根据在于人的对象性活动，即实践活动。对“实践”概念的锻造，是马克思主义哲学区别于一切旧哲学的根本特征。这种特征标明了马克思主义哲学与旧哲学的决定性差异。正是通过对“实践”的阐发，马克思完成了他的哲学革命。而认识论作为哲学理论的重要组成部分，其性质的变迁也包含在马克思主义的哲学革命之中。在以“实践”概念为核心的哲学变革的基础上，马克思主义的认识论区别于一切旧哲学的认识论。

① 《马克思恩格斯选集》第 1 卷，人民出版社 1995 年版，第 57 页。

一、认识与实践的辩证关系

“从前的一切唯物主义（包括费尔巴哈的唯物主义）的主要缺点是：对对象、现实、感性，只是从客体的或者直观的形式去理解，而不是把它们当作感性的人的活动，当作实践去理解，不是从主体方面去理解。因此，和唯物主义相反，能动的方面却被唯心主义抽象地发展了，当然，唯心主义是不知道现实的、感性的活动本身的。”①旧哲学—形而上学对感性活动的贬抑，对超感性世界的推崇，源自其基本建制中的“理念”或“我思”结构。这里所说的旧哲学—形而上学，乃是指“柏拉图主义”，即以理念作为存在者之存在的哲学建制。它不仅包含唯心主义形而上学，如柏拉图、笛卡儿、费希特与黑格尔的体系，而且也包括如斯宾诺莎、霍尔巴赫、爱尔维修等唯物主义形而上学。这些形而上学体系，都根植于“理念”世界或“我思”框架之中，都将超感性世界和感性世界割裂开来，并使前者凌驾于后者之上。现实的感性世界被贬低为没有神性的和自身无价值的。柏拉图主义将感性世界仅仅理解为理念世界有缺陷的模仿；斯宾诺莎的“实体”，也无非是脱离人的自然，即形而上学地改了装的自然；而在改了装的自然中，感性的事物不具有优先地位。因此，在一切旧哲学—形而上学中，超感性世界居于感性世界的彼岸，并且高于感性世界，支配着感性世界。

① 《马克思恩格斯选集》第1卷，人民出版社1995年版，第54页。

黑格尔哲学是一切旧哲学“超感性神话”的巅峰之作。费尔巴哈在《关于哲学改造的临时纲要》中指出：“斯宾诺莎是近代思辨哲学的真正创始者，谢林是它的复兴者，黑格尔是它的完成者。”①在黑格尔哲学中，作为实体—主体的绝对精神成为整个体系运动发展的基础，否定之否定的思辨逻辑也成为绝对精神自我运动的基本框架。黑格尔的哲学体系是从逻辑学开始的，一切具体的环节不过是逻辑学的应用。因而，逻辑学这一超感性世界的构成模式，就成为感性世界必须遵从的先验结构；而这个先验结构，就是绝对精神自身的本质结构。关于作为实体—主体的绝对精神，马克思早在《神圣家族》中就批判地揭示了其哲学上的本质来历。首先，黑格尔通过他作为哲学家的思维，把现实存在的诸多感性个体的共同规定抽象出来，与感性事物相对立，并置于感性事物之外。如从桃子、苹果等现实感性的存在中抽象出果实的概念。其次，把现实事物看成抽象概念的具体形态，如把桃子、梨子等看成果实的具体形态，把抽象概念看成实体。最后，为使这一抽象概念获得丰富的规定性，思辨哲学家就必须通过神秘的方法使得抽象概念化身为现实的事物，并把这一过程看做抽象概念自我运动、自我产生的过程，一切特殊规定性的综合被看做抽象概念的自我运动。这样一来，实体就具有了主体性，因而变成了主体。梨子、苹果、桃子等现实果实的差别被看成果实概念的自我区分和自我规定；在这种思辨的自我区分之

① 《费尔巴哈著作选集》上卷，荣振华、李金山等译，商务印书馆 1984 年版，第 101 页。

中，抽象的实体—主体使得自身呈现为无数具体环节构成的统一体。

费尔巴哈曾试图以一种“未来哲学”或“新哲学”来终结以黑格尔哲学为代表的一切旧形而上学。在费尔巴哈看来，对“超感性世界”的批判体现为对宗教、神学以及哲学的批判。他指出，黑格尔的哲学以及一般哲学无非是以哲学形态出现的神学，“用理性或理论去论证和溶解宗教彼岸的、不是宗教对象的上帝，是思辨哲学的任务……思辨哲学的本质不是别的东西，而是理性化了的，实在化了的，现实化了的上帝的本质”①。费尔巴哈对抗思辨哲学的武器是“感性”。现实性首先是感性，一个客观实存即一个在思想和想象之外的实存之本质性就是感性。所谓感性，乃是直接的感官性质，即可感受性。人们通过各种感官可以直接感受到的实存，便正是那感性存在物。在费尔巴哈看来，一切旧哲学的根本问题，特别是黑格尔哲学的根本问题表现为主词与谓词的颠倒，即形而上学的抽象精神与现实中的感性事物的颠倒。实际上，存在是主词，思维是谓词，而存在的真理性就在于它是感性的事物。

然而，费尔巴哈在通达感性对象时所诉诸的乃是“感性直观”，无论这种直观是普通的直观、科学的直观或哲学的直观，它们都具有感性的特征。也就是说，它们都必以感官为中介。“费尔巴哈想要研究跟思想客体确实不同的感性客体，但是他没有把人的活动本身

① 《费尔巴哈著作选集》上卷，荣振华、李金山等译，商务印书馆 1984 年版，第 123 页。

理解为对象性的活动。”[①] 单纯的直观之所以未能真正摆脱传统形而上学的窠臼，是因为“直观”这种被动的状态，永远无法找到主体从被束缚和封闭的自我出离的路径；这种直观始终不能成功地在主体与客体、思维与存在之间建立起桥梁。因此，在费尔巴哈那里，旧形而上学的建制，又以另一种形式被恢复了。

正是马克思完成了对旧形而上学基本建制的决定性批判，通过“实践”重新建构了由主体通达客体的桥梁。虽然费尔巴哈哲学已经提示了一切旧哲学的要害，即主体在自身内部对感性事物的绝对疏离；然而，只有通过马克思的“感性活动”或“对象性活动”即实践概念，才能完成对全部旧哲学的批判任务。从前的一切哲学，无论是唯心主义还是唯物主义，都没有理解感性的人的活动，都没能理解实践。正是人的感性活动构建起主体与客观世界的本质关联，它表明：“环境的改变和人的活动或自我改变的一致，只能被看作是并合理地理解为革命的实践。”[②] 在这里，人的主体活动与客观世界的统一是以实践为基础的。对于马克思来说，“感性活动”的本体论定向是使超感性世界神话开始瓦解的思想前提，而这一瓦解所导致的理论结果便是唯物史观的直接起源。从起源并且也从实质来说，唯物史观的主旨就是在超感性世界神话的解体过程中，开辟出一条揭示并且切中“社会现实”的道路。因此，马克思主义哲学就把人类认识的本质性归结为社会生活，归结为感性实践，并宣称：“凡是

① 《马克思恩格斯选集》第 1 卷，人民出版社 1995 年版，第 58 页。

② 同上书，第 55 页。

把理论引向神秘主义的神秘东西，都能在人的实践中以及对这个实践的理解中得到合理的解决。”①

二、马克思主义认识论的基本问题

由于马克思主义哲学实现了以“实践”概念为基础的哲学革命，并且在这种哲学革命中主要地把社会历史问题作为考察的重点，所以，对于社会历史的科学认识和科学理解就被建立在唯物史观的基础上。在此基础上，认识论问题在马克思主义哲学中呈现出与以往的认识论完全不同的性质。在唯物史观的视域下，认识论主要是从以下几个方面展开的。

第一，马克思主义认识论强调认识自然与认识历史的统一。我们知道，马克思的实践概念特别强调人与环境的辩证关系。在这种辩证关系中，人通过实践改变环境，同时，环境也通过实践改变人。在实践活动中，人类社会与自然的关系呈现出了一种新的样态。首先，人是感性的自然存在物；“人作为自然存在物，而且作为有生命的自然存在物，一方面具有自然力、生命力，是能动的自然存在物；这些力量作为天赋和才能、作为欲望存在于人身上；另一方面，人作为自然的、肉体的、感性的、对象性的存在物，同动植物一样，是受动的、受制约的和受限制的存在物”②。这意味着人与自然之间

① 《马克思恩格斯选集》第1卷，人民出版社1995年版，第56页。

② 《马克思恩格斯文集》第1卷，人民出版社2009年版，第209页。

的同一性：人的欲望及其实现自身欲望的手段都是自然力。由于人是自然存在物，它要维持自身的生命活动，就必须与外界的自然保持不断的物质变换。而这种物质变换作为最基本的实践活动，就是生产生活，就是劳动。

其次，这种劳动实践活动不仅要从自然生理的状态来把握，而且要从人的类活动，人的类本质方面加以理解。这种活动是人与动物活动的本质区别。人需要的对象作为自然界存在于人之外，同时，外在的自然界又不能直接适应人的需要。“自然界，无论是客观的还是主观的，都不是直接同人的存在物相适合地存在着。”①因此，人类为了生存，就必须生产他们的生活。这就意味着，物质生活的生产活动本身构成了人类社会的存在方式，而在物质生活的生产活动中，人使自己的本质力量对象化出去，从而在人的本质活动中保持与自然界的统一性。

因此，马克思主义哲学把自然的历史与人的历史统一起来加以理解，“自然界的社会的现实和人的自然科学或关于人的自然科学，是同一个说法”②。由于自然界是通过人类的实践过程向人的意识展开的，因此，对于自然的理解就根植于人类活动的历史中。即使是自然科学研究的对象和条件也是由人的实践活动产生并提供出来的。“甚至这个‘纯粹的’自然科学也只是由于商业和工业，由于人们的

① 《马克思恩格斯文集》第1卷，人民出版社2009年版，第211页。

② 同上书，第194页。

感性活动才达到自己的目的和获得自己的材料的。”① 脱离了人的实践活动的自然界，不是人生存于其中的那个自然界，因而也就不可能成为自然科学的对象，自然科学的对象首先就是人类实践的对象。自然科学与人的科学，对自然的认识与对人的认识，从根本上统一于人类的实践活动。正是在这个意义上可以说，实践观是马克思主义认识论之第一的和基本的观点。

第二，马克思主义认识论强调社会意识与社会存在的统一。马克思主义哲学认为，社会存在决定意识。这条原理是唯物史观区别于一切唯心史观的根本立场。在《德意志意识形态》中，马克思、恩格斯指出：“意识在任何时候都只能是被意识到了的存在。”② 而在《政治经济学批判》中，马克思又指出：“不是人们的意识决定人们的存在，相反，是人们的社会存在决定人们的意识。”③ 什么是社会存在呢？就马克思本人而言，他经常把人的社会存在理解为人的生活过程或物质生活的生产过程，“人们的存在就是他们的现实生活过程”④。人们的生活过程不仅具有物质的属性，不仅意味着人与自然的关系，而且在这个过程中，还包含着人与人的物质关系，即社会联系。社会联系是指许多个人共同的活动，以及在这种活动中发展起来的联系。正是通过社会联系的中介，人的活动才反映为社会意

① 《马克思恩格斯选集》第1卷，人民出版社1995年版，第77页。
② 《马克思恩格斯文集》第1卷，人民出版社2009年版，第525页。
③ 《马克思恩格斯全集》第31卷，人民出版社1998年版，第411页。
④ 《马克思恩格斯选集》第1卷，人民出版社1995年版，第72页。

识。社会意识反映社会存在，乃是通过一系列中介过程，如生产关系、社会心理等要素实现的。

社会存在与社会意识的统一关系，要求我们在研究人类意识发展过程时，务必把人的意识理解为社会意识。“当然，意识起初只是对直接的可感知的环境的一种意识，是对处于开始意识到自身的个人之外的其他人和其他物的狭隘联系的一种意识”①；然而，一旦社会生产发展起来，人的意识就是社会意识。不存在脱离了社会意识的自然意识，也不存在脱离了社会意识的个体意识。因此，社会存在与社会意识的统一关系，要求我们在理解人的意识的时候，必须首先从现实的生活过程出发去作出说明。从现实的生活关系引出社会意识的分析方法，是唯一科学的方法，也是唯一唯物主义的方法。

第三，马克思主义认识论是意识形态批判与把握社会现实的统一。把社会意识理解为社会存在的反映，就必然得出这样的结论：只有通过对意识形态的批判，即去除虚假观念的遮蔽，才可能深入到社会现实之中，才可能揭示意识现象的本质和真正根源。在《德意志意识形态》的用语中，意识形态在本质上是指唯心主义历史观。“德国唯心主义和其他一切民族的意识形态没有任何特殊的区别”②，而一切民族的意识形态都认为：观念支配着整个世界。

马克思恩格斯指出，意识形态的产生机制是：首先，进行统治

① 《马克思恩格斯文集》第1卷，人民出版社2009年版，第533—534页。

② 同上书，第510页。

的个人将自己同生产出来的思想区分开来，从而承认思想在历史上的统治地位。其次，需要证明思想的统治具有某种先行后续的关联，把这些思想看作是“概念的自我规定”。最后，“为了消除这种‘自我规定着的概念’的神秘外观，便把它变成某种人物”①，即意识形态家，从而把这些人看作是历史的创造者或者某种神秘精神的代言人。恩格斯晚年在给梅林的一封信中曾谈到意识形态的形式方面，即意识形态是由什么样的方式和方法产生的。他指出，“意识形态是由所谓的思想家通过意识，但是通过虚假的意识完成的过程”，“他只和思想材料打交道，……，而不去进一步研究这些材料的较远的、不从属于思维的根源”。②

意识形态的历史性根源在于人类社会本身的自我分裂。正如马克思在批判费尔巴哈时曾指出的那样：“世俗基础使自己从自身中分离出去，并在云霄中固定为一个独立王国，这只能用这个世俗基础的自我分裂和自我矛盾来说明。”③意识形态的产生，是由于特定阶段上人们的物质生活方式与由此而来的社会物质关系导致的。在生产力发展的特定阶段，分工意味着人类活动的局限和固化。正是由于物质劳动和精神劳动的巨大分工，使得意识形态以这样一种方式得以实现：它不必想象某种真实的东西，就能真实地想象某种东西。最后，阶级斗争的需要使得从事精神劳动的意识形态家，自觉

---

① 《马克思恩格斯选集》第1卷，人民出版社1995年版，第102页。

② 《马克思恩格斯选集》第4卷，人民出版社1995年版，第726页。

③ 《马克思恩格斯选集》第1卷，人民出版社1995年版，第55页。

或不自觉地把社会发展的动力意识形态化。意识形态的产生是与社会现实的分裂有着本质关联的。因此，只有通过意识形态批判，社会现实才可能被揭示出来并得到真正的把握。既然马克思主义认识论以把握社会现实为主旨，那么这种认识论就必然同时是意识形态批判。

第四，马克思主义认识论强调外部关系与内部关系的统一。马克思主义哲学的实践概念彻底瓦解了现代形而上学所谓“我思”的自我封闭，从而找到了真正由思想通达现实的路径，并由此提出思想切中社会现实的要求。这种要求的一个侧面表现为对外在反思的批判；对于旧形而上学来说，外在反思意味着将现成的表象作为规定或谓词外在地加诸对象；而在知性科学的范围内，外在反思作为“主观的理性”，意味着空洞和抽象的普遍性（类）是与特殊的事物没有内在联系的。

把握社会现实的关键在于把握社会现实的内在联系。正是社会的内在联系构成了社会现象的本质与根据。一切社会现象，即一切社会的表面联系，都是社会内部联系的直接的或者间接的反映。之所以要把握社会现实的内在联系，乃是因为内在联系与社会现象并非直接同一的，“如果事物的表现形式和事物的本质会直接合而为一，一切科学就都成为多余的了”①。科学的主要任务就是通过现象达到对本质的把握，并且从本质出发去阐明特定的社会现象。据

① 《马克思恩格斯文集》第7卷，人民出版社2009年版，第925页。

此，马克思深刻批判了资产阶级庸俗经济学。庸俗经济学将浮于社会表面的外在联系作为自己的研究对象，而“当庸俗经济学家不去揭示事物的内部联系却傲慢地鼓吹事物从现象上看是另外的样子的时候，他们自以为这是作出了伟大的发现”①。现实是本质与实存的统一，庸俗经济学家不能从本质对实存进行阐述，不能从内在联系出发对外在联系进行说明，因而他们的经济学不过是一再反复咀嚼科学的经济学家早就提供的材料，最终用来充当现行经济体制的辩护词。

马克思的科学思想，要求把社会本质与经济现象统一起来加以考察。一旦社会的内部联系得到揭示，现存制度的永恒性神话就会破灭。因为事物的内在联系是事物自身矛盾的联系，是自我否定的联系，是辩证的联系。马克思与黑格尔在辩证法上的一个重要区别在于，黑格尔将现象中的矛盾理解为本质中的统一，理解为理念中的统一，而马克思则把现象中的矛盾理解为“本质的矛盾”，这种矛盾并不仅仅是概念中的矛盾，而是活生生的现实。现实本身的矛盾是不可能仅仅在概念中通过思辨被扬弃的。因此，揭示事物的内部关系，就是揭示事物运动的内在动因，就是揭示事物自身的矛盾。唯有从矛盾的方面认识事物的内部联系，才能克服形而上学和教条主义，才能真正把握客观现实。

第五，马克思主义认识论强调认识对象与认识方法的统一。黑

① 《马克思恩格斯文集》第 10 卷，人民出版社 2009 年版，第 290 页。

格尔就曾指出："方法不是外在的形式，而是内容的灵魂和概念。"①在黑格尔哲学中，方法总是和方法处理的对象一致地发展的。只有与对象本质规定相一致的方法，才能体现和把握对象的实质性内容。就这一点而言，黑格尔确信其思辨方法的绝对性和有效性，即思辨方法实际上是理念的自我规定。在这种方法的实际运用中，黑格尔试图克服主观思想与知性反思的缺点。但是由于黑格尔的绝对唯心论，由思辨方法把捉到的具体内容变成了抽象理念证实自身的环节，其具体性与对象性在抽象理念进展的过程中被神秘化了。黑格尔哲学的思辨性质，窒息了其方法的批判的方面；在唯心主义的哲学地基上，辩证法通达事物本身的路径最终也被阻断了。

唯有在以实践为核心的唯物史观的哲学地基上，认识方法才能真正与客观世界本身相贯通。在此意义上，辩证法就表现为对实证科学的要求。不应当将辩证法理解为一般所谓的形式方法。马克思的辩证法是事物自身运动的规律；思维意义上的辩证法不过是事物自身本质在观念中的反映。因此，马克思主义认识论的主要方法即辩证法是社会现实自我运动的反映。辩证法不仅仅表现为两个范畴融合为一个新范畴的思维运动，它首先表现为现实的运动，表现为事物自身的存在方式。例如，在政治经济学批判中，辩证法要求把社会结构当作以对抗为基础的生产方式来考察。另一方面，辩证法在认识秩序上要求从具体表象上升为抽象规定，再由抽象规定复现

① ［德］黑格尔：《小逻辑》，贺麟译，商务印书馆1980年版，第427页。

为思维总体；在这里，范畴反映的存在形式、实存规定的内在关联被揭示出来，最终表现为一个看似先验的逻辑结构。于是，辩证法在思想形式方面便表现为由抽象到具体的思维过程。事实上，这里需要分辨两条不同的道路：第一条道路，我们可以简单称之为分析的方法，它将一切表象分析为简单的经济学范畴。第二条道路，就是我们通常所说的综合道路，它将形成关于特定主体的具体的认识。然而，需要指出的是，头脑中的具体的整体，只能是现实主体的反映。“实在主体仍然是在头脑之外保持着它的独立性；只要这个头脑还仅仅是思辨地、理论地活动着。因此，就是在理论方法上，主体，即社会也必须始终作为前提浮现在表象面前。”①辩证法之所以要求这样的认识程序，是因为社会关系本身是由内部关系与外部关系共同构成的，是因为物质生产条件与社会关系本身是有机地联系在一起的。由此我们看到，作为认识对象的既定社会与作为认识方法的辩证法的内在统一，是马克思主义认识论的重要特点，也是马克思主义哲学科学性、现实性、实践性的必然要求。

马克思主义的认识论通过以“实践”为定向的哲学革命，不仅构成了哲学本体论问题的决定性转换，而且促成了认识论问题的自我革新。它打破了主客二元的形而上学对立，为主体通达客观现实，认识客观世界提供了新的理论路径。它扬弃了抽象的反映论和天赋观念，把人的意识同人的社会活动有机地结合在一起。它结束了孤

① 《马克思恩格斯全集》第30卷，人民出版社1995年版，第43页。

立的自然的认识论，使得唯物主义在历史的领域结出果实，也就是说，它揭示出人的意识是在什么样的历史条件中生成发展的。不仅如此，它还批判了一切虚假的意识形态，指出这些意识形态由之产生的社会基础，从而要求科学认识能够切中社会的现实。最后，马克思主义认识论表明自身直接就是辩证法：它揭示出认识对象与认识方法的必然统一，瓦解了一切知性反思与主观思想的形而上学基础，为人们认识世界提供了科学的方法论指南。以实践为基础的马克思主义认识论，始终把唯物主义作为自身的党性立场，始终把辩证法作为自己的批判武器。在马克思主义认识论的框架中，辩证法和唯物论第一次有机地结合在一起。

第二节　马克思主义认识论与“实事求是”思想路线

十月革命一声炮响，为中国送来了马克思列宁主义。从此，马克思主义在中国共产党人领导的历史性实践中开启了中国化的进程。正是在与中国具体实际相结合的过程中，马克思主义的哲学真理才在东方大地上焕发出勃勃生机，结出丰硕的理论成果。马克思主义认识论与中国的历史性实践相结合，逐步形成了“实事求是”的思想路线。

“实事求是”作为我们党的思想路线、思想方法，作为我们党认识中国实际，把握中国国情，切入中国现实的重要认识方法和认识工具，具有鲜明的认识论意义。这种认识论本身是建立在马克思主义哲学世界观基础上的。正是马克思主义哲学在中国革命、建设、改革过程中彰显出来的世界观真理性，构成了“实事求是”思想路线内在的唯物主义本质与辩证法品格。

一、“实事求是”思想路线的实践论基础

“实事求是”作为认识方法，首先是建立在对认识与实践关系的科学把握基础上的。我们知道，马克思的哲学革命结束了旧哲学在理论内部的各种形而上学对立，通过“实践”将主体与客体、思维与存在、人与自然等辩证地统一了起来。人的思维是否具有对象性的真理性，只有在实践的基础上并且通过实践才具有意义。列宁强调实践高于认识，并强调了实践与认识的辩证统一，突出了马克思主义认识论的实践特征。以毛泽东为代表的中国共产党人，在马克思主义哲学的基础上，结合中国的实际，把马克思主义的认识论继续向前推进了一大步。

就实践在认识论上的优先地位，毛泽东明确指出：“实践的观点是辩证唯物论的认识论之第一的和基本的观点。”① 实践之所以具有优先地位并构成认识的根据，乃在于两个方面：第一，实践是整个社会生活的基础；第二，实践具有直接现实性的品格。

① 《毛泽东选集》第 1 卷，人民出版社 1991 年版，第 284 页。

就第一个方面而言，实践之所以对社会生活具有基础性和构成性作用，是因为物质生产实践是人类社会存在和发展的基础。“马克思主义者认为人类的生产活动是最基本的实践活动，是决定其他一切活动的东西”[①]；离开了物质生产，人类社会就不可能存在。所以，从这个方面而言，人类认识归根结底是以物质生产活动为基础的。只有在物质生产活动中，人们才能接触自然，认识自然，把握自然事物的关系以及人与自然的关系；并且才能在人类生活的历史进展中认识自然规律、社会规律和思维规律。不仅如此，所谓实践对社会生活具有基础性和构成性的作用还体现在：人类社会是由许多不同种类的实践共同构成的。“人的社会实践，不限于生产活动一种形式，还有多种其他的形式，阶级斗争，政治生活，科学和艺术的活动”[②]。在《人的正确思想是从哪里来的？》一文中，毛泽东将社会实践概括为三种基本的形式，即生产实践、阶级斗争和科学实验。对实践生活进行科学的分类，是毛泽东对马克思主义实践学说的发展，从总体性的角度概括了人类社会实践的方方面面。人的社会意识或认识，是以多种多样的社会生活为基础的；实践类型的丰富性，决定了人类认识的多样性和复杂性。

就另一个方面而言，实践之所以具有直接现实性的品格，是因为实践作为人的感性活动，与认识、意识、思维、观念等比较起来，具有直接的、原初的现实性。正是实践的直接现实性品格，决定了

① 《毛泽东选集》第 1 卷，人民出版社 1991 年版，第 282 页。

② 同上书，第 283 页。

实践是检验认识真理性的唯一标准。毛泽东指出，实践的直接现实性乃具有“主观见之于客观”的作用。由于实践是主观见之于客观的活动，是主体作用于客体的活动，所以具有沟通主观意识与客观世界，沟通主体认知与客体对象的作用。正是在这种主客统一的现实基础上，人们对于客观世界的认识才是可能的，并且才能够得到根本性的检验。“只有在社会实践过程中，人们达到了思想中所预想的结果时，人们的认识才被证实了。”① 只有在实践活动中，思维是否具有真理性的问题，才能获得其真正的意义。在改革开放的历史性实践中，真理标准的大讨论起到了巨大的积极作用，充分反映出中国化马克思主义认识论的唯物主义。只有坚持实践是真理检验的唯一标准，才能克服本本主义、经验主义和官僚主义，才能真正做到不唯书，不唯上，只唯实。

认识本身在实践基础上又是如何发展起来的呢？就认识在自身内部的形态变迁而言，认识是从感性认识向理性认识发展的。感性认识就其直接的来源而言，是实践对认识的初步作用或认识对实践的初步反映；就其与实践发生关系的途径而言，它有赖于客观事物在实践过程中对人的感官的直接作用。就感性认识本身的形式而言，分为感觉、知觉与表象；就其包含的客观性内涵而言，它只是涉及事物的外部联系；就其自身的特点而言，它表现为对客观事物片面的、个别的、局部的感知。感性认识在实践基础上的进一步深化就

① 《毛泽东选集》第 1 卷，人民出版社 1991 年版，第 284 页。

形成了理性认识。理性认识就其直接的来源而言，是实践基础上在认识内部对感性认识的进一步深化；就其与实践发生关系的样态而言，它属于认识与实践反复交互的结果；就其本身的形式而言，分为概念、判断与推理；就其包含的客观性内涵而言，它涉及客观事物的内部联系；就其自身的特点而言，它表现为对客观事物全面的、本质的、规律性的把握。

感性认识与理性认识的关系，体现在它们以实践为基础的对立统一。首先，感性认识与理性认识是本质不同的，在有些情况下甚至是对立的。感性认识只是把握事物的外部联系，而理性认识把握的是事物内部的联系。同时，在许多场合下，对外部联系的认识未必能深化为对内部联系的认识，甚至可能以外部联系充当内部联系。感性认识与理性认识有本质上的不同，前者是认识的低级阶段，后者则是认识的高级阶段。其次，感性认识与理性认识又是彼此统一的。理性认识必然发端于感性认识，感性认识有必要发展为理性认识。两者是相辅相成的：只有在理解事物的基础上，才能更深刻地感知事物，而只有在不断感知事物的基础上，才能更深刻地理解事物。坚持理性认识来源于感性认识，是认识论的唯物主义；坚持感性认识要进一步发展和深化为理性认识，是认识论的辩证法。

认识的目的就是要把感性认识深化为理性认识，就是要把认识重新应用于实践，就是要在实践中检验和发展真理。认识脱离了实践，就是无源之水，无本之木；“实践若不以革命理论为指南，就会变成盲目的实践”。而在实践中检验真理，就必须坚持主观与客观具体的历史的统一。以实践为基础的马克思主义认识论，构成“实事求是”思想路线的哲学前提之一。

二、“实事求是”思想路线的矛盾论基础

如果说，对认识与实践关系的科学把握是从唯物论的角度奠定了实事求是思想路线的认识论基础，那么，矛盾原理则是从辩证法的角度构成实事求是的思想路线的方法论基础。在这个意义上，马克思主义的认识论也就是辩证法。以毛泽东为代表的共产党人，继承和发展了唯物辩证法的矛盾学说，创造性地回答了马克思主义为何要中国化，马克思主义如何中国化的问题。

认识世界首先在于认识矛盾的普遍性。矛盾的普遍性是指，矛盾存在于一切事物之中，矛盾存在于事物的一切发展阶段之中。事事有矛盾，时时有矛盾，不存在无矛盾之物，不存在无矛盾之时。唯物辩证法的基本观点首先在于承认世界是由现实的矛盾和矛盾的现实构成的。这是唯物辩证法区别于一切形而上学世界观的本质规定。只有承认矛盾的普遍性，才能理解事物运动变化发展的根据，才能将世界理解为运动变化发展着的世界。矛盾的普遍存在决定了现实当中问题的普遍性。正是矛盾的普遍性决定了马克思主义世界观对解决中国问题的指导意义。

但认识世界还必须把握矛盾的特殊性。所谓矛盾的特殊性，主要是指矛盾双方在不同事物的运动形式中的特殊性，矛盾双方在事物的发展过程中的特殊性，以及矛盾双方在事物发展过程中各个阶

段上的特殊性。从矛盾特殊性的视角观察中国现实，才能把握中外国情的根本区别，中国历史进程的内在特点以及中国革命、建设、改革各个阶段的本质特征。

矛盾的特殊性，鲜明地体现在特定事物的内在矛盾中。“任何运动形式，其内部都包含着本身特殊的矛盾。这种特殊的矛盾，就构成一事物区别于他事物的特殊的本质”①。就此而言，矛盾特殊性的现实性，在于其内在于事物的运动形式与运动过程之中。矛盾是事物本身内部的对立统一，是事物自在的内部联系。只有把握内在的矛盾，才能了解各种事物自身的特点及发展的动力。事物的内在矛盾是事物发展的根本原因，“一事物和他事物的互相联系和互相影响则是事物发展的第二位的原因”②。事物内部的联系发挥作用当然离不开同外部事物的关联，但是外在的矛盾唯有通过事物内部的矛盾才能够起作用。在某些情况下，事物的外部条件或外部矛盾会对事物的发展起着重要作用。例如，近代中国半殖民地半封建社会的基本国情，在很大程度上就是帝国主义发展所导致的外部矛盾所引起的结果。在事物发展过程中，内在矛盾有时会被外在矛盾所遮蔽，内部联系有时会被外部联系所隐藏。这就要求在认识过程中把握事物内在矛盾与外在关系的复杂性。

矛盾的特殊性突出地体现在主要矛盾与次要矛盾的辩证关系上。“在复杂的事物的发展过程中，有许多的矛盾存在，其中必有一种是

① 《毛泽东选集》第1卷，人民出版社1991年版，第308—309页。

② 同上书，第301页。

主要的矛盾，由于它的存在和发展规定或影响着其他矛盾的存在和发展”①，这种具有支配和领导作用的矛盾就是主要矛盾，而其他处于被支配和被领导地位的矛盾就是次要矛盾。复杂事物的发展，是由事物内部的多重矛盾共同作用完成的，而事物的根本特征、运动趋势从本质上来说，是由事物内部的主要矛盾决定的。其他矛盾会受到事物发展过程或各个阶段上主要矛盾的影响。主要矛盾与次要矛盾，在具体的条件下是可以发生转化的，即主要矛盾有可能变成次要矛盾，次要矛盾也有可能变成主要矛盾。复杂事物内部及其发展过程的各个阶段上不仅有主次矛盾之别，每个矛盾内部的各个方面又有主次之分。“矛盾着的两个方面，必有一方面是主要的，他方面是次要的。其主要的方面，即所谓矛盾起主导作用的方面”②，而被支配的方面则是矛盾的次要方面。事物的性质是由事物的主要矛盾的主要方面决定的。矛盾的主次方面，在一定条件下，也会向对方转化。

矛盾特殊性原理的重大贡献在于，它提出了矛盾的普遍性寓于特殊性之中并通过特殊性表现出来的观点。一方面，认为矛盾的普遍性寓于特殊性之中，突出了唯物辩证法的唯物论基础。矛盾的客观存在，乃是矛盾的普遍存在的现实基础。矛盾普遍性的真理性在这里取决于矛盾特殊性的现实性。另一方面，认为矛盾的普遍性寓于特殊性之中，突出了辩证唯物论的辩证法特性。在特殊的矛盾之

① 《毛泽东选集》第1卷，人民出版社1991年版，第320页。

② 同上书，第322页。

中，蕴含着矛盾的普遍规定；矛盾的普遍规定，必须体现在特殊矛盾之中。特殊的矛盾不仅构成矛盾普遍性的现实基础，同时还构成矛盾普遍性显现自身的对象性根据，矛盾的无条件性必须通过有条件的特殊矛盾表现出来。

正是在上述哲学世界观的前提之下，才会有“实事求是”思想路线的提出。“实事求是”的思想路线是马克思主义实践观和矛盾论的中国式表达。一方面，认识来源于实践，而且认识是随着实践的推进而不断发展的；认识的真理性就在于切中具体的活生生的现实，而所谓现实，乃是由人的实践活动架构起来的生活世界。“你要有知识，你就得参加变革现实的实践”①，只有在不断的实践中对经验进行科学的总结，并把得到的理论认识运用到发展变化着实践中去，才能得到富有生命力的真理。另一方面，现实事物及其运动过程中的矛盾，决定了我们的认识必须深入到事物特有的、内在的矛盾中去。对矛盾的把握，是我们进行科学认识的基础。鉴于事物本身包含内在矛盾与外在关系，主要矛盾与次要矛盾，矛盾的主要方面与次要方面，鉴于这些矛盾要素在事物变化发展过程之中呈现出的复杂结构，我们在认识和把握现实的时候，就必须做到对具体问题进行具体分析，而具体问题具体分析是马克思主义哲学的活的灵魂。

---

① 《毛泽东选集》第1卷，人民出版社1991年版，第287页。

三、“实事求是”思想路线的实践指导意义

实事求是，总体上来说是对马克思主义认识论原理的中国式总结。“‘实事’就是客观存在着的一切事物，‘是’就是客观事物的内部联系，即规律性，‘求’就是我们去研究。我们要从国内外、省内外、县内外、区内外的实际情况出发，从其中引出其固有的而不是臆造的规律性，即找出周围事变的内部联系，作为我们行动的向导。”① 实事求是，对象在于“实事”。实事作为对象，乃是与主体相对应的客观实在，是自然或人类社会的现实事物。坚持这一点就能搞清楚，人们的正确思想从哪里来。真理作为人的正确认识，绝不是空想出来的，而是从客观事物中获得。这里的“实事”，不是僵死的、机械的原子事件或孤立事物的堆积，而是运动着的、变化着的、发展着的过程，是由现实的人参与其中的物质世界的过程。实事求是，目的在于“是”。“是”作为目的，乃是客观事物之中的内在联系，即内在矛盾与规律性。只有把握事物内在的特殊矛盾，才能了解事物的本质；只有把握事物内在的必然规律，才能制定科学的政策。这“就必须经过思考作用，将丰富的感觉材料加以去粗取精、去伪存真、由此及彼、由表及里的改造制作工夫”②。实事求是，途径在于“求”。“求”作为途径，就务必需要躬身实践，认真调研；

① 《毛泽东选集》第 3 卷，人民出版社 1991 年版，第 801 页。

② 《毛泽东选集》第 1 卷，人民出版社 1991 年版，第 291 页。

所谓一切从实际出发，理论联系实际，必须最终归结到主观见之于客观的实践活动之中，必须最终落实到物质生产、社会生活、科学研究等多种多样的实践活动之中。

坚持实事求是就要反对主观主义。所谓主观主义是一种以唯心主义世界观为基础的认识方法和思维方法；它将主观与客观、理论与实践、普遍与特殊对立起来。“主观主义就是不从客观实际出发，不从现实可能性出发，而是从主观愿望出发。”① 主观主义的思想方法由于脱离实际、歪曲现实，既不能把握事物内部的规律性，也不能理解事物的矛盾，因此，主观主义具有主观性、片面性与表面性的特征。而带有主观性、片面性、表面性特征的主观主义认识论，在实际的存在形态上，可以分为经验主义与教条主义（或本本主义）。表现为经验主义的主观主义，片面夸大个人的经验，轻视理论指导，偏于感性和局部的知识；而表现为教条主义的主观主义，则片面夸大一般理论的真理性，教条式地看待马克思主义，忽略客观实际。无论是经验主义还是教条主义，在中国的革命和建设的实践中都曾起到非常消极的作用。因此，坚持马克思主义认识论，坚持“实事求是”的思想路线，就必然要旗帜鲜明地反对主观主义。

坚持实事求是就要进行调查研究。习近平总书记曾指出：重视调查研究，是我们党在革命、建设、改革各个历史时期做好领导工作的重要传家宝。由于正确的认识只能必然从实践活动中来，由

① 《毛泽东文集》第 7 卷，人民出版社 1999 年版，第 90 页。

于实践对象中包含着的规律随着时间、地点、条件不断转移，所以，想要深入地了解事物内部的联系和特殊本质，就必须要对事物进行研究，把对事物的感性认识，上升到理性认识。只有在全面调查研究的基础之上，才能够制定出正确的政策策略；只有制定正确的政策策略，我们才能在革命建设改革的斗争中不断取得胜利。所以，坚持调查研究可以说是我们取得胜利的重要前提。工作中需要处理什么样的问题，就应当去调查研究那个问题的现状与历史，这构成了调查研究的对象。研究现状和历史，实际上就是“实事求是”，就是要研究和了解中国的具体实际。为此，就必须在调查研究中坚持从个别到一般，再从一般到个别的认识方法。只有认识不同事物的特殊本质，才能从这些特殊本质中把握到共同的本质、一般的规律。反过来，又要以这种一般的认识为指导，继续深入研究各种事物的特殊本质。在调查研究中必须坚持两种方法，“一种是走马观花，一种是下马看花”①，而关键是要下马看花。只有这样，人们对于事物规律的认识才能不断深入，对事物本质的把握才会更加科学。

坚持实事求是就要坚持有的放矢。实事求是的思想路线与有的放矢的态度是本质一致的。马克思列宁主义的最基本的理论原则之一，就是理论和实际相统一。毛泽东指出：“马克思主义的普遍真理一定要同中国革命的具体实践相结合，如果不结合，那就不行。这

① 《毛泽东文集》第 7 卷，人民出版社 1999 年版，第 134 页。

就是说，理论与实践要统一。”① 我们学习马克思主义的基本理论，就是要以解决中国问题为导向，要以提出中国方案为目标。“有的放矢”是以“调查研究”为基础的。没有调查研究，不清楚客观情况，就不可能“有的放矢”；这样就会造成理论和实际相脱离，把马克思主义原理变成僵死的、无用的教条，就会陷入主观主义；“而无产阶级认识世界的目的，只是为了改造世界，此外再无别的目的”②。必须把马克思主义的普遍真理与中国的具体实际相结合。而这一过程，就是马克思主义中国化的过程，就是在实践中坚持和发展马克思主义的过程。

坚持实事求是就要不断解放思想。解放思想作为邓小平理论的精髓之一，是实事求是思想路线在我国改革开放和现代化建设历史条件下的新发展。邓小平提出，要解放思想、实事求是、团结一致向前看。在这里，首要任务是解放思想。解放思想就是要从传统的僵化和半僵化的思想中解放出来，这些思想的本质是把马克思主义、毛泽东思想的原则或原理凝固为抽象的教条、公式，并且把这样的教条和公式先验地强加到现实之上。如果没有解放思想的必要步骤，马克思主义中国化的第二次飞跃就是根本不可能的。一方面，当时思想状况确实不如人意，检验真理标准的大讨论在困难中挺进。另一方面，客观的历史条件表明，如果思想继续僵化，群众和干部的思想不能得到解放，四个现代化就没有希望。只有解放思想，才能

① 《毛泽东文集》第7卷，人民出版社1999年版，第90页。

② 《毛泽东文集》第8卷，人民出版社1999年版，第321页。

让现实的历史呈现出来，才能理解中国国情，才能积极推动改革开放的历史进程。

只有解放思想，才能真正做到实事求是；只有实事求是，才是真正解放思想。一方面，解放思想是实事求是的必然要求。实践是不断发展的，世界是不断运动变化的，因此，人们对于实际情况的认识，对客观世界的理解就必须有相应的发展和变化。理论联系实际，在实践中检验和发展真理，就务必要求人们解放思想，不断形成与时俱进的、正确的、先进的思想观念。另一方面，实事求是是解放思想的应有之义和必然归宿。解放思想是为了更好地发现真理、发展真理，“只有思想解放了，我们才能正确地以马列主义、毛泽东思想为指导，解决过去遗留的问题，解决新出现的一系列问题，正确地改革同生产力迅速发展不相适应的生产关系和上层建筑，根据我国的实际情况，确定实现四个现代化的具体道路、方针、方法和措施”①。如果不解放思想，思想就会僵化起来。思想一僵化，官僚主义、形式主义、本本主义自然就多了起来，也就谈不上实事求是。

解放思想、实事求是是针对中国的问题而提出的，目的也是为了解决中国的问题；而解决这些问题必须落实到建设中国特色社会主义的伟大实践中去。邓小平指出，解决遗留问题，包括解决思想问题，是为了向前看。而要向前看的话，“就要及时地研究新情况和解决新问题”②。中国特色社会主义的伟大实践是一场深刻而伟大的

① 《邓小平文选》第2卷，人民出版社1994年版，第141页。

② 同上书，第149页。

革命，“在这场伟大的革命中，我们是在不断地解决新的矛盾中前进的”①。因此，正如习近平所指出：“前进道路上，我们必须坚持以马克思列宁主义、毛泽东思想、邓小平理论、‘三个代表’重要思想、科学发展观、新时代中国特色社会主义思想为指导，坚持解放思想和实事求是有机统一。”②

解放思想、实事求是，落实到行动上就是团结一致向前看，而这又必然要求与时俱进的精神和求真务实的品格。因而，解放思想、实事求是，就务必始终顺应时代潮流，开拓马克思主义发展的新境界。“坚持解放思想、实事求是的思想路线，弘扬与时俱进的精神，是党在长期执政条件下保持先进性和创造力的决定性因素。”③解放思想、实事求是、与时俱进，必然要求党员干部在工作中始终坚持求真务实。所谓求真务实，“关键是要引导全党同志不断求我国社会主义初级阶段基本国情之真，务坚持长期艰苦奋斗之实；求社会主义建设规律和人类社会发展规律之真，务抓好发展这个党执政兴国的第一要务之实；求人民群众的历史地位和作用之真，务发展最广大人民根本利益之实；求共产党执政规律之真，务全面加强和改进党的建设之实”④。坚持求真务实，是马克思主义哲学的内在要求，也是我们党的思想路线的核心内容。

---

①《邓小平文选》第2卷，人民出版社1994年版，第152—153页。

②《习近平谈治国理政》第三卷，外文出版社2020年版，第183页。

③《江泽民论有中国特色社会主义（专题摘编）》，中央文献出版社2002年版，第635页。

④《改革开放三十年重要文献选编》（下），人民出版社2008年版，第1387页。

实事求是的思想路线，在理论上是以马克思主义哲学为基础的，在现实上却以中国革命、建设、改革的具体实践为前提。只有在中国具体的革命、建设与改革的伟大土壤中，才能诞生出实事求是这一马克思主义中国化的理论精髓；只有坚持实事求是这一思想路线，才能把握国情、顺应历史，更好地制定革命、建设与改革的路线、方针、政策。正是在实事求是思想路线的指引下，我们党才能带领全国人民实现新民主主义革命的胜利，进而实现社会主义革命的胜利；正是在实事求是思想路线的指引下，我们党才能在历史的关键时刻实现拨乱反正，把党的工作中心转移到经济建设上来，做出改革开放这一伟大历史决策，从而取得了令世人瞩目的发展成就；也正是在实事求是思想路线的指引下，我们党才能带领全国各族人民实现了从站起来到富起来，从富起来到强起来的历史跨越，并站在新的历史方位上，把握住时代脉搏，做出中国特色社会主义进入新时代的重要论断。

第三节　习近平新时代中国特色社会主义思想对于马克思主义认识论的丰富与发展

习近平新时代中国特色社会主义思想是马克思主义中国化的最新理论成果。这一理论成果在认识论方面突出地表现为：它创造性地发挥了矛盾原理，深刻地把握了新时代中国社会的主要矛盾；创造性地发展了实事求是的内涵，着重强调了新时代知行合一的实干精神；创造性地深化了调查研究的方法，清晰地指明了新时代治国理政的科学基础。其主要理论贡献在于：将矛盾思维与问题导向统一为把握中国现实的认识论路径，将不忘初心与实干兴邦统一为知行合一的认识论定向，将实事求是与群众路线统一为加强调查研究的认识论方法。

一、把握中国现实的认识论路径

习近平新时代中国特色社会主义思想将矛盾思维与问题导向统一为把握中国现实的认识论路径。对客观矛盾的承认、分析、理解是实事求是、解放思想、与时俱进、求真务实的基础；正是在坚持矛盾思维，坚持问题导向，确立忧患意识，进行伟大斗争的思想方法和改革实践中，中国现实才活生生地展现出来。

第一，在中国社会主要矛盾变化的把握中，矛盾特殊性思想得到进一步的发挥。党的十九大报告指出，中国特色社会主义进入新时代，我国发生了深刻的历史性变革。我国社会的主要矛盾从人民日益增长的物质文化需要同落后的社会生产之间的矛盾，转变为人民日益增长的美好生活需要同不平衡不充分的发展之间的矛盾。由于我国改革开放以来40年的发展，生产力方面有了长足的进步，社会生产力的很多方面进入了世界前列。伴随着生产力的向前发展，人民的需要也在社会生产的不断进步中发生了深刻的变化，“不仅对物质文化生活提出了更高要求，而且在民主、法治、公平、正义、安全、环境等方面的要求日益增长”①。人民日益增长的美好生活需要同不平衡不充分的发展之间的矛盾，是对中国特色社会主义进入新时代的社会现实结构的深刻概括。

这个社会主要矛盾，是中国特色社会主义发展过程中我国在特定阶段上的主要矛盾，突出地表明了该矛盾是特殊事物运动过程之中的矛盾。这个矛盾深刻反映了我国的国情，反映了社会主义进入新时代之后，社会内部本质关系的转变。这个主要矛盾支配、反映着处于社会主义初级阶段和两个一百年奋斗目标交汇点上的中国现实，从而反映着中国特色社会主义道路在当下与最近将来的基本规定。这个社会主要矛盾，是中国特色社会主义发展过程在新时代所表现出来的矛盾，它标志着中国特色社会主义进入了新时代，进入了新的历史方位。中国社会的主要矛盾，从近代的帝国主义与中华民族的矛盾、封建主义与人民大众的矛盾，到人民日益增长的物质文化需要同落后的社会生产之间的矛盾，转变为人民日益增长的美好生活需要与不平衡不充分发展之间的矛盾。社会主要矛盾的转变，标志着中华民族从站起来、富起来到强起来的历史性飞跃。这个社会主要矛盾，不是次要矛盾，而是关乎全局的历史性变化。主要矛盾支配事物发展的基本趋势，主要矛盾的发展变化决定了事物发展变化的基本方向。

对社会主要矛盾的把握，体现出了深刻的辩证法思维，正如习

① 《决胜全面建成小康社会　夺取新时代中国特色社会主义伟大胜利——在中国共产党第十九次全国代表大会上的报告》，人民出版社 2017 年版，第 11 页。

近平所指出的那样，“面对复杂形势和繁重任务，首先要有全局观，对各种矛盾做到心中有数，同时又要优先解决主要矛盾和矛盾的主要方面，以此带动其他矛盾的解决”①。这个社会主要矛盾，虽然是中国的特殊矛盾，是中国发展特殊阶段上的矛盾，但依然具有深刻的世界历史意义。“中国共产党是为中国人民谋幸福的政党，也是为人类进步事业而奋斗的政党。”②因而，表明只有社会主义才能救中国，只有中国特色社会主义才能发展中国，只有坚持和发展中国特色社会主义才能实现中华民族伟大复兴的中国梦。表明中国特色社会主义具有强大的生命力，“拓展了发展中国家走向现代化的途径，给世界上那些既希望加快发展又希望保持自身独立性的国家和民族提供了全新选择，为解决人类问题贡献了中国智慧和中国方案”③。

第二，在应对多方面挑战的过程中，关于矛盾的辩证思维得到了深刻的贯彻。“社会是在矛盾运动中前进的，有矛盾就会有斗争”④，实现中华民族伟大复兴的中国梦，必须进行伟大斗争。在马克思主义哲学看来，辩证法在本质上是批判的、革命的。马克思将辩证法的否定性深刻揭示了出来，而这种否定性根植于矛盾的斗争性之中。因此，列宁将对立统一规律归结为唯物辩证法的实质和核

① 习近平2015年1月23日在十八届中央政治局第二十次集体学习时的讲话。

②《决胜全面建成小康社会　夺取新时代中国特色社会主义伟大胜利——在中国共产党第十九次全国代表大会上的报告》，人民出版社2017年版，第57页。

③ 同上书，第10页。

④ 同上书，第15页。

心，并且把斗争性看成矛盾的绝对属性。毛泽东也认为，辩证法的最根本法则是矛盾即对立统一法则，正是斗争性推进了矛盾双方的相互转化。在毛泽东的政治智慧中，特别是在抗日民族统一战线的战略思考中，他指出：“以斗争求团结则团结存，以退让求团结则团结亡”①。有矛盾就有斗争，这是马克思主义辩证法核心观点的体现，同时，也是应对社会问题的辩证思维方法。

伟大斗争是实现伟大梦想的必由之路。从哲学来看，伟大斗争是由矛盾的本性决定的。矛盾不仅仅是理论范畴的自我运动，更是实在主体即社会的自我运动。社会的自我运动植根于社会的主要矛盾，并表现于社会错综复杂的各种矛盾中。在社会主体的自我运动中，人作为能动的剧作者和演员，必然参与到社会历史发展的生成过程之中。社会实体发展的必然性，是以现实个人活动的主体性为环节的。为了实现中华民族的伟大复兴，中国共产党作为中国工人阶级的先锋队，作为中国人民和中华民族的先锋队，必须带领全国人民同前进道路上的各种矛盾、各种阻力和各种挑战进行斗争，并且通过这样的斗争来完成自己的使命，来达到自己的目的。

伟大斗争是实现新时代社会革命与党的自我革命的必由之路。在新时代坚持和发展中国特色社会主义事业，既是我们党领导中国人民进行社会革命的结果，又是现时代的社会革命本身。这场社会革命本质上也就是伟大斗争的同义语，社会革命呼唤伟大斗争，伟

---

① 《毛泽东选集》第2卷，人民出版社1991年版，第745页。

大斗争实现社会革命。伟大斗争也是推进党的自我革命的题中应有之义。如果说在新时代坚持和发展中国特色社会主义是一场深刻的社会革命，那么，社会革命本身则需要内在的杠杆。“我们党必须以党的自我革命来推动党领导人民进行的伟大社会革命”①。没有党的自我革命就不可能取得伟大斗争的胜利，而没有伟大的斗争精神也就不可能有自我革命的不懈追求。

第三，在坚持问题导向的方法中，矛盾普遍性的思维方式得到了鲜活的运用。有矛盾就有问题，矛盾就是问题，因此，习近平强调：“我们强调增强问题意识、坚持问题导向，就是承认矛盾的普遍性、客观性，就是要善于把认识和化解矛盾作为打开工作局面的突破口。”②由于矛盾构成了事物的本质性根据，所以对客观矛盾的理解与把握，就是对事物自身的理解与把握，就是思想本身达到客观性的体现。这就决定了党的路线、方针、政策，必须以现实问题为导向，以解决中国问题为出发点，“我们党领导人民干革命、搞建设、抓改革，从来都是为了解决中国的现实问题”③。这一点也决定了中国特色哲学社会科学的建设，必须要有清晰的问题意识，“只有聆听时代的声音，回应时代的呼唤，认真研究解决重大而紧迫的问题，才能真正把握住历史脉络、找到发展规律，推动理论

① 《习近平谈治国理政》第三卷，外文出版社 2020 年版，第 71 页。

② 《习近平关于协调推进“四个全面”战略布局论述摘编》，中央文献出版社 2015 年版，第 86 页。

③ 同上书，第 87 页。

创新”①。

针对当今的时代状况和特点，习近平进一步指出：“当前，我国已经进入发展关键期、改革攻坚期、矛盾凸显期，我们面临的矛盾更加复杂，既有过去长期积累而成的矛盾，也有在解决旧矛盾过程中新产生的矛盾，大量的还是随着形势环境变化新出现的矛盾。这些矛盾许多是这个发展阶段必然出现的，是躲不开也绕不过去的。”②这些问题是富有中国特色的问题，同时是带有时代特点的问题。不对特殊的中国问题进行分析研究，不深入到历史的本质性中，我们就不可能理解作为问题根源的矛盾的性质。“坚持问题导向是马克思主义的鲜明特点”③。这不仅仅是因为矛盾思维是马克思主义认识方法的必然要求，同时还因为实践的、生活的观点是马克思主义认识论的首要观点。正是在揭示客观矛盾的辩证思维中，矛盾才以问题的形式呈现在意识面前，而能够在思维与现实矛盾之间建立起桥梁的，无疑是不断克服矛盾、解决问题的实践活动。只有在伟大的革命、建设与改革的实践活动中，才能够不断发现问题、分析问题、解决问题。

第四，在防范化解重大风险的工作中，防止矛盾恶性转化的底线思维得到了突出的强调。所谓底线思维，就是面对实际情况，分

① 习近平：《在哲学社会科学工作座谈会上的讲话》，人民出版社2016年版，第14页。

② 《习近平关于协调推进“四个全面”战略布局论述摘编》，中央文献出版社2015年版，第86—87页。

③ 习近平：《在哲学社会科学工作座谈会上的讲话》，人民出版社2016年版，第14页。

析客观规律；居安思危，未雨绸缪；对事物向最坏情况发展的可能性有预估、有思考、有判断、有准备；保持战略定力，发扬斗争精神，并以最大努力促使其朝着价值判断中肯定方向发展的思维方法和工作方法。事物的发展总是根据内在矛盾从量变走向质变。如果矛盾所决定的发展趋势有可能转向恶性后果，那么，就需要利用事物发展的条件和矛盾相辅相成的特性，引导矛盾向有利方面转化。但是，“如果对矛盾熟视无睹，甚至回避、掩饰矛盾，在矛盾面前畏缩不前，坐看矛盾恶性转化，那就会积重难返，最后势必造成无法弥补的损失”①。因此，只有树立底线思维，才能增强防范和化解重大风险的能力。

由此我们看到，马克思主义哲学与新时代中国现实的结合，产生出一系列重要的认识论成果。它体现在理解中国特殊国情，把握新时代特殊矛盾的努力中；体现在应对各方挑战，进行伟大斗争的过程中；也体现在承认矛盾存在，坚持问题导向的认识中；还体现在树立底线思维，化解重大风险的实践中。在这些重要的认识论成果中，对立统一作为唯物辩证法的核心，实践作为科学认识的本质特征，得到了深入的贯彻和具体的体现。正视矛盾，解决问题，把握中国现实，推进中国特色社会主义伟大实践不断前进，正是习近平新时代中国特色社会主义思想中马克思主义认识论的集中体现。

① 《习近平关于协调推进“四个全面”战略布局论述摘编》，中央文献出版社 2015 年版，第 87 页。

二、坚持马克思主义的“知行合一观”

习近平新时代中国特色社会主义思想将不忘初心与实干兴邦统一为知行合一的认识论定向。正是坚定的初心使得共产党人在革命、建设和改革时期，不断锐意进取、迎难而上，带领全国各族人民取得了一次又一次举世瞩目的历史性成就。在新时代的历史方位上，不忘初心意味着，要在建设中国特色社会主义的伟大实践中，将对社会规律的科学把握、对中国国情的正确认识、对人民群众的真正关切融入到“两个一百年”的伟大奋斗中。

第一，不忘初心就是始终保持中国共产党的本色、使命和担当。习近平指出：“中国共产党人的初心和使命，就是为中国人民谋幸福，为中华民族谋复兴。”① 中国共产党从成立之日起，就将“天下为公”的共产主义作为最终的奋斗目标，同时，将实现民族独立、人民解放，国家富强、人民幸福作为斗争的主要方向。正是这个初心，使中国共产党承担起先锋队的历史使命；并且在实现民族复兴的道路上，使中国人民有了主心骨。一方面，“不忘初心”强调共产党人在对自身历史使命的把握上，要始终牢记自己的阶级基础和群众基础，始终牢记自己奋斗的出发点；牢固树立中国特色社会主义的共同理想和共产主义的远大理想。只有在为共同理想和远大理想

① 《决胜全面建成小康社会　夺取新时代中国特色社会主义伟大胜利——在中国共产党第十九次全国代表大会上的报告》，人民出版社 2017 年版，第 1 页。

的奋斗中，全党才能克服脱离群众的危险，才能在价值观上证实自身是人民的政党，才能带领人民群众不断将中华民族伟大复兴的中国梦变成现实。

另一方面，“不忘初心”强调中国共产党人在对自身历史使命的认知上，要始终坚持科学的指导思想，始终坚持把马克思主义基本原理同中国具体实际相结合。正是在实现中华民族伟大复兴的斗争中，历史和人民选择了马克思主义。马克思主义之所以能在中国大地上生根发芽，硕果累累，首先在于它是科学的世界观和方法论。不仅如此，只有将马克思主义同中国革命、建设、改革的具体实际相结合，不断推进马克思主义中国化，才能真正彰显马克思主义的科学性。就像中国共产党是领导中国人民的先锋队一样，中国共产党也是用马克思主义的科学世界观和方法论武装起来的。因此，它必须始终以马克思主义的立场、观点和方法来提升科学执政水平，推动历史使命的完成。在这里，初心中蕴含着的真理性乃是初心中包含的人民性的保证。如果没有马克思主义的科学性、真理性、开放性和时代性，就不可能完成民族独立、人民解放，国家富强、人民幸福的历史使命。所以，习近平强调指出：“政治上的坚定、党性上的坚定都离不开理论上的坚定。干部要成长起来，必须加强马克思主义理论武装。我们党在中国这样一个有着近 14 亿人口的大国执政，面对十分复杂的国内外环境，肩负繁重的执政使命，如果缺乏理论思维，是难以战胜各种风险和困难的，也是难以不断前进的。这就要求我们加强理论学习，掌握和运用辩证唯物主义和历史唯物主义，掌握贯穿其中的马克思主义立场、观点、方法，深入认识共产党执政规律、社会主义建设规律、人类社会发展规律。”①

第二，不忘初心的命题中蕴含着历史担当的实践勇气和实干兴邦的实践品格。马克思主义认识论具有非常鲜明的实践品格，因此，中国共产党的“初心”，不仅仅具有真理性与人民性的维度，而且改造世界的现实任务。只有坚持把马克思主义普遍真理同中国具体实际相结合，并且将这种结合的成果付诸实现，初心的愿景才会同时成为实践的使命，我们才能在从“富起来”到“强起来”的历史性实践中能动地改变中国现实，才能将中华民族伟大复兴的中国梦一步一步地转变为现实。

共产党人作为实践的唯物主义者，其对世界的认识具有鲜明的实践性。在共产主义远大理想和中国特色社会主义共同理想的意蕴中，中华民族伟大复兴的中国梦在其历史性的实践中具有鲜明的此岸性和当前性。这意味着，对于中国共产党和中国人民来说，远大理想和伟大梦想都不是空想，因为它们是从现实的历史运动中产生出来的，并且要求成为推进社会条件变革的具体的实践活动。“我们要全面掌握辩证唯物主义和历史唯物主义的世界观和方法论，深刻认识实现共产主义是由一个一个阶段性目标逐步达成的历史过程，把共产主义远大理想同中国特色社会主义共同理想统一起来、同我们正在做的事情统一起来，坚定中国特色社会主义道路自信、理论

① 《习近平谈治国理政》第三卷，外文出版社 2020 年版，第 518—519 页。

自信、制度自信、文化自信，坚守共产党人的理想信念。”① 因此，如果说不忘初心是知，那么实干兴邦就是行；将初心与使命落在实干中，就是知行合一。

第三，不忘初心，实干兴邦，就是一心一意谋发展。不忘初心加上实干精神，要求在认识论的层面对发展观进行定向。以人民为中心的发展理念和发展道路就是这种定向。一切依靠人民，一切为了人民，在发展中秉持初心，依照初心谋划发展。以人民为中心的发展思想，不是一个抽象的概念，而是“要坚持人民主体地位，顺应人民群众对美好生活的向往，不断实现好、维护好、发展好最广大人民根本利益，做到发展为了人民、发展依靠人民、发展成果由人民共享。要通过深化改革、创新驱动，提高经济发展质量和效益，生产出更多更好的物质精神产品，不断满足人民日益增长的物质文化需要。要全面调动人的积极性、主动性、创造性，为各行业各方面的劳动者、企业家、创新人才、各级干部创造发挥作用的舞台和环境。要坚持社会主义基本经济制度和分配制度，调整收入分配格局，完善以税收、社会保障、转移支付等为主要手段的再分配调节机制，维护社会公平正义，解决好收入差距问题，使发展成果更多更公平惠及全体人民。”② 以人民为中心之所以如此重要，乃是因为

---

① 习近平：《在纪念马克思诞辰 200 周年大会上的讲话》，人民出版社 2018 年版，第 16—17 页。

② 习近平：《在省部级主要领导干部学习贯彻党的十八届五中全会精神专题研讨班上的讲话》，人民出版社 2016 年版，第 24—25 页。

“同人民风雨同舟、血脉相通、生死与共，是我们党战胜一切困难和风险的根本保证。离开了人民，我们就会一事无成”①。

党的十七大报告曾指出，科学发展观的本质是以人为本，“要坚持把实现好、维护好、发展好最广大人民根本利益作为一切工作的出发点和落脚点”②。以人民为中心的发展，是以人为本思想的进一步推进。它实际上是指明了中心，指出了中国的经济建设与社会发展务必要以人民福祉为导向，社会主义中国的发展道路与资本主义国家在发展动力、目的、结果上的本质不同。以人民为中心的发展理念，不仅是经济建设和社会发展的实践指针，更具有深刻的认识论内涵。首先，它体现了唯物史观的基本立场，回答了社会历史发展所依靠的力量问题，回答了社会历史发展，特别是中国共产党领导下的中国特色社会主义伟大事业发展的动力问题；从而，它坚持了群众史观，正确地把握到了人民群众是历史的创造者。马克思主义政党只有充分调动和发挥人民的积极性和创造性，才能实现自己的历史使命。其次，它结合了马克思主义认识论和价值论的双重维度，把对社会发展规律的认识与为人民服务的宗旨结合了起来。它强调发展为了人民，发展成果由人民共享，将社会发展规律、历史发展动力的问题，同发展目的指向与发展成果的公平分配有机地结合在一起，体现了社会主义共同富裕的目标。最后，以人民为中心的发展理念，将理论与实践，初心与实干贯穿了起来。不忘初心，

① 《习近平谈治国理政》第三卷，外文出版社 2020 年版，第 520 页。

② 《习近平谈治国理政》第二卷，外文出版社 2017 年版，第 296 页。

要求在不断谋发展、促发展的过程中真抓实干，而不是坐而论道，崇尚空谈。

党的十八大高度评价科学发展观的重大理论贡献和实践价值，着眼坚持和发展中国特色社会主义的战略全局，明确提出科学发展观与马克思列宁主义、毛泽东思想、邓小平理论、“三个代表”重要思想一道，是党必须长期坚持的指导思想。党的十八大报告强调，科学发展观是马克思主义世界观和方法论在发展问题上的集中体现，深入贯彻落实科学发展观需要更加自觉地推动经济社会发展，更加自觉地坚定以人为本的核心立场，更加自觉地落实全面协调可持续发展的基本要求，更加自觉地坚持统筹兼顾的根本方法。

党的十九大鲜明提出并系统阐发了习近平新时代中国特色社会主义思想，在党章中把习近平新时代中国特色社会主义思想同马克思列宁主义、毛泽东思想、邓小平理论、“三个代表”重要思想、科学发展观一道确立为党的行动指南。习近平新时代中国特色社会主义思想，是对马克思列宁主义、毛泽东思想、邓小平理论、“三个代表”重要思想、科学发展观的继承和发展，是马克思主义中国化最新成果，是党和人民实践经验和集体智慧的结晶，是中国特色社会主义理论体系的重要组成部分，是全党全国人民为实现中华民族伟大复兴而奋斗的行动指南，必须长期坚持并不断发展。

三、加强调查研究的认识论方法

习近平新时代中国特色社会主义思想将实事求是与群众路线统

一起来，形成了加强调查研究的认识论方法。中国特色社会主义的新发展，不仅赋予实事求是以新的理论内涵，而且突出了实事求是与群众路线的内在统一性。这是实事求是思想路线在新时代的必然要求。落实党在新时代的思想路线与群众路线，就必须深入调查研究，苦练调查研究这项基本功。

第一，实事求是思想路线在历史发展中被赋予了更加深刻的内涵。不仅搞革命要坚持实事求是，搞建设、搞改革也必须贯彻实事求是的思想路线，因此，实事求是又是中国特色社会主义理论体系的精髓与灵魂。总起来说，实事求是是马克思主义中国化全部成果的精髓与灵魂，它构成了马克思主义中国化全部理论成果的思想前提。毛泽东思想、邓小平理论、"三个代表"重要思想、科学发展观以及习近平新时代中国特色社会主义思想，都是在实事求是这个思想路线之上。不断与时俱进的理论创新。因此，"它始终是中国共产党人认识世界和改造世界的根本要求，是我们党的基本思想方法、工作方法和领导方法，是党带领人民推动中国革命、建设、改革事业不断取得胜利的重要法宝"①，"能否坚持实事求是，能否按客观规律办事，这是决定我们的工作特别是领导工作有无主动权和得失成败的关键所在"②。

第二，实事求是包含着的一切从实际出发，理论联系实际的要义得到了进一步阐发。一方面，坚持实事求是，必须从实际出发，

①② 习近平2012年5月16日在中央党校春季学期第二批入学学员开学典礼上的讲话。

而不是从本本出发，“因为实际事物是具体的，而本本是对实际事物研究、抽象的结果，不能成为研究问题和作决策的出发点，出发点只能是客观实际”①。这里展示出马克思主义认识论成果与一切虚假意识之间的本质区别。正如恩格斯所指出的那样，一切意识形态家的最大的特点，就是仅仅从先前留下的理论材料出发进行意识形态的再生产；而马克思主义认识论的首要任务，便是面向现实、理解现实、改造现实。马克思主义的哲学从根本上决定了我们的认识必须从实际出发。一切从实际出发的要求，是就认识来源于实践而言的。另一方面，坚持实事求是就必须理论联系实际。只有理论联系了实际，才能切中现实中的问题，才能在实践中不断检验、修正、丰富和发展真理。马克思之所以为完成《资本论》而笔耕不辍，不仅仅因为他对理论的完美要求，更是因为他不断关注现代世界的历史特性，时刻关注社会现实的发展现状，持续关注无产阶级革命的实践成果。“理论如果脱离了实际，就会成为僵化的教条，就会失去其活力与生命力”②，就会陷入旧形而上学的窠臼。理论联系实际，是理论生机与力量的保证；只有这样，理论才能回应现实问题、解决现实问题。理论联系实际的要求，是就认识必然要回归实践而言的。

第三，实事求是的思想路线与群众路线的辩证统一得到了进一步发挥。首先，实事求是的目的得到了深刻的阐明。习近平指出：

①② 习近平2012年5月16日在中央党校春季学期第二批入学学员开学典礼上的讲话。

"坚持实事求是，就要坚持为了人民利益坚持真理、修正错误。"①在这里，实事求是的目的是为了寻求真理，修正错误，而寻求真理，修正错误的目的是为了实现人民群众的利益。人民群众是历史的创造者，也是在实践中发现真理、掌握真理、运用真理、发展真理的主体。因此，坚持实事求是与维护人民群众利益是高度一致的。其次，思想路线与群众路线的内在关联得到了进一步的阐发。一方面，实事求是要求在实践中认识客观规律，而人民群众是社会历史实践的剧作者和参与者，人民群众的实践活动是社会历史规律由以发生的基础性领域；不存在脱离了人民群众实践活动的历史规律。所以，客观的历史规律是与人民群众的伟大实践结合在一起的。认识与把握事物的发展规律，就必须深入到人民群众的实践活动中去，就必须坚持从群众中来。另一方面，实事求是要求在认识活动中取得的成果不断地返回实践，这样才能检验真理、发展真理。要对客观世界进行改造，就必须使群众掌握理论，使理论掌握群众；而"理论一经掌握群众，也会变成物质力量"②。理论只有化身为物质的力量，才是改造世界的力量。要掌握群众，理论就必须彻底，这又要求在人民群众的实践中不断地对真理进行拓展和深化。坚持实事求是，就必须使理论具有现实性的力量，就必须坚持到群众中去。所以，"从马克思主义认识论来看，坚持群众路线是坚持实事求是的认识和

① 习近平：《在纪念毛泽东诞辰120周年座谈会上的讲话》，人民出版社2013年版，第16页。

② 《马克思恩格斯文集》第1卷，人民出版社2009年版，第11页。

实践基础”[①]。

坚持实事求是，坚持群众路线，是当代中国马克思主义哲学的基本立场，而其认识论方法的一个决定性环节就是调查研究。只有始终坚持调查研究，我们党的政策方针才能顺应民心，符合实际；如果对调查研究的方法坚持不到位，我们党的政策方针就会脱离群众，偏离实际，从而给党和人民的事业带来损失。因此，“调查研究不仅是一种工作方法，而且是关系党和人民事业得失成败的大问题”[②]。它是中国共产党在革命、建设、改革各个时期务必始终坚持和不断加强的思想方法与工作方法。

调查研究的认识论方法是由唯物史观的性质决定的，同时，调查研究又是坚持唯物史观的积极体现。现代社会是由极其复杂的经济关系、政治关系与文化关系构成的统一体。要想了解社会现实、把握历史规律，就必须让现实关系科学地反映在意识中，就必须积累材料，深入分析，从而找出材料中内在的、必然的联系。社会生活的实践性、社会现象的复杂性、社会意识的交错性，要求马克思主义者必须深入调查研究，找出历史事件背后的物质根据，探究社会现象背后的本质逻辑，分析社会意识背后的发生机制。要应对当今世界面临的全球性挑战、为解决人类面临的共性问题贡献中国智

① 习近平 2012 年 5 月 16 日在中央党校春季学期第二批入学学员开学典礼上的讲话。

② 习近平 2011 年 11 月 16 日在中央党校秋季学期第二批入学学员开学典礼上的讲话。

慧、中国方案，就必须积极探索关系人类前途命运的重大问题；要为解决改革开放和社会主义现代化建设所遇到的问题提供新理念、新思路、新办法，就要坚持问题导向，深入群众。所有这一切都是以调查研究为基础的。

调查研究的方法是由党的思想路线决定的，同时，调查研究又是落实思想路线的基本保证。实事求是的基础在于搞清“实事”，关键在于“求是”。无论是要搞清实事，还是要进一步“求是”，都必须把调查研究作为基础和前提。调查研究是从实际出发的本质一环，也是理论联系实际的本质一环；既是哲学社会科学回应现实问题的重要步骤，又是党和国家制定科学政策的重要保证。因此，想要真正坚持实事求是的思想路线，就不能不从调查开始，就不能不对客观事物进行研究。调查，就是深入到现象中去，就是获取感性材料的过程；研究，就是从现象中走出来，就是将感性材料加工为理性认识的过程。调查研究是制定政策、解决问题，提高干部领导能力和决策能力的过程。它是正确决策的基本功，是科学决策的垫脚石，而“不了解真实情况，拍脑袋做决定，是做不好工作的”①。因此，习近平指出：“做决策本身并不难，难的是对情况的准确把握。当前，国内外环境都处于深刻复杂变化之中，新情况新问题层出不穷，新做法新经验不断涌现，需要我们不断加以认识、加以总结。”②

---

① 习近平2018年1月5日在新进中央委员会的委员、候补委员和省部级主要领导干部学习贯彻习近平新时代中国特色社会主义思想和党的十九大精神研讨班上的讲话。

② 习近平2019年1月28日同党外人士共迎新春时的讲话。

调查研究的方法是由党的群众路线决定的，同时，调查研究又是贯彻群众路线本身的体现。一方面，坚持群众路线就必然要求坚持调查研究。保持与人民群众的血肉联系，就务必要坚持调查研究的工作方法。唯有坚持调查研究，才能“真正把群众面临的问题发现出来，把群众的意见反映上来，把群众创造的经验总结出来”①；唯有坚持调查研究，才能倾听人民呼声、反映人民意愿，才能在工作中克服官僚主义和形式主义。只有在深入调查、仔细研究基础上制定出来的政策，才能真正实现好、维护好、发展好广大人民群众的根本利益。另一方面，坚持调查研究必然要求坚持群众路线。“只有切实尊重人民首创精神，倾听人民呼声，反映人民意愿，及时发现、总结、概括人民创造的新鲜经验，才能获得正确反映客观规律的真理性认识，才能制定出符合客观规律的科学决策。”②党员干部只有放下架子、扑下身子，深入到田间地头和车间码头，拜人民为师，才能获得一手材料，才能弄清“实事”，着力“求是”。这两个方面都植根于群众史观的基本原理中。因此，习近平说：“‘上之为政，得下之情则治，不得下之情则乱。’密切联系群众的一个重要方面，就是大兴调查研究之风。列宁强调：‘如果党的劝告同人民自身的生活经验所教给他们的东西不相一致的话，千百万人是决不会听从这种劝告的。’领导干部要深入基层一线，增强同人民群众的感情，学会做群众工作的方法，从基层实践找到解决问题的金钥匙，

① 《习近平谈治国理政》第三卷，外文出版社 2020 年版，第 520 页。

② 习近平 2012 年 5 月 16 日在中央党校春季学期第二批入学学员开学典礼上的讲话。

促进各项工作推陈出新、取得突破。”①

用好调查研究这个传家宝，就必须坚持与时俱进的时代品格，就必须不断更新调查研究的具体方式，就必须建立完善调查研究的制度保障。首先，由于事物不断处在变化发展过程之中，复杂多变的国内外局势为我们提出了新的调研任务。中国特色社会主义进入新时代，社会主要矛盾发生了重大转变，就要求不断在调查研究中与时俱进，做到主观与客观，抽象与具体的历史性统一。其次，要善于运用各种新技术、新手段，丰富和发展调查研究的方式方法，“如问卷调查、统计调查、抽样调查、专家调查、网络调查等，并逐步把现代信息技术引入调研领域，提高调研的效率和科学性”②。最后，还要完善调查研究正常化的制度保障，坚持和完善先调研后决策的重要决策调研论证制度，领导机关、领导干部的调研工作制度，领导干部的联系点制度。通过制度保证，克服党员干部在调查研究过程中的形式主义，“要防止为调研而调研，防止搞‘出发一车子、开会一屋子、发言念稿子’式的调研，防止扎堆调研、‘作秀式’调研”③。

综上所述，我们可以看到，在切中中国现实的认识论要求中，习近平新时代中国特色社会主义思想将矛盾思维与问题导向有机地结合了起来；在坚持知行合一的认识论定向中，习近平新时代中国

① 习近平2019年7月9日在中央和国家机关党的建设工作会议上的讲话。

② 习近平2011年11月16日在中央党校秋季学期第二批入学学员开学典礼上的讲话。

③ 习近平：《在“不忘初心、牢记使命”主题教育工作会议上的讲话》，人民出版社2019年版，第11页。

特色社会主义思想将不忘初心与实干兴邦内在地联系了起来；在加强调查研究的认识论方法中，习近平新时代中国特色社会主义思想将思想路线与群众路线辩证地统一了起来。这三个认识论方面的成果，充分性体现了马克思主义认识论在新时代的历史创新，体现出中国特色社会主义理论在哲学思维上的勃勃生机。

第三章　新发展理念与马克思主义发展观

马克思主义发展观从发展本质、发展动力、发展方向等方面，深刻阐述了什么是发展、如何发展、发展为了谁等一系列问题。马克思主义发展观最终指向的目标是实现人的全面发展，这一过程融合了历史与现实、实存与本质、理论与实践。一以贯之的方法是唯物辩证法，深刻地体现了处于历史中变化发展着的矛盾的普遍性与特殊性，具体说来关键是把握社会主要矛盾的变化。新发展理念是马克思主义发展观在当代中国的创新与发展。就我国而言，随着时代的变迁，单纯的经济发展不能满足人的全面发展需要，社会主要矛盾因此随之发生改变——从人民日益增长的物质文化需要与落后的社会生产之间的矛盾转变为人民日益增长的美好生活需求与不平衡不充分的发展之间的矛盾。我们必须牢牢抓住社会主要矛盾，才能把握新发展理念，正确回答时代问题。这个时代问题就是以人民为中心实现人的全面发展。因此，新发展理念是立足于新时代社会主要矛盾，对时代问题的正确解答，是唯物史观的创造性发展，也是马克思主义与中国具体实践相结合的又一次伟大创新。

第一节　马克思主义发展观与人类社会形态演进

一、发展的实质与人类社会基本矛盾运动

马克思主义发展观是对人类社会发展过程的总体把握，包括发展的实质、社会基本矛盾运动、社会有机体、人类社会形态演进等方面内容。马克思主义发展观以唯物辩证法为起点，阐述了发展的实质，辩证法在对现存事物的肯定理解中，包含对现存事物的否定性理解，即对现存事物的必然灭亡的理解。这就意味着，发展作为一个动态过程，是新旧事物不断更替的过程。从唯物主义辩证法的角度来界定发展的内涵——发展是上升的、前进的运动，是新事物的产生和旧事物的灭亡。旧事物是指在发展中不断丧失历史必然性、日渐消亡的事物，而新事物则是指合乎历史前进方向且具有强大生命力的事物。区别新旧事物的根本标志，不能简单地以事物出现的先后为根据，而是以是否符合事物发展的必然趋势为根据。任何事物的发展都要经历由弱到强、由不太完善到比较完善的过程。新事物的产生与发展也经历着如此的过程，替代之前合乎发展趋势的旧事物是一个曲折的过程。然而，新事物必然替代旧事物是源于新事

物的本质特性和发展的辩证特点。首先，新事物代表着事物发展的方向，适合当下发展的现实条件，符合事物发展的必然趋势，因而新事物具备了本质的存在根据。其次，新事物是从旧事物的“母体”中成长演变而来的，新事物在克服了旧事物中不符合当下发展的腐朽特点的同时，也适度地保存了旧事物中的合理因素，因而新事物具有更强大的生命力。第三，在社会领域，发展意味着前进的、符合发展规律的具体运动。这意味着，新事物的产生与发展符合社会发展规律，契合广大人民群众的根本利益，因而新事物具有战胜旧事物的显著优势。

恩格斯曾指出：“世界不是既成事物的集合体，而是过程的集合体。”① 事物的发展是一个过程，事物只有在发展中才能不断实现自身。人类社会的发展也是一个过程，新中国的诞生与发展在一定程度上超越了以往的社会形态，形成了适合中国国情的发展道路，契合了广大人民的根本利益。在中国共产党的领导下，人民群众不断掌握生产资料，自觉地改造旧的不合理、不符合历史发展规律的生产关系，扬弃生产力和生产关系的旧矛盾，以此为生产力的发展开辟道路，从而满足人民群众对美好生活的向往。马克思在《〈政治经济学批判〉序言》中提到，任何新事物（生产关系）的出现都源于社会生产力和社会生产关系之间的矛盾。并进一步指出，新事物的发展与成熟源于旧事物本身，“无论哪一个社会形态，在它所能容纳

---

① 《马克思恩格斯文集》第4卷，人民出版社2009年版，第298页。

的全部生产力发挥出来以前，是决不会灭亡的；而新的更高的生产关系，在它的物质存在条件在旧社会的胎胞里成熟以前，是决不会出现的”①。由此揭示了旧事物灭亡的必然性与新事物产生的过程性、曲折性。

马克思在《〈政治经济学批判〉序言》中对社会基本矛盾运动规律进行了详尽的阐述：“人们在自己生活的社会生产中发生一定的、必然的、不以他们意志为转移的关系，即同他们的物质生产力的一定发展阶段相适合的生产关系。……社会的物质生产力发展到一定阶段，便同它们一直在其中运动的现存生产关系或财产关系发生矛盾。于是这些关系便由生产力的发展形式变成生产力的桎梏。那时社会革命的时代就到来了。随着经济基础的变更，全部庞大的上层建筑也或慢或快地发生变革。”②在这段经典的阐述中，马克思提到了四个关键的范畴：生产力、生产关系、经济基础、上层建筑。马克思进一步指证，社会基本矛盾运动规律即生产力和生产关系、经济基础和上层建筑之间的相互作用：生产力决定生产关系，生产关系对生产力具有反作用；经济基础决定上层建筑，上层建筑反作用于经济基础。这两组矛盾的运动结果，不断推动人类社会发展。换言之，社会的基本矛盾是社会发展的根本动力。

马克思和恩格斯最早在《德意志意识形态》中谈论人类生存和活动的第三种关系时涉及了生产力和生产关系以及其中蕴藏的矛盾，

---

① 《马克思恩格斯文集》第 2 卷，人民出版社 2009 年版，第 592 页。

② 同上书，第 591—592 页。

"生命的生产，无论是通过劳动而生产自己的生命，还是通过生育而生产他人的生命，就立即表现为双重关系：一方面是自然关系，另一方面是社会关系"①。马克思恩格斯不仅洞察了劳动—生产—关系之间的内在逻辑，而且还将人与自然、人与人的关系进行了本质区分，且这种区分真正指向的是生产力和生产关系之间的差异性。随即，马克思恩格斯直接指明了生产力的内涵，"一定的生产方式或一定的工业阶段始终是与一定的共同活动方式或一定的社会阶段联系着的，而这种共同活动方式本身就是生产力"②。同时，生产力还意味着人类的实践活动本身，"生产力与交往形式的关系就是交往形式与个人的行动或活动的关系"③。在《德意志意识形态》之后，马克思谈及生产力这一概念时更多地指向了生产资料这一范畴，在《〈政治经济学批判〉导言》中，马克思特意将生产力标注为"生产资料"，"生产力（生产资料）的概念和生产关系的概念的辩证法"④。在《资本论》中，马克思进一步阐述了生产力的内涵："各种经济时代的区别，不在于生产什么，而在于怎样生产，用什么劳动资料生产。劳动资料不仅是人类劳动力发展的测量器，而且是劳动借以进行的社会关系的指示器。"⑤由此可见，在马克思那里，生产力的内

① 《马克思恩格斯文集》第 1 卷，人民出版社 2009 年版，第 532 页。

② 同上书，第 532—533 页。

③ 同上书，第 575 页。

④ 《马克思恩格斯全集》第 30 卷，人民出版社 1995 年版，第 51 页。

⑤ 《马克思恩格斯文集》第 5 卷，人民出版社 2009 年版，第 210 页。

涵经历了一个不断丰富发展的过程。

生产关系最早在马克思这里被称为交往关系。在《德意志意识形态》中，马克思这样阐述交往关系：受到迄今为止一切历史阶段的生产力制约同时又反过来制约生产力的交往形式就是市民社会。那么，市民社会与生产关系的内在联系体现在：市民社会究其本质而言指的就是经济基础或生产关系的总和；而生产关系（relation of production）是指人们在物质资料生产过程中所结成的社会关系。马克思在给帕维尔·瓦西里耶维奇·安年科夫的回信中赋予生产关系以物质基础："他们的物质关系形成他们的一切关系的基础。这种物质关系不过是他们的物质的和个体的活动所借以实现的必然形式罢了。"①这意味着，生产关系（物质关系）作为社会关系的基础，依托于一定的物质基础，是在生产实践活动中人与人直接关系的具体体现。

生产力与生产关系概念的阐述，为揭示两者之间的矛盾奠定了坚实的理论前提。除此之外，生产力与生产关系的矛盾运动分析还需要基于社会物质生产的内在结构。马克思在《〈政治经济学批判〉序言》中阐述到这组关系："社会的物质生产力发展到一定阶段，便同它们一直在其中运动的现存生产关系或财产关系发生矛盾。"②由此可见马克思对于生产力和生产关系的矛盾的直接认知。在生产力

① 《马克思恩格斯文集》第10卷，人民出版社2009年版，第43页。

② 《马克思恩格斯全集》第31卷，人民出版社1998年版，第412页。

还未发展到一定阶段之前，两者之间并未存在决裂性的矛盾。马克思在《德意志意识形态》中也阐述了两者之间的矛盾关系："个人相互交往的条件，在上述这种矛盾产生以前，是与他们的个性相适合的条件，对于他们来说不是什么外部的东西；……这样，在矛盾产生以前，人们进行生产的一定条件是同他们的现实的局限状态，同他们的片面存在相适应的，这种存在的片面性只是在矛盾产生时才表现出来。"① 由此可见，生产力与生产关系之间不可克服的矛盾还未显现出来时，生产关系依然是促进个人发展的积极条件，而生产关系的极端片面性只有在决裂性矛盾出现时才会得以显现。进而，马克思指出："已成为桎梏的旧交往形式被适应于比较发达的生产力，因而也适应于进步的个人自主活动方式的新交往形式所代替；新的交往形式又会成为桎梏，然后又为另一种交往形式所代替。"② 毋庸置疑，生产关系（交往形式）要随着生产力的发展而不断调整，当生产关系不适应生产力发展时，生产关系将成为发展的桎梏，唯有对生产关系进行变革，社会发展才得以可能。

经济基础是指同物质生产力一定发展阶段相适应的生产关系的总和，是构成一定社会的基础。上层建筑则是指建立在经济基础之上的制度、组织和设施以及与其相适应的意识形态，在阶级社会主要指政治法律制度和设施。早在《莱茵报》时期，马克思就意

① 《马克思恩格斯文集》第1卷，人民出版社2009年版，第575页。

② 同上书，第575—576页。

识到经济基础与上层建筑之间的隐秘的矛盾，林木盗窃法案和地产析分问题使马克思意识到经济事务与法律条文之间存在着深刻的现实矛盾，也正是物质利益难题使得马克思转而进行政治经济学研究。

经济基础与上层建筑的关系问题作为历史唯物主义中的重要问题，两者是辩证统一的关系。首先，经济基础对上层建筑具有决定作用，即经济基础决定上层建筑的产生，决定上层建筑的性质以及上层建筑的变革。其次，上层建筑对经济基础具有反作用，主要表现为上层建筑积极地为经济基础服务。上层建筑可以通过对社会生活各个方面和领域的控制和调节来为经济基础服务。第三，经济基础和上层建筑的相互作用构成了社会形态及其矛盾运动，表现为上层建筑与经济基础之间由基本适合到基本不适合，再到新的基本适合，如此循环往复，推动社会形态的不断更新。经济基础和上层建筑辩证关系原理的制定，使历史唯物主义能够成为反映社会有机体的科学体系。马克思在《〈政治经济学批判〉序言》中有一段精辟的论述，“人们在自己生活的社会生产中发生一定的、必然的、不以他们的意志为转移的关系，即同他们的物质生产力的一定发展阶段相适合的生产关系。这些生产关系的总和构成社会的经济结构，即有法律的和政治的上层建筑竖立其上并有一定的社会意识形式与之相适应的现实基础。”① 这段论述的精辟之处在于马克思

① 《马克思恩格斯全集》第 31 卷，人民出版社 1998 年版，第 412 页。

极为经典且到位地梳理了生产力、生产关系、经济基础、上层建筑四者之间的关系。这也意味着，在生产力和生产关系之间的根本性矛盾凸显之后，就会要求新的交往形式去适应较为发达的生产力，随之产生的就是整个经济基础的变化，紧跟着的就是对旧的上层建筑的改造。这两组矛盾的运动正是推动社会发展的内生动力。

二、社会有机体理论与人类社会形态的历史演进

马克思在分析社会发展基本矛盾的基础上，探索了人类社会发展的阶段，阐述了人类社会发展的五个阶段。当谈及形态论的时候，我们要明确社会形态是指在一定历史阶段由生产方式所决定的社会结构，而该社会结构究其本质是由生产力水平所决定的。马克思从唯物史观的视角揭示了社会发展的五个阶段，旨在从五种形态的阐述中去找到社会发展的内在逻辑与客观规律。在《德意志意识形态》中，马克思在确定了唯物史观的前提——现实的人之后，展开了对人类生产的分析，随即深入到生产力发展与社会分工中去，提出分工的各个发展阶段与所有制的不同形式之间的关系，并以此为标准划分人类发展阶段，形成了五阶段论的雏形。即第一种所有制形式是部落所有制——这种所有制是与生产的不发达阶段相适应，人们靠捕鱼、畜牧、耕作为生。第二种所有制是古典古代的公社所有制和国家所有制。这种所有制是部落间通过契约和联合为一个城市而形成的。“第三种形式是封建的或等级的所有制。古代的起点是城

市及其狭小的领域，中世纪的起点则是乡村”①。第四种所有制形式，马克思认为是当下所处的资本主义所有制，而第五种所有制则是对于第四种所有制扬弃后的产物——未来共产主义所有制。马克思对五阶段论更为详尽且成熟的论述体现在《〈政治经济学批判〉序言》中，“大体说来，亚细亚的、古希腊罗马的、封建的和现代资产阶级的生产方式可以看做是经济的社会形态演进的几个时代。资产阶级的生产关系是社会生产过程的最后一个对抗形式……人类社会的史前时期就以这种社会形态而告终”②。马克思在这里阐述了史前时期的四种社会形态，资产阶级的对抗形式终将被共产主义社会形态所替代，五种社会形态在这里被确定，但是其内涵的扩展在马克思理论史上并未终结。也正是由于马克思对每个具体形态的具体剖析和不断阐述，让人们对五形态间的更替规律产生了疑问——更替过程中是否存在普遍规律。在此基础上，马克思试图将三形态与五形态进行根本的区分。马克思在阐述五种社会形态的文本中，其依据是随着社会生产力的变化而变化的。这里涉及的哲学问题在于人类社会发展过程中是否存在某种内在规律。马克思在阐述社会形态更替时，即确定了社会形态更替中存在的客观性，也指出了形态更替是存在跨越性的。从客观性来看，马克思指出了“无论哪一个社会形态，在它所能容纳的全部生产力发挥出来以前，是决不会灭亡的；而新的更高的生产关系，在它的物质存在条件在旧社会的胎胞里成

① 《马克思恩格斯文集》第1卷，人民出版社2009年版，第522页。

② 《马克思恩格斯文集》第2卷，人民出版社2009年版，第592页。

熟以前，是决不会出现的。”①在“两个决不会”的规定下社会形态的更替存在着某种规律，这种规律并不妨碍马克思阐述社会形态的更替存在其跨越的可能。但不可否认的是这种跨越的可能具有其内在的规定，换言之，其可能性是具有条件的可能，而不是无前提的可能。

如果说“五大社会形态”是马克思主要以欧洲或西方历史经验为基础进行划分形成的产物，那么“三大社会形态”的界定则是更具历史包容性和理论解释力的阐述。“三大社会形态”是指“人的依赖性社会”“物的依赖性社会”“人的全面自由发展的社会”。在“人的依赖性”这一社会形态中，人与人之间的依赖是建立在不发达生产和交换中的小范围的依赖。这种依赖随即被“物的依赖”所取代，“以物的依赖性为基础的人的独立性，是第二大形式，在这种形式下，才形成普遍的社会物质变换、全面的关系、多方面的需要以及全面的能力的体系。”②在“物的依赖性社会”中，人与人的交往伴随着生产力的提高在物与物的交换中得到了极大的丰富。在某种程度上人的主体性得到解放，但是随即又陷入了新的困境——人的主体性被物与物的关系遮蔽了，且必须通过物的依赖才能展现出来。“物的依赖性社会”为“人的全面自由发展的社会”奠定了必要的物质基础，创造了相应的历史条件。“建立在个人全面发展和他们共同的、社会的生产能力成为从属于他们的社会财富这一基础上的自由个性，是第三个阶段。”③这一社会形态下的个人既摆脱了“人的依赖性”

① 《马克思恩格斯文集》第2卷，人民出版社2009年版，第592页。

②③ 《马克思恩格斯文集》第8卷，人民出版社2009年版，第52页。

也超越了“物的依赖性”，因而是人的主体性的全面复归，是共产主义社会对资本主义生产关系的彻底变革，是以完成人的全面自由发展为最终目标的社会形态。

马克思对社会形态的划分与阐述是建立在唯物史观基础之上对现实社会思考的具体产物。不管是“五大社会形态”还是“三大社会形态”都是关于社会发展阶段的阐述，也正是在如此详尽的阐述中，马克思选择了不同的角度对社会阶段进行反思。

从实践唯物主义的角度出发，马克思认为人类社会是人和社会条件相互联系而形成的有机整体，社会发展是由人的不断实践而形成的，社会有机体的运动作为一种高级的运动形式，是不断生产与发展的过程，人类社会的基本矛盾（生产力与生产关系的矛盾、经济基础和上层建筑的矛盾）是社会有机体不断发展的根本动力。“社会——不管其形式如何——是什么呢？是人们交互活动的产物。”① 在这样的论述中，我们不难看出：一方面，人作为社会存在物，从根源上无法与社会脱离关系，人的一切活动的展开都是在社会场域进行的。社会是人的社会，孤立的个人无法进行切实的实践活动。另一方面，实践——全部的社会生活在本质上是实践的，由人的实践或从所创造的对象化产物，反过来影响和制约人的生存和发展。任何实践活动的展开都需要依托具体的历史情景与社会关系。总而言之，由人和社会生活条件构成互相联系且互相作用的社会有机

① 《马克思恩格斯文集》第10卷，人民出版社2009年版，第42页。

整体。

马克思在《哲学的贫困》批判蒲鲁东时提出了“社会有机体”这一概念，“谁用政治经济学的范畴构筑某种意识形态体系的大厦，谁就是把社会体系的各个环节割裂开来，就是把社会的各个环节变成同等数量的依次出现的单个社会。其实，单凭运动、顺序和时间的唯一逻辑公式怎能向我们说明一切关系在其中同时存在而又互相依存的社会机体呢”①？在如此的设问中，我们可以看出马克思拒斥将社会体系用政治经济学范畴割裂开来，而社会有机体的重要性质正是体现在相互依存的一切关系之中。马克思在《关于费尔巴哈的提纲》中指出：“人的本质不是单个人所固有的抽象物，在其现实性上，它是一切社会关系的总和”。“全部社会生活在本质上是实践的。”②从结构上看，现实的人和社会生活条件之间的关系是基于人的实践活动而得以建构的，这也意味着，社会有机体是在人们不断的实践活动中得以体现的。在《资本论》中，马克思进一步指出“社会不是坚实的结晶体，而是一个能够变化并且经常处于变化过程中的有机体”③。这意味着，社会有机体不是一成不变的关系产物，而是处在不断变化之中的产物。从人类发展的总趋势来看，社会有机体在变化发展中逐渐具备整体性的特点，从社会有机体来考察，人类的任何历史都是社会机体不断更新的过程集合，体现为各种社

① 《马克思恩格斯文集》第1卷，人民出版社2009年版，第603—604页。

② 同上书，第501页。

③ 《马克思恩格斯选集》第2卷，人民出版社1995年版，第102页。

会形态的更替。

社会有机体是在物质生产实践的基础上衍生出来的，而实践活动内在地包含着实践主体与客体之间的关系，即人与人、人与社会、人与自然之间的关系。社会有机体的产生与发展根植于一定的自然条件与历史条件。自然界、实践主体（人）、人类祖先的群体存在是社会有机体存在与发展的前提条件。

首先，自然作为人类生产必不可少的要素，也体现为社会有机体的物质条件与自然前提。马克思在《1857—1858 年经济学手稿》中指出，“生产的原始条件表现为自然前提，即生产者的自然生存条件，正如他的活的躯体一样，尽管他再生产并发展这种躯体，但最初不是由他本身创造的，而是他本身的前提；他本身的存在（肉体存在），是一种并非由他创造的自然前提。被他当作属于他所有的无机体来看待的这些自然生存条件，本身具有双重的性质：（1）是主体的自然，（2）是客体的自然”①。在如此详尽的叙述中，我们不难发现，在马克思看来，自然条件不由人创造但却成为人们实践的前提，且在这层含义中，自然具有主体性与客体性双重意味。主体性体现为社会有机体的自然前提，客体性则体现在人们不断扩展、占有自然的领域越来越大，生产的对象产品越来越丰富。自然前提的存在是社会实践与历史主体存在的必要条件。

其次，实践主体（人）是社会有机体得以存在的必要条件。社

① 《马克思恩格斯全集》第 30 卷，人民出版社 1995 年版，第 481—482 页。

会历史活动是“人为”的活动；人为体现在人们在创造衣食住行过程中所展开的生产，马克思曾说：“他们是什么样的，这同他们的生产是一致的，既和他们生产什么一致，又和他们怎样生产一致。”在人们生产的过程中就会产生新的需求，需求的满足直接意味着发展的介入，劳动满足需求也创造历史。也是在劳动展开的过程中，人与人，人与自然，人与社会的关系不断扩展，为新的发展奠定基础。早在《1844年经济学哲学手稿》中马克思就指出：“人直接地是自然存在物。人作为自然存在物，而且作为有生命的自然存在物，一方面具有自然力、生命力，是能动的自然存在物。”①这也意味着，社会有机体的整体性特征是基于社会内部条件形成的，且是人们有目的的、能动的实践活动。

最后，人类祖先的群体存在是社会有机体存在的重要前提。在满足各种需求基础上的人自身的生产之后提出了新生命的生产——繁殖。“一开始就进入历史发展过程的第三种关系是：每日都在重新生产自己生命的人们开始生产另外一些人，即繁殖。”②正是在繁殖的基础上，社会关系的生产也得以可能，得以丰富，也为发展范围的扩大提供了可能。随着劳动生产的发展，人们逐渐调整自身再生产的方式。从纷杂的原始群体关系过渡到血缘关系再过渡到普纳鲁亚家庭，人类祖先的群体性转化为人类社会关系的丰富性，为社会

① 《马克思恩格斯文集》第1卷，人民出版社2009年版，第209页。

② 同上书，第532页。

有机体的发展提供了现实的、丰富的生产关系，为生产力的进一步发展奠定了坚实基础。

第二节　中国共产党发展观的思想逻辑与现实逻辑

唯物辩证法揭示了发展的实质是旧事物的灭亡和新事物的生成，新事物的发展总是要经历由小到大、由不完善到完善的过程，获得替代旧事物的现实性与合理性。伴随新事物生成与发展的实践进程，人们对于新事物的认识也在不断深化和拓展。新中国的诞生和发展，意味着在资本主义世界体系的裂缝中，形成和建立了超越资本主义历史限度的新的社会形态以及先进生产关系。如何使这一新事物的萌芽在曲折与复杂的历史性实践中充分发展起来，如何解决落后生产力与先进生产关系之间的矛盾，如何通过社会发展的基本矛盾运动使社会主义获得强大的生机活力，从而始终代表人民的根本利益，代表先进的生产力、生产关系和先进文化的发展方向，成为在不同历史阶段始终贯穿中国共产党发展观的内在逻辑。

一、新中国成立初期社会主义发展道路的探索

新中国成立之初，国内经济发展基础极差，与之相应的各个方面包括文化、教育、医疗的发展水平都是极为落后的。毛泽东将这个局面称为“一穷二白”。在新中国成立之前的中共七届二中全会

上，提出了要迅速恢复和发展生产，使中国完成从农业国到工业国的转变的发展要求。1949 年 11 月 29 日，毛泽东在全国政协第一届常委会第二次会议的讲话中，提出了“三年五年恢复，十年八年发展”的国民经济恢复和发展的总体设想。新中国成立后的三年，国民经济基本恢复之后，毛泽东提出了过渡时期的发展规划即“一化三改”。所谓“一化”是指将中国建设成为社会主义工业化国家；“三改”则要求国家逐步完成对农业、手工业、资本主义工商业的社会主义改造。“一化三改”中蕴含着毛泽东极为丰富的发展理念。

首先，就发展目标而言，努力将中国建设成为工业化国家，赶超英美国家；就具体发展任务而言，一是集中力量进行工业化建设，二是加快推进各经济领域的社会主义改造。在此基础上，中国社会主义改造基本完成，社会主义基本制度得以确立。毛泽东在社会主义基本制度确立的前提下进一步思考中国未来发展路径、方式等具体问题。《论十大关系》（1956）标志着毛泽东开始深入探寻中国自身的发展道路，在实际关系的解读与分析中与苏联道路区别开来，“最近苏联方面暴露了他们在建设社会主义过程中的一些缺点和错误，他们走过的弯路，你还想走？过去我们就是鉴于他们的经验教训，少走了一些弯路，现在当然更要引以为戒”①。毛泽东在《关于正确处理人民内部矛盾的问题》（1957）提出了一系列发展思路，其中包括农业合作化问题、工商业者问题、知识分子问题、少数民族问题

① 《毛泽东文集》第 7 卷，人民出版社 1999 年版，第 23 页。

等。在经济发展方面“统筹兼顾、适当安排”；在文化发展上“百花齐放、百家争鸣、长期共存、互相监督”；在中国工业化道路方面，在肯定苏联的同时强调反思学习的态度。

毛泽东提出了“四个现代化”的发展目标：“建设社会主义，原来要求是工业现代化，农业现代化，科学文化现代化，现在要加上国防现代化。”① 新中国社会主义建设现代化的诉求，一方面基于对国情的全方位把握，另一方面深化与拓展了社会发展的领域与程度，集中体现了协调发展的总体思路。在此基础上形成了“两步走”的发展战略：用十五年时间建立一个独立的、比较完整的工业体系和国民经济体系；在20世纪末使我国工业化走在世界前列，全面实现四个现代化。毛泽东在1962年1月中共中央扩大会议的讲话中强调，对于社会主义建设客观规律的认识要从实践出发，经历从没经验到有经验、缺乏经验到较多经验的过程，在这一过程中要不断克服盲目、总结经验。毛泽东强调发展的实质是推动国家工业化和现代化，在国家强大的基础上提高人民生活水平，让人民过上幸福富裕的生活。

其次，就发展动力而言，社会基本矛盾是一切社会发展的根本动力：第一，通过改变生产关系来发展生产力。当生产关系无法适应生产力的发展时，就要对生产关系进行变革。生产力和生产关系的矛盾运动是推动人类社会不断发展的根本动力。毛泽东在《矛盾

---

① 《毛泽东文集》第8卷，人民出版社1999年版，第116页。

论》中提出了“社会矛盾”这一概念，而且将社会矛盾归结为两个方面——生产关系与生产力的矛盾、经济基础与上层建筑的矛盾。“当马克思、恩格斯把这事物矛盾的法则应用到社会历史过程的研究的时候，他们看出生产力和生产关系之间的矛盾，看出剥削阶级和被剥削阶级之间的矛盾以及由于这些矛盾所产生的经济基础和政治及思想等上层建筑之间的矛盾，而这些矛盾如何不可避免地会在各种不同的阶级社会中，引出各种不同的社会革命。马克思把这一法则应用到资本主义社会经济结构的研究的时候，他看出这一社会的基本矛盾在于生产的社会性和占有制的私人性之间的矛盾。”①毛泽东继承了马克思关于生产力与生产关系之间矛盾剖析的方法寻求新中国的发展动力；第二，以政治促经济，抓革命，促生产。

最后，就发展主体而言，毛泽东揭示了发展依靠谁、发展为了谁的问题，人民群众作为发展主体，既是发展所依靠的力量，也是发展的最终归宿，“除了党的领导之外，六亿人口是一个决定的因素。人多议论多，热气高，干劲大”②。关键是在承认人口数量作为决定性因素的同时，如何调动人民群众的能动性。“全心全意地为人民服务，一刻也不脱离群众；一切从人民的利益出发，而不是从个人或小集团的利益出发；向人民负责和向党的领导机关负责的一致性；这些就是我们的出发点。”③“共产党人的一切言论行动，必须以

① 《毛泽东选集》第1卷，人民出版社1991年版，第317—318页。

② 《建国以来重要文献选编》第11册，中央文献出版社1995年版，第274页。

③ 《毛泽东选集》第3卷，人民出版社1991年版，第1094—1095页。

合乎最广大人民群众的最大利益，为最广大人民群众所拥护为最高标准”①，即切实体现在发展生产力，提高人民生活水平，重视发展人民的教育事业，提高人民文化素质等各个方面。

毛泽东对于新中国社会主义发展道路的探索具有重要的现实意义：第一，在社会发展和进步中巩固了国家政权。新中国成立初期，我国面临的根本问题是经济落后带来的政权不稳定问题，在国内依然存在国民党残余势力的干扰，在国际上中国的新生政权无法得到承认，在内忧外患的情境中，毛泽东认识到了发展的急迫性，并通过一系列切实的实践巩固了国家政权。第二，在发展中推进了对于中国特色社会主义的探索。在怎样实现中国的发展问题上，毛泽东指出中国的建设需要中国的道路，切勿照搬照抄，要实事求是，从实际出发。在反思苏联发展模式中，提出中国发展要处理好农业、轻工业和重工业的关系，要做到“统筹兼顾”协调发展，这一系列发展思路从本质上杜绝了本本主义，从根本上形成了适应中国发展的现实思考。

二、改革开放新时期对中国特色社会主义发展道路的探索

20 世纪 60 年代末到 70 年代，中国同世界上发达国家的差距越来越大，“这十多年，正是世界蓬勃发展的时期，世界经济和科技的进步，不是按年来计算，甚至于不是按月来计算，而是按天来计

① 《毛泽东选集》第 3 卷，人民出版社 1991 年版，第 1096 页。

算。”[①]中国的发展不仅是国内情形的迫切需要，而且也是时代主题的客观要求，邓小平提出了“发展才是硬道理”的观点。党的十一届三中全会将工作重点转移到社会主义现代化建设上来：“只有全党同志和全国人民在马列主义、毛泽东思想的指导下，解放思想，努力研究新情况新事物新问题，坚持实事求是、一切从实际出发、理论联系实际的原则，我们党才能顺利地实现工作中心的转变，才能正确解决实现四个现代化的具体道路、方针、方法和措施”。[②]全会实现了思想路线、政治路线以及组织路线的拨乱反正，恢复了党内民主集中制，提出了改革开放的决策。十一届三中全会实现了新中国成立以来党的历史上具有深远意义的伟大转折，改革开放集中体现了邓小平理论的总基调，为中国社会的发展提供了可能与动力。

邓小平理论的形成是基于中国社会现实对马克思列宁主义、毛泽东思想的继承与发展，围绕社会主义建设的核心问题即什么是社会主义以及如何建设社会主义而具体展开的。1992年初邓小平在南方谈话中辨明了市场与计划、社会主义与资本主义的关系，进而确定了社会主义本质：“计划多一点，还是市场多一点，不是社会主义与资本主义的本质区别。计划经济不等于社会主义，资本主义也有计划；市场经济不等于资本主义，社会主义也有市场。计划和市场

① 《邓小平文选》第2卷，人民出版社1994年版，第232页。

② 《中国共产党第十一届中央委员会第三次全体会议公报》(1978年12月22日)，中共中央文献研究室编：《三中全会以来重要文献选编》(上)，中央文献出版社2011年版，第11页。

都是经济手段。社会主义的本质，是解放生产力，发展生产力，消灭剥削，消除两极分化，最终达到共同富裕。”① 在关于姓“资”还是姓“社”的问题上，邓小平还提出了“三个有利于”的重要判断标准：是否有利于发展社会主义的生产力，是否有利于增强社会主义国家的综合国力，是否有利于提高人民生活水平。凡是符合“三个有利于”的社会实践举措，理应是属于社会主义的。

邓小平理论从发展目标、动力和战略三个角度把握如何建设社会主义的根本问题。社会发展的目标主要体现在两个方面，一是从国家层面出发的总目标——实现社会主义现代化；二是从个人角度出发的目标——在满足人民日益增长的物质文化需求的基础上实现共同富裕。在个人层面的发展目标既能体现出当时的社会主要矛盾，即人民日益增长的物质文化需求同落后的生产之间的矛盾。矛盾确立的根本意义在于通过经济发展去改善落后生产，在生产得到发展的基础上人民的需求才能得到满足，矛盾才会不断得到弱化或者最终被处在更高经济形势下的新矛盾所取代。就如何实现共同富裕这一最终目标，邓小平提出先富带动后富，允许并鼓励一些人先富起来：“我们提倡一部分地区先富裕起来，是为了激励和带动其他地区也富裕起来，并且使先富裕起来的地区帮助落后的地区更好地发展。”② 有中国特色社会主义建设的发展动力体现在：第一，改革开放是推动社会主义发展的直接动力，改革开放作为一场社会革命，旨在解放生产力，解决生产

① 《邓小平文选》第3卷，人民出版社1993年版，第373页。

② 同上书，第111页。

关系与生产力、经济基础与上层建筑之间矛盾；第二，科学技术是第一生产力。1978年邓小平在全国科学大会上提出了科学技术是生产力的经典表述，为改革开放注入了新的活力。

在确定社会发展目标与动力的基础上，邓小平提出了一系列发展战略。第一，“三步走”战略是邓小平将中国建设成为现代化国家的具体构想与发展步骤。该战略的积极意义在于，在明确发展目标的前提下制定切实可行的阶段性发展目标，一方面为发展总目标的实现奠定坚实基础，另一方面也在细化发展战略的基础上具体问题具体分析。第一步实现国民生产总值比1980年翻一番，解决人民的温饱问题；第二步到20世纪末使国民生产总值再增长一倍，人民生活达到小康水平；第三步到21世纪中叶，人均国民生产总值达到中等发达国家水平，人民生活比较富裕，基本实现现代化。“三步走”战略不仅在量上提出了发展的具体要求，而且还从人民生活角度对发展进行质的规定。第二，“两个大局”战略聚焦东西发展不均衡的现实问题，根本目标在于如何在缩小东西部差距的基础上实现共同富裕。“沿海地区要加快对外开放，使这个拥有两亿人口的广大地带较快地先发展起来，从而带动内地更好地发展，这是一个事关大局的问题。内地要顾全这个大局。反过来，发展到一定的时候，又要求沿海拿出更多力量来帮助内地发展，这也是个大局。那时沿海也要服从这个大局。”①1980年我国设立了四个经济特区，包括深圳、

① 《邓小平文选》第3卷，人民出版社1993年版，第277—278页。

珠海、厦门和汕头。在开放经济特区的过程中，完善公共政策，引进技术，吸引人才——形成了发展的良性循环系统。在东部率先达到富裕的前提下，确保先富带动后富何以可能或者何以实现。这就意味着，在东部逐步走向现代化的过程中，既要起到发展排头兵的模范作用，也要勇于承担积极责任，为带动西部现代化贡献力量。邓小平强调：东部沿海地区繁荣之后，有的东西部地区的发展，比如先富起来的地区在税收方面应该承担起积极的责任，然后在贫困地区开展各种优惠政策，让贫困地区能够实现快速的发展。由此可见，“两个大局”战略为区域协调发展奠定了坚实的经验基础。

邓小平将中国特色社会主义理论中所蕴含的发展经验与马克思主义发展观紧密结合，在历史进程中探索出了适合我国发展的具体道路。进一步将提高生产力的要求具体化为提升生产者的综合素质、提高生产工具的现代化水准、扩宽劳动者的生产领域。“三步走”战略在每一阶段性目标实现的进程中实现四个现代化，其根本目的就是提升人民群众的生活水平、实现社会的全面协调发展、提高国家的综合国力，充分体现了社会主义现代化奋斗目标全面发展的特征。

首先，在改革开放中提升了社会发展的速度。邓小平在南方谈话中明确指出“革命是解放生产力，改革也是解放生产力。……社会主义基本制度确立以后，还要从根本上改变束缚生产力发展的经济体制，建立起充满生机和活力的社会主义经济体制，促进生产力的发展，这是改革，所以改革也是解放生产力。过去，只讲在社会主义条件下发展生产力，没有讲还要通过改革解放生产力，不完全。

应该把解放生产力和发展生产力两个讲全了。”① 改革开放旨在解放生产力，发展生产力，促进经济发展，实现现代化建设。致力于发展生产力，提高人民生活水平，邓小平深刻把握了生产力是社会发展重要力量的基本原理。

其次，通过科技创新提高社会发展的质量。在改革开放进程中，随着我国经济建设的发展，对科技、人才的重视程度不断提高，通过一系列制度保障促进和提高科技创新的主动性和积极性。经济建设量的积累与质的提升，同样为科技创新提供了人力、物力和资金的支持。

最后，通过战略部署实现区域的协调发展。邓小平在 1988 年提出了“两个大局”的战略构想，允许东部先富裕起来，随后带动西部经济发展，最终实现共同富裕。沿海和内陆，东部和西部的协调发展是实现共同富裕的关键，区域的协调发展为共同富裕奠定了坚实基础，形成了关于我国社会主义建设和发展的辩证协调系统。

江泽民的发展观对于推进中国特色社会主义道路具有极为重要的承上启下作用。首先，江泽民提出了发展是党执政兴国第一要务的重要论断，回答了为什么要重视发展的问题，其出发点是关于执政党的建设，即“建设一个什么样的党，怎样建设党”。只有不断加强党内建设，建成一个强有力的执政党，中国的发展才会更有力量，无论世界格局与力量对比发生怎样的变化，不断加强党的自身建设，

① 《邓小平文选》第 3 卷，人民出版社 1993 年版，第 370 页。

才能使中国作为一个社会主义国家永远立于不败之地。2000 年 2 月江泽民在广东考察期间提出了“三个代表”重要思想：“总结我们党七十多年的历史，可以得出一个重要结论，这就是：我们党所以赢得人民的拥护，是因为我们党在革命、建设、改革的各个时期，总是代表着中国先进生产力的发展要求，代表着中国先进文化的前进方向，代表着中国最广大人民的根本利益，并通过制定正确的路线方针政策，为实现国家和人民的根本利益而不懈奋斗。”①

其次，江泽民将人民的根本利益与人的全面发展纳入发展观之中，解答了发展的内涵问题。中国共产党始终代表最广大人民的根本利益，既体现了对中国共产党先进性的具体要求，“把坚持党的先进性和发挥社会主义制度的优越性，落实到发展先进生产力、发展先进文化、实现最广大人民群众根本利益上，推动社会全面进步，促进人的全面发展”②。从而明确了中国共产党与人民群众以及社会全面发展之间的内在关系，将人的全面发展放在根本重要的地位。在 2002 年“5・31”讲话以及党的十六大报告中，江泽民阐述了“三个文明”协调发展的思路，在物质文明和精神文明的基础上添加了政治文明这一要求，“全面建设小康社会，开创中国特色社会主义事业新局面，就要在中国共产党的坚强领导下，发展社会主义市场经济、社会主义民主政治和社会主义先进文化，不断促进社会

① 《江泽民文选》第 3 卷，人民出版社 2006 年版，第 2 页。

② 《中共十三届四中全会以来历次全国代表大会中央全会重要文献选编》，中央文献出版社 2002 年版，第 661 页。

主义物质文明、政治文明和精神文明的协调发展，推进中华民族的伟大复兴。”① 在构建“三个文明”的过程中，凸显了“人的全面发展”的发展内在要求与归宿。

最后，江泽民从实践层面回答了如何发展的问题。1995 年 9 月，党的十四届五中全会提出“以坚持区域经济协调发展，逐步缩小地区发展差距”。1997 年党的十五大提出国家要加大对中西部地区的支持力度，从多方面努力，逐步缩小地区发展差距，“现在，加快中西部地区发展步伐的条件已经具备，时机已经成熟。如果我们看不到这些条件，不把该做的事情努力做好，就会犯历史性的错误。在继续加快东部沿海地区发展的同时，必须不失时机地加快中西部地区的发展。从现在起，这要作为党和国家一项重大的战略任务，摆到更加突出的位置。”② 西部大开发战略的提出对西部地区的发展起到了政策保障和引导的作用，对我国区域间协调发展起到了极为重要的作用，是实现现代化建设的重要举措。

可持续发展观的核心发展思路在于将人口、经济、资源、环境等要素进行协调，旨在转变发展方式实现和谐发展。所谓可持续是指既要考虑当下发展需要，也不能忽视未来的发展需要，不以牺牲后人的利益为代价实现来满足当代人的需求。人的全面发展作为可持续发展观的现实前提，再度确认了一切社会实践与发展都要重视

---

① 《中共十三届四中全会以来历次全国代表大会中央全会重要文献选编》，中央文献出版社 2002 年版，第 661 页。

② 《十五大以来重要文献选编》(中)，人民出版社 2001 年版，第 855 页。

人的主体地位。科教兴国战略是在中国发展道路中回应发展动力的根本战略，是落实科学技术是第一生产力的集中体现。

在落实科教兴国战略的过程中，重视教育和科技在发展中的作用，使科技力量和劳动者素质成为拉动经济发展的力量。1989年12月，江泽民在国家科学技术奖励大会上深刻阐述了依靠科技进步推进现代化的国策："现代科学技术正在经历着深刻的革命，大力发展我国的科学技术，从总体上逐步缩短同发达国家的差距，努力接近和赶上世界先进水平，是摆在全党全国各族人民面前的一项紧迫任务。我们要坚持把科学技术放在优先发展的战略地位，坚持依靠科技进步来提高经济效益和社会效益。只有发展科技，才能事半功倍。党和政府根据我国国情和当代科学技术发展的趋势确定的这项国策，必须在各级干部的思想上牢固树立起来，切实贯彻执行，长期坚持下去。"①上述一系列具体战略部署与实施，体现了其发展观的全面性与科学性，为推进中国特色社会主义道路的发展指明了方向，为科学发展观奠定了坚实的理论基础。

以胡锦涛为总书记的党中央提出的科学发展观在肯定和重视发展、抓住经济建设不放松的前提下，特别提倡以人为本，追求人的全面发展，并强调按"五个统筹"的方略来实现我国经济社会的全面协调可持续发展。因此，在新的历史时期，我们应当按照"五个统筹"的根本要求树立和落实科学发展观，处理好全面建设小康社会、构建社会主义和谐社会以及社会主义现代化建设中的各种发展

① 《十三大以来重要文献选编》(中)，人民出版社2001年版，第781页。

关系。在城乡发展关系上，既要加快城市化进程，又要突出解决好城乡的二元结构，尤其是“三农问题”。在区域发展关系上，既要激励较发达地区的继续发展，又要积极促进欠发达地区的快速发展。在经济与社会发展关系上；既要坚持以经济建设为中心，又要加快改变社会事业发展相对滞后的局面。在人与自然的关系上；既要注重人的发展，又要加强生态文明的建设。在国内发展与对外开放关系上；既要立足国内发展，又要进一步提高对外开放水平，充分利用两种资源和两个市场。

党的十六届三中全会通过的《关于完善社会主义市场经济体制若干问题的决定》提出：坚持以人为本，树立全面、协调、可持续的发展观，促进经济社会和人的全面发展。科学发展观集中体现了我们党在马克思主义发展哲学理论指导下对当前社会发展本质合目的性和合规律性要求的理性认识，也是对中国现阶段发展目的、发展战略、发展道路等问题的理论创新。以人为本作为科学发展观的本质和核心，其关键在于将实现好、维护好、发展好最广大人民的根本利益作为党一切工作的出发点和落脚点，从而进一步回答了发展为了谁这一根本问题，在理论上契合马克思主义发展观中对发展主体的阐述与界定。在马克思主义发展观中，现实的人作为社会实践的主体促进社会发展，历史进步，是发展的推动者，而社会不断发展的最终目的是实现人的全面发展。

全面、协调、可持续作为科学发展观的基本内容和实现路径，回答了怎样的发展的问题，促进全面发展作为科学发展观的最终目标，既是对社会实践层面的具体要求，也是以实现人的全面发展为目标的价值导向。所谓全面发展，一方面是指在经济发展前提下社会内部各领域的全面发展，社会作为一个有机整体其全面发展具体表现在社会内部各要素——经济、政治、生态、文化的共同发展上，这也构成了“四个文明”整体发展的依据，从“两个文明”（“物质文明”和“精神文明”）到江泽民提出“政治文明”这一概念——要“不断促进社会主义物质文明、政治文明和精神文明的协调发展”①。再到“四个文明”（“经济文明”“政治文明”“生态文明”“文化文明”）的提出，无不体现着我党对发展的深刻认识与不懈探索。另一方面全面发展则指在实现社会全面发展中推进人的全面发展，两者相辅相成，彼此促进。换言之，在中国现代化建设中，人的发展与社会发展是“一体两面”的，即同一过程的两个方面。社会的全面发展为个人的全面发展提供基础，个人的全面发展是社会全面发展的重要标志，是实现全面小康的根本要求。

协调发展作为科学发展观的实践原则，体现在发展路径的选择和相关制度的制定中。在发展路径的选择上统筹兼顾，解决利益关系不均衡、不全面等实际问题，兼顾各方（地区、产业、个人）的利益，统筹城乡发展、统筹区域发展、统筹经济社会发展、统筹人与自然和谐发展、统筹国内发展与对外开放。“五个统筹”的提出为协调发展的具体实践指明了道路，为相关制度的制定提供理论基础。

① 《十六大以来重要文献选编》（上），中央文献出版社2005年版，第43页。

实现可持续发展是科学发展观的重要体现。从本质上来讲，可持续发展处理的是在发展过程中人与自然的关系，即人作为实践主体在发展过程中如何处理与自然的关系，以保证社会具有长期发展潜力与能力。在发展中要注重自然资源的合理使用，在可持续发展中力图实现经济与环境的协调发展，维持生态平衡，提高人的生活质量是可持续发展的最终归宿。“科学发展观”在发展内涵上要求正确处理发展与增长的关系，坚持经济发展与社会协调发展；在发展代价上要求任何发展都不能牺牲生态环境，必须在可持续发展中实现全面发展；在发展目的上要求以人为中心。

第三节　新发展理念与全面建成社会主义现代化强国

一、新发展理念的理论源泉和实践基础

新发展理念具有明确的发展目标和鲜明的历史特征，针对全面建成小康社会、“第一个百年”战略目标，我们党坚持从中国社会现实与中国特色社会主义全局出发，积极回应和解决发展中存在的问题与困境。自党的十八大以来，以习近平同志为核心的党中央基于中国的发展现状提出了一系列新思想、新理念、新战略。党的十八届五中全会集中阐述了“五大发展理念”的理论内涵，首次将“五大发展理念”写进中央全会文件，党的十九大报告中提出，新时代

我国必须坚定不移地贯彻新发展理念。新发展理念中的目标不仅指向全面建成小康社会，而且着力于在新时代如何坚持和发展中国特色社会主义。在我国全面建成小康社会和开启“第二个百年”奋斗目标新征程的关键时间节点，新发展理念彰显着其重要的现实意义。一方面，新发展理念契合我国的发展目标与社会现实；另一方面，新发展理念作为发展路径的行动指南，为实践奠定了坚实的理论基础，为发展提供了不竭的内生动力。新发展理念具备科学性、人民性、实践性、系统性。

新发展理念蕴含丰富的马克思主义哲学思想。第一，新发展理念是在马克思主义发展观、中国特色社会主义道路历史经验、历史性成就以及中国传统文化的基础上提出的。马克思主义发展观所揭示的发展动力，即生产力，发展主体，即人是发展的推动者，也是发展成果的享受者，发展规律，即社会基本矛盾运动（生产力和生产关系之间的矛盾、经济基础与上层建筑之间的矛盾）等观点为新发展理念奠定了坚实的理论基础。

第二，新发展理念是对中国当下发展问题的理论回应。就国内局势而言，经历了40年改革开放，某种意义上，我国的改革发展已经进入瓶颈期、深水区。社会发展过程中存在的区域、城乡不平衡问题，经济发展中存在的产业、供求不协调问题，文化发展与社会发展之间存在的滞后性与不匹配性问题，生态发展与经济快速发展中存在的冲突与矛盾问题等等，这些具体问题的解决是进一步发展的关键，也是新发展理念的实践要求。

第三，新发展理念是对于当今复杂国际环境的深入把握。习近平总书记经常强调要胸怀“两个大局”，其中的一项重要内容就是需要厘清中国特色社会主义伟大实践与现代世界发展之间的关系。全球经济贸易增速乏力，全球经济分化严重，分化中暴露的问题凸显了创新发展的作用。全球生态环境等问题的涌现客观要求中国在国际舞台上发挥更大作用，承担更多国际责任。新发展理念是对马克思主义发展观的继承与发展，是解决中国当下发展问题的重要理论支撑。

二、新发展理念的思想内涵和现实逻辑

以习近平同志为核心的党中央在治国理政的实践中提出了新的发展理念——创新、协调、绿色、开放、共享五大发展理念。党的十八届五中全会对新发展理念作了概括与表述，并且第一次将发展理念作为有机整体写进中央全会文件。五大发展理念是基于当下各个发展问题的积极回应，就发展实质而言，需要回答实现哪种发展的问题，就发展途径而言，需要如何实现发展。更进一步来讲，五大发展理念不仅对社会发展提供了理论的指导，而且在实践过程中丰富了中国特色社会主义理论，深化了中国关于具体发展的思想深度，扩宽了中国发展的实践道路。

创新发展是“五大理念”的中心，是首要驱动力。十八届五中全会提出，“坚持创新发展，必须把创新摆在国家发展全局的核心位置，不断推进理论创新、制度创新、科技创新、文化创新等各方面创新，让创新贯穿党和国家一切工作，让创新在全社会蔚然成风。

深入实施创新驱动发展战略，发挥科技创新在全面创新中的引领作用”①。习近平强调的创新是全面的创新。首先，理论创新作为创新发展的有效先导，体现了理论对于实践的指导作用，并包含解放思想、思想理论与具体实际相结合的内在要求；其次，制度创新作为创新发展的有力保障，完善的制度可以保障各个领域创新实践的展开，引导创新的不断扩展与深化；第三，科技创新是创新发展的重要核心，一方面可以将科技力量转化集聚新技术的具体产品，另一方面可以在提高生产率的基础上，促进社会生产力的提升，是由“中国制造”迈入“中国智造”的重要力量；最后，文化创新是创新发展的社会基础，社会领域文化创新氛围的形成与巩固是创新发展良性循环、层层深入的基础依托。

协调发展立足于发展的整体性与全面性。在十八届五中全会提出，“协调是持续健康发展的内在要求。必须牢牢把握中国特色社会主义事业总体布局，正确处理发展中的重大关系，重点促进城乡区域协调发展，促进经济社会协调发展，促进新型工业化、信息化、城镇化、农业现代化同步发展，在增强国家硬实力的同时注重提升国家软实力，不断增强发展整体性”②。全面建成小康社会本质上要求各地区间的协调发展，要求各产业、各领域的整体发展。

绿色发展立足于发展的持续性与和谐性。十八届五中全会指出，

① 《中共中央关于制定国民经济和社会发展第十三个五年规划的建议》，《人民日报》2015年10月30日。

② 《十八大以来重要文献选编》（中），人民出版社2016年版，第792页。

“绿色是永续发展的必要条件和人民对美好生活追求的重要体现。必须坚持节约资源和保护环境的基本国策，坚持可持续发展，坚定走生产发展、生活富裕、生态良好的文明发展道路，加快建设资源节约型、环境友好型社会，形成人与自然和谐发展现代化建设新格局，推进美丽中国建设，为全球生态安全作出新贡献”①。绿色发展意味着经济增长并非唯一的衡量尺度。习近平的“两山论”，即绿水青山与金山银山的关系集中体现了发展的可持续性，体现了对于人与人、人与社会、人与自然关系的深刻认识。

开放发展立足于对发展环境国际趋势的把握，立足于发展的联动性和全球性。十八届五中全会指出，“开放是国家繁荣发展的必由之路。必须顺应我国经济深度融入世界经济的趋势，奉行互利共赢的开放战略，坚持内外需协调、进出口平衡、引进来和走出去并重、引资和引技引智并举，发展更高层次的开放型经济，积极参与全球经济治理和公共产品供给，提高我国在全球经济治理中的制度性话语权，构建广泛的利益共同体”②。中国作为世界第二大经济体，要求既要注重开放所带来的联动性，为国内发展提供多元渠道，还要在国际发展中勇于承担大国责任，为构建人类命运共同体奉献中国力量。

共享发展作为“五大理念”的实践落脚点，是发展的目的和归宿。十八届五中全会明确指出：“共享是中国特色社会主义的本质要求。必须坚持发展为了人民、发展依靠人民、发展成果由人民共享，作出更有效的制度安排，使全体人民在共建共享发展中有更多获得

①② 《十八大以来重要文献选编》(中)，人民出版社 2016 年版，第 792 页。

感。”[①] 人民既是参与推动发展的力量，也是享受发展成果的群体，增强广大人民在发展过程中的参与感与获得感，为发展的进一步推进集聚力量，为更广大人民群众共享发展成果奠定基础。

2014 年 2 月，习近平总书记在江苏考察调研时提出了“四个全面”，即全面建成小康社会、全面深化改革、全面依法治国、全面从严治党。全面建成小康社会是实现中华民族伟大复兴的阶段性战略目标。全面深化改革是实现中华民族伟大复兴的关键。中国的发展离不开改革，建成全面小康离不开深化改革。习近平强调，改革开放只有进行时，没有完成时。改革是由问题倒逼而推进，在不断解决问题中得以深化。改革的深化是问题导向和现实变更的结果，是全面发展的实践要求。在实践中产生问题、解决问题最终在实践中推动发展，这里的发展既包含理论的扩展，也包括实践的深化。习近平指出，全面深化改革总目标是完善和发展中国特色社会主义制度、推进国家治理体系和治理能力现代化。再次明确了深化改革的方向与目标，深化改革的深层要求是适应时代的变化，在深层改革中实现各个领域的系统化改革和整体性改进，在推进国家治理体系和治理能力现代化的过程中，为人民幸福的实现，社会的和谐稳定，党和国家的进一步发展提供更稳定的制度，这是深化改革的目标，也是持续发展的根基。

全面依法治国是中国特色社会主义的本质要求和重要保障。习

① 《十八大以来重要文献选编》(中)，人民出版社 2016 年版，第 793 页。

近平强调："建设中国特色社会主义法治体系是全面推进依法治国的总抓手，是国家治理体系的骨干工程，各项工作都要围绕这个总抓手来谋划、来推进。"① 全面依法治国究其根本来讲是要实现其依法治国的全面性，这里的全面性主要体现在如下三个方面：第一，全面依法治国的内在要求涉及立法、执法、司法、守法等各个环节，通过制定相应的法律法规保障各个领域，各领域（经济、文化、政治、社会、生态、党建）不仅受法律保障，也同时被纳入法制的轨道，受法律的监督。第二，全面依法治国的根本目的在于保障人民权益。在推进依法治国的过程中，立法在民主化的基础上不断向科学化发展，法律体系也由此得以不断完善，这种完善是源于民主归于人民的完善，是全面依法治国根本目的的有效实现。第三，全面依法治国的根本保证是坚持党的领导，将党的领导贯彻到依法治国的各个方面。新时代推进全面依法治国要求我党不断健全工作机制、完善决策部署、加强统筹协调，保证全面依法治国的落实与推进。

全面从严治党是社会主义事业发展的根本政治保障。党的十九大报告指出："打铁必须自身硬。党要团结带领人民进行伟大斗争、推进伟大事业、实现伟大梦想，必须毫不动摇坚持和完善党的领导，毫不动摇把党建设得更加坚强有力。"② 党是带领人民进行伟大社会

① 《习近平新时代中国特色社会主义思想三十讲》，学习出版社 2018 年版，第 184 页。

② 《决胜全面建成小康社会　夺取新时代中国特色社会主义伟大胜利——在中国共产党第十九次全国代表大会上的报告》，人民出版社 2017 年版，第 61 页。

革命的力量，这也同时内在地要求要不断加强党的建设，全面从严治党，敢于进行自我革命。全面从严治党的内涵体现在：第一，全面从严治党的基础在于全面，全面的提出标志着我党对自身要求的提高以及治党内容的完善，要求所有党员严格遵守党章党规，扩充从严治党的内容与执行力度。第二，全面从严治党的关键是“严”和“治”的统一，“严”是“治”的执行要求，“治”是“严”的最终目的。“严”作为执行要求，主要体现在党内法规的严密与严格上。十八大以来，党内先后制定颁布了一系列党内法规条例，旨在为从严治党提供制度监督与法规约束，为其可行性奠定基础，在此基础上对党内政治生活、党员作风等进行严格要求。“治”作为最终目的，既要注重党员信仰缺失的治理，也要完成腐败问题的治理，两者相辅相成，彼此促进。

“五大发展理念”立足于对新时代的现实把握与实践要求。十九大报告提出我国社会主要矛盾已经转化为人民日益增长的美好生活需求和不平衡不充分发展之间的矛盾。社会主要矛盾的转化标志着我国的发展是处在新的历史方位，只有正确客观地认识到方位所在，才能把握社会主要矛盾。经济新常态则是在新时代基础上形成的经济状态的论断，经济新常态具体是指经济“从高速增长转为中高速增长，经济结构不断优化升级，发展动力从要素驱动、投资驱动转向创新驱动”①。处在新时代背景中的经济情形的现实把握，是实践

① 程恩富：《论新常态下的五大发展理念》，《南京财经大学学报》2016年第1期。

展开的要求，也是发展推进的可能。在“十三五”规划中明确提出完善发展理念。“实现‘十三五’时期发展目标，破解发展难题，厚植发展优势，必须牢固树立创新、协调、绿色、开放、共享的发展理念。”① 以创新发展增强发展动力，在创新上突出科技创新的力量培训与新产品的转化，实现以创新带动发展的良性循环。以协调发展优化发展结构，在协调中强调发展的区域均衡化与城乡一体化全面发展，实现以协调缩小差距的发展趋势。以绿色发展提高发展质量，在绿色发展中完成传统经济增长方式的彻底转变，实现以绿色保证发展的可持续性。以开放发展扩宽发展空间，在开放发展中突破从国内到国际的格局，实现以开放融入世界经济体的共同发展。以共享发展促进社会公平，在共享发展中营造改革成果全民共享的小康社会，实现以共享促进全面建成小康社会的目标。

五大发展理念的推进有利于全面建成小康社会、全面深化改革的实现，而全面依法治国、从严治党是保障发展的前提条件，“五大发展理念”与“四个全面”相辅相成。

三、新发展理念的理论创新和现实意义

新发展理念是习近平新时代中国特色社会主义思想和中国特色社会主义理论体系的重要组成部分，是马克思唯物史观与辩证法在当代中国的具体运用，是对社会发展规律的深刻把握、对中国现阶

① 《十八大以来重要文献选编》(中)，人民出版社 2016 年版，第 792 页。

段现状与未来目标的客观认识。习近平指出："发展必须是遵循经济规律的科学发展，必须是遵循自然规律的可持续发展。"① 新发展理念的形成基于我国现阶段仍然处在社会主义初级阶段的客观判断，指明了我国仍然处于社会主义现代化的历史进程当中。

新发展理念的人民性体现在共享发展中，突出人民主体地位，即发展依靠人民，发展为了人民。从根本上解答了中国发展的最终目的。"人民是推动发展的根本力量，实现好、维护好、发展好最广大人民根本利益是发展的根本目的。必须坚持以人民为中心的发展思想，把增进人民福祉、促进人的全面发展作为发展的出发点和落脚点。"② 发展是"人为"与"为人"的活动，发展依靠人民，发展成果由人民共享。新发展理念的问题导向性体现对改革实际的回应，指明了中国发展的方向、思路、着力点，为中国梦的实现奠定了基础。新发展理念是对马克思主义发展观的创新与扩展，是对中国特色社会主义理论体系的丰富与发展，提出了适合我国发展的方法，丰富了中国特色社会主义理论体系。"中国梦"、"四个全面"战略布局、"五大发展理念"等描绘出当下和未来中国发展道路的蓝图。

2020 年 10 月 26 日至 29 日，党的十九届五中全会听取和讨论习近平受中央政治局委托作的工作报告并审议通过《中共中央关于制定国民经济和社会发展第十四个五年规划和二〇三五年远景目标的

---

① 《习近平关于社会主义经济建设论述摘编》，中央文献出版社 2017 年版，第 320 页。

② 《十八大以来重要文献选编》(中)，人民出版社 2016 年版，第 789 页。

建议》(以下简称《建议》)。这是对“十四五”时期和未来更长时期我国经济发展战略、路径所做出的规划，旨在实现高质量、高效率、可持续、安全的发展。“十四五”时期是我国经济从高速增长转入高质量发展的重要时期，迫切需要我们形成适应这一时期的发展格局，这是我国应对国际复杂环境的关键举措，也是开启全面建设社会主义现代化强国新征程的战略举措。

第一，关于以推动高质量发展为主题。《建议》提出，“十四五”时期经济社会发展要以推动高质量发展为主题，这是根据我国发展阶段、发展环境、发展条件作出的科学判断。①“十四五”阶段是我国重要的战略机遇期，处于百年未有之大变局中，我国面对复杂国内外环境，发展中的不稳定性和不确定性突显，已从高速增长阶段转向了高质量发展阶段；第二，关于构建以国内大循环为主体、国内国际双循环相互促进的新发展格局。构建新发展格局，是与时俱进提升我国经济发展水平的战略抉择，也是塑造我国国际经济合作和竞争新优势的战略抉择。②新发展格局是深化改革开放、国内国际双循环相互促进的统一体。在处理好自己国家事情的同时，建立与世界市场的合理关系，形成内需与外需兼容互补的发展格局；第三，“十四五”经济增长速度目标，明确提出到2035年实现经济总

① 《中共中央关于制定国民经济和社会发展第十四个五年规划和二〇三五年远景目标的建议》，人民出版社2020年版，第51页。

② 同上书，第52页。

量或人均收入翻一番目标。①既要注重发展目标的实现，也要根据现实积极调整结构性发展，旨在提高发展效率与质量；第四，关于促进全体人民共同富裕。共同富裕是社会主义的本质要求，是人民群众的共同期盼。我们推动经济社会发展，归根到底是要实现全体人民共同富裕。②自十八大以来，我国一直将脱贫攻坚作为党和国家工作的重中之重，尽全力地推进全体人民共同富裕。从全面建成小康的国家发展目标到实现共同富裕的民生发展目标，集中体现出国家的最终发展目标是为了实现人民的民生福祉，是不断满足人民对美好生活的需要，是对现阶段我国社会主要矛盾的积极回应。第五，关于统筹发展和安全。我们越来越深刻地认识到，安全是发展的前提，发展是安全的保障。③党的十九届五中全会提出，统筹发展和安全，建设更高水平的平安中国。坚持总体国家安全观，实施国家安全战略，维护和塑造国家安全，统筹传统安全和非传统安全，把安全发展理念贯穿国家发展各领域和全过程，防范和化解影响我国现代化进程的各种风险，筑牢国家安全屏障。2020 年 12 月 11 日，习近平在中央政治局第二十六次学习时，再次强调了统筹发展和安全的重要性，要求坚持发展和安全并重，并在发展中更多考虑安全因素，努力实现发展和安全的动态平衡；第六，关于坚持系统观念。

① 《中共中央关于制定国民经济和社会发展第十四个五年规划和二〇三五年远景目标的建议》，人民出版社 2020 年版，第 53 页。

② 同上书，第 54 页。

③ 同上书，第 55 页。

《建议》提出“十四五”时期经济社会发展必须遵循坚持系统观念的原则。[①]加强前瞻性思考、全局性谋划、战略性布局、整体性推进，统筹国内国际两个大局，办好发展安全两件大事，坚持全国一盘棋，更好发挥中央、地方和各方面积极性，着力固根基、扬优势、补短板、强弱项，注重防范化解重大风险挑战，实现发展质量、结构、规模、速度、效益、安全相统一。这意味着，在全面建设社会主义现代化的新征程中，我国必须坚持系统性的观念，处理好国内市场与国际市场、政府与市场、眼前目标与长远目标之间的关系。

新发展理念之“新”来源于新时代的时代变化。“发展”，是历史性与现实性的结合，它是自我改进、自我提升、自我完善。“理念”则是基于时代基础之上的对时代问题的正确解答，并将指引时代的进步与发展方向。因此，新发展理念是马克思主义中国化的又一次伟大创新，是马克思主义与当代中国的历史实践相结合的创造性的经验总结。在新时代，社会主要矛盾的变化正在不断推进人的全面发展。在社会主义初级阶段这一历史阶段的基础上，如何走向更高的历史阶段？关键在于实现社会的全面进步和人的全面发展。根据主要矛盾的主要方面决定事物的性质这一论断，只有当人的全面发展实现的时候，社会的性质才能发生根本的转变，只有当社会的性质发生根本改变的时候，我们才能在已经越过资本主义“卡夫丁峡谷”的基础上，推动历史与现实向前进步，走向共产主义。

---

① 《中共中央关于制定国民经济和社会发展第十四个五年规划和二〇三五年远景目标的建议》，人民出版社 2020 年版，第 56 页。

因此，新发展理念的具体化贯彻离不开经济与政治、文化、社会、自然之间的辩证关系，这是历史唯物主义的辩证法的具体化运用。唯有厘清这种辩证关系，才能理解时代之新、发展之根、理念之源，才能深入地把握马克思社会发展观中的历史的本质性：第一，经济是决定社会发展的基础。马克思指出，自由的、解放的、具有创造性的劳动，是人的全面发展，实现人的自由的最主要的标志。习近平则不断强调创新的重要作用，"抓创新就是抓发展，谋创新就是谋未来。"① 可见，经济的解放是人的解放、人的全面发展的前提和必要条件。新发展理念的"创新"，是经济解放的必由之路和必然选择。"创新"，是劳动效率提高的标志。通过不断创新，生产力才能不断发展与进步，进而使新时代有中国特色的社会主义顺利扬弃资本主义经济的"阿喀琉斯之踵"，进而在经济解放的基础上实现人的全面解放与发展。

第二，运用马克思主义发展观客观分析把握经济与政治的关系。"协调"发展理念，正是在相互联系的视域下，解决各种不平衡发展的矛盾，通过政策制度处理好各种重大关系。此处充分展现了普遍联系的唯物辩证法。在新的历史场域，着眼相互联系整体，经济的发展必须通过唯物辩证法，在符合历史背景的、具有普遍联系和整体发展的视域下，走向一条统筹兼顾、协调共生的发展之路。

第三，运用马克思主义发展观客观把握经济与社会的关系问题。

① 《十八大以来重要文献选编》(下)，人民出版社2018年版，第159页。

人与社会的统一是人自身本质的实现方式。一方面，个人的发展与自我实现离不开社会的发展，社会的发展为个人发展的奠定基础，社会发展促进个人发展与进步；另一方面，社会的发展依赖于每个人的全面自由的发展。个人是社会的机体细胞，只有每个人的全面发展才能推进社会的整体发展与进步。“共享”发展理念体现了“以人民为中心”的根本立场。它扬弃了资本主义“物化”的社会关系，以实现共同富裕为目标，充分体现社会主义制度的优越性。因此，共享是丰富和实现人的本质的必由之路。

第四，运用马克思主义发展观客观把握经济与文化的关系问题。破解资产阶级意识形态迷雾，高扬无产阶级自身的文化，是人的全面解放的必要途径。在《共产党宣言》中，马克思恩格斯指出，在经济解放的基础上，人才能通过扬弃经济的异化来扬弃上层建筑的异化，唤醒被禁锢的阶级意识，解放现实文化，获得自主文化。新发展理念就是一种新的文化，它超越了与全球化相结合的新自由主义的文化及其意识形态，是与人类命运发展相贴合、世界历史进程相适应的新的文化类型。“开放”的发展理念，引导了经济、文化等领域的共同开放。“一带一路”建设和“人类命运共同体”的建构，向世界充分展现了全球治理的“中国方案”。

第五，运用马克思主义发展观客观把握经济与自然的关系。“绿色”发展理念体现了经济、自然、人三者统一性，要破除资本积累逻辑，经济发展不能以牺牲自然、破坏环境、伤害未来为代价。习近平指出：“人与自然是一种共生关系，对自然的伤害最终会伤及人类自身。”① 人的全面发展离不开与自然的和谐共生。

新发展理念在牢牢把握经济发展的前提基础上，充分运用历史唯物主义的辩证方法，对经济与政治、社会、文化、自然的相互联系与辩证统一做出了全面总体的把握，是从全局发展角度出发的与新时代历史方位相符合的正确的、科学的发展理念，它将长期引领新时代中国特色社会主义的伟大实践。新发展理念，是改革开放40年来实践经验的总结性创新，是马克思主义与中国实践相结合的又一次重大创造，是唯物史观的当代发展与具体实现，是新时代中国特色社会主义发展观的集中表达，是实现中华民族伟大复兴的中国梦的基本遵循。

① 《十八大以来重要文献选编》(下)，人民出版社2018年版，第164页。

第四章　当代中国的治国理政与马克思主义方法论

马克思主义哲学方法论以唯物辩证法为核心，在整个马克思主义理论体系中具有根本重要的地位。恩格斯指出："马克思的整个世界观不是教义，而是方法，它提供的不是现成的教条，而是进一步研究的出发点和供这种研究使用的方法"。① 运用唯物辩证法把握人类社会及其历史运动的发展规律，形成了从客观实际出发、矛盾分析、辩证思维、认识与实践相统一、历史与逻辑相统一等一系列具体的思想方法。马克思的辩证法实际地生存于探究既定社会的"历史科学"中，要求思想通达社会现实，即积极地开展出对既定社会的研究，深入地探索既定社会之自我活动的实体性内容，从而把握其实存中的本质和展开过程中的必然性。

唯物辩证法是马克思主义与中国道路历史性实践相结合的根本

① 《马克思恩格斯选集》第 4 卷，人民出版社 2012 年版，第 664 页。

立场与思想方，在思想和工作中贯彻、运用马克思主义方法论是中国共产党始终坚持的优良传统。习近平总书记就此指出："我们党要团结带领人民实现中华民族伟大复兴的中国梦，必须不断接受马克思主义哲学智慧的滋养，更加自觉地坚持和运用辩证唯物主义世界观和方法论，更好在实际工作中把握现象和本质、形式和内容、原因和结果、偶然和必然、可能和现实、内因和外因、共性和个性的关系，增强辩证思维、战略思维能力，把各项工作做得更好"。① 以唯物辩证法为核心阐释马克思主义方法论在具体社会历史领域中的贯彻与运用，在当代中国马克思主义哲学的高度上，深入总结与深刻凝练中国共产党治国理政的思想方法和工作方法，对于把握中国特色社会主义进入新时代的历史性成就具有重要的理论意义和现实意义。

第一节　以唯物辩证法为核心的马克思主义方法论

中国共产党将马克思主义方法论运用于中国道路的历史性实践与现代化建设，在毛泽东思想、邓小平理论、"三个代表"重要思想、科学发展观中，蕴含着丰富的、以唯物辩证法为核心的马克思主义方法论，将马克思主义与中国道路相结合，切中和把握中国社会现实，一切从实际出发，具体问题具体分析，在国际国内形势的

---

① 习近平:《辩证唯物主义是中国共产党人的世界观和方法论》,《求是》2019 年第 1 期。

转变中辩证地把握和解决中国的现实问题，这是中国共产党在中国革命、建设和改革时期取得一系列历史性成就、赢得一个又一个胜利的关键所在。习近平新时代中国特色社会主义思想是马克思主义与中国实际相结合的当代理论形态，习近平总书记关于治国理政的一系列思想方法与工作方法，深刻体现了中国特色社会主义在新的历史方位中对马克思主义方法论的创造性运用和创新性发展。

一、唯物辩证法与通达社会现实的道路

以唯物辩证法为核心的马克思主义方法论，是推动现实世界革命化的思想武器，并且构成了马克思主义与特定民族历史道路相结合的具体化纲领。正是由于唯物辩证法的运用，马克思主义思想理论方能切中并把握作为既定社会的实在主体，即特定民族特定国家的社会现实及其历史运动，并积极开展出创造性与革命性的实践活动。对辩证法的理解和把握，最关本质地涉及马克思学说的整体性质，换言之，马克思的学说是以据有并运用辩证法为本质特征的。列宁指出唯物主义历史观的科学性体现在三个方面："马克思主义的全部精神，它的整个体系要求人们对每一个原理只是（a）历史地；（b）只是同其他原理联系起来；（c）只是同具体的历史经验联系起来加以考察。"[①] 恩格斯特别指出唯物辩证法与唯物史观是内在统一的，"马克思对于政治经济学的批判就是以这个方法作基础的，这个

① 《列宁全集》第47卷，人民出版社1984年版，第464页。

方法的制定，在我们看来是一个其意义不亚于唯物主义基本观点的成果。”① 这意味着，由于立足于唯物史观的哲学基础，马克思主义方法论必然要求思想把握既定社会（具体的、特定的、具有实体性内容的社会）的自我活动。

唯物辩证法是通过对黑格尔思辨辩证法的批判性继承才得以确立的。马克思一方面承认自己是黑格尔这位大思想家的学生，另一方面又明确指出，“我的辩证方法，从根本上来说，不仅和黑格尔的辩证方法不同，而且和它截然相反。在黑格尔看来，思维过程，即甚至被他在观念这一名称下转化为独立主体的思维过程，是现实事物的创造主，而现实事物只是思维过程的外部表现。我的看法则相反，观念的东西不外是移入人的头脑并在人的头脑中改造过的物质的东西而已。”② 黑格尔把观念神秘化为现实运动的主体，而马克思发现了其神秘外壳中的合理内核，从而把辩证法把握为事物自身运动的原则。在《资本论》第一卷的前言部分，马克思明确表述了辩证法的核心精神，即“辩证法，在其神秘形式上，成了德国的时髦东西，因为它似乎使现存事物显得光彩。辩证法，在其合理形态上，引起资产阶级及其空论主义的代言人的恼怒和恐怖，因为辩证法在对现存事物的肯定的理解中同时包含对现存事物的否定的理解，即对现存事物的必然灭亡的理解；辩证法对每一种既成的形式都是从不断的运动中，因而也是从它的暂时性方面去理解；辩证法不崇拜

① 《马克思恩格斯选集》第 2 卷，人民出版社 1995 年版，第 43 页。
② 《马克思恩格斯全集》第 44 卷，人民出版社 2001 年版，第 22 页。

任何东西，按其本质来说，它是批判的和革命的。”①

然而，长久以来关于唯物辩证法的流行观念却将辩证法仅仅当做形式方法来理解，亦即将之当做抽象的普遍性先验地强加到任何内容之上。这样一来，辩证法就陷入它本要超越的抽象性中去了。对于唯物史观的理解也时常出现这种情况：原理当做被抽象的普遍性即教条或公式来加以运用。恩格斯曾写下一系列著名的“晚年书信”，指出那些自认为或被称为马克思主义者的理论家的要害在于：不懂辩证法，并且因此也完全无法真正理解和把握唯物史观。就此而言，唯物史观如果不同时成为辩证法的话，唯物史观就不可避免地转化为它的对立面，即主观主义或唯心主义。纯粹形式的辩证法必然处于黑格尔所谓的“外在反思”之中。外在反思是一种忽此忽彼的推理能力，它从不深入于事物的特定内容之中，但它知道抽象的一般原则，而且知道把一般原则先验地运用到任何内容之上。外在反思实际上也就是人们通常所说的教条主义。黑格尔把仅仅知道外在反思（而不能使之上升到思辨反思）的人叫做“门外汉”，并且在他几乎所有的著作中对之开展出持续不断的批判。这样的批判表明，外在反思，就其不可能通达事物自身而言，它是主观主义的；就其无法把握实体性的内容而言，它是形式主义的。因此，将辩证法理解为一种形式方法从而将其规律和范畴等等作为纯粹形式的法则来运用是完全不恰当的，就辩证法的本质而言是根本站不住脚的。

① 《马克思恩格斯全集》第44卷，人民出版社2001年版，第22页。

恩格斯在晚年书信中特别突出地指出，如果有人对唯物史观的基本命题仅仅作外在反思的运用，“……说经济因素是唯一的决定性的因素，那么他就是把这个命题变成毫无内容的、抽象的、荒诞无稽的空话”。①

对于马克思来说，辩证法在本体论上也意味着“事物自身”的运动，但与黑格尔不同，“事物自身”不是理念，而是“现实的历史”或“既定社会”。马克思在批判黑格尔辩证法时指出：思辨的辩证法为历史运动找到了一种具有原则高度的哲学表达，但这一表达还只是抽象的、逻辑的和思辨的。这在一个方面意味着承认黑格尔辩证法的伟大功绩，因为黑格尔最为坚决地要求突破主观思想的限制，要求进入并把握客观现实，从而开辟了一条通达社会现实的道路。在黑格尔看来，思想的真正客观性在于：思想不只是“我们的思想”，而且是“事物自身”，唯当思想被绝对地把握之时，“我们的思想”才可能真正通达“事物自身”。就此而言，黑格尔在更高立足点上将康德哲学的主要成果（即自我意识的“纯粹活动”）据为己有的同时，在本体论的根基上指证康德哲学的主观主义性质。康德将认识的本质性导回到自我意识，但其所谓思想的客观性——知识中的普遍必然性——却仍然只是主观的，“因为按照康德的说法，思想虽说有普遍性和必然性的范畴，但只是我们的思想，而与物自体间却有一个无法逾越的鸿沟隔开着。与此相反，思想的真正客观性应该是：思想不仅是我们的思想，同时又是事物的自身（ansich），或

---

① 《马克思恩格斯选集》第 4 卷，人民出版社 1995 年版，第 696 页。

对象性的东西的本质……”[①]这意味着，康德作为客观性的普遍必然性皆出于自我，即自我意识的先验统一性构成知性概念或思维范畴的特定根据，因此知识在本质上是不可能通达事物自身的。

黑格尔对于“反思哲学”的批判，不仅针对康德，而且在更广泛的意义上针对各种形式的主观主义和形式主义。在哲学史上无论是知性形而上学，还是经验主义或“批判哲学”，都属于局限于空疏理智的反思哲学，采取与外在反思相适应的纯粹形式的方法。“这种方法，既然它给所有天上的和地上的东西，所有自然的和精神的形态都粘贴上普遍图式的一些规定并这样地对它们加以安排整理，那么这种方法所产生出来的就至多不过是一篇关于宇宙的有机组织的明白报道，即是说，不过是一张图表而已……”[②]黑格尔的方法论变革正是力图使科学从一切形式方法中解放出来，从而建立现象与物自身之间的辩证关系。这便要求思想的活动与概念能够超出单纯主观的自我意识，而绝对精神意味着，一切有限的（感性的、现象的、知性的或单纯形式的）东西被扬弃，超感性的东西或物自身于是成为可通达的。辩证法作为绝对主体的自我活动过程，便不再是能够从外部施加的形式方法了，而与此同时，实体性的内容便真正进入到思想之中。所谓“实体性内容”，不是一般地区别于形式的那种内容（单纯质料），而是“实体—主体”之自我活动的展开过程，是这一过程之具体而现实的显现。因此，黑格尔辩证法的基本性质在于，

① 黑格尔：《小逻辑》，商务印书馆1980年版，第120页。

② 黑格尔：《精神现象学》上卷，商务印书馆1979年版，第34页。

内容与方法不可分离，真正的方法乃是事物本身的行动，由它自己来规定自己的节奏。

黑格尔将辩证法的本体论基础建立在超越主观主义的“绝对精神”之中，“它是无处不在地围绕我们而没有人能用反思的自由来反对它的精神”①。因此，黑格尔能够在绝对唯心论的基础上反对主观主义和形式主义，并且史无前例地将社会—历史的原则以及由之而来的具体化置入到哲学之中，从而开辟出一条理解社会现实的道路。正是在这个意义上，恩格斯把黑格尔的“划时代的历史观”称为“新的唯物主义观点的直接的理论前提”。马克思在 1872 年的说法非常清晰地表明：必须保留作为伟大思想成果的辩证法，但只有在本体论基础的彻底变革中方能使辩证法的实质得以保留。这是因为，虽然黑格尔在哲学上提出了把握事物自身、把握社会现实的任务，但由于立足于思辨唯心主义的本体论基础，所以最终不得不把社会现实导回到纯粹的思维之中，将现实消融于绝对精神的自我运动之中。黑格尔的思辨辩证法“只是为那种历史的运动找到抽象的、逻辑的、思辨的表达，这种历史还不是作为既定的主体的人的现实的历史，而只是人的产生的活动、人的发生的历史”②。因此，一方面，必须真正把握马克思辩证法在本体论基础上与黑格尔的本质差别；另一方面，无论对黑格尔还是对马克思来说，辩证法都意味着形式方法的反面——作为形式方法的“辩证法”会立即退化到抽象

① ［德］伽达默尔：《伽达默尔集》，上海远东出版社 2002 年版，第 299 页。

② 《马克思恩格斯全集》第 3 卷，人民出版社 2001 年版，第 316 页。

僵死的“图式”之中。

虽然马克思肯定了费尔巴哈所采取的、与黑格尔哲学直接对立的基本原则，即感性确定性，但马克思却试图在感性现实的基础上拯救黑格尔的遗产并重新制定辩证法的本体论基础。马克思确立唯物辩证法的决定性步骤表现为：第一，实质地超出费尔巴哈并积极地占有黑格尔辩证法的思想成就，揭示出被黑格尔思辨的神秘化所掩盖的现实的历史，表明思辨辩证法的秘密乃是历史，而思辨历史的真理无非是现实的人的历史。第二，将思辨辩证法的核心要义批判地把握为“劳动”，从而使“感性活动”或“对象性活动”（“实践”）构成新世界观的唯物主义基础。在这样的基础之上，思辨的历史被现实的历史所取代，思辨辩证法被唯物辩证法所取代。在这一新的哲学基础之上，正如马克思所说：“意识在任何时候都只能是被意识到了的存在，而人们的存在就是他们的现实生活过程”。或者，“不是人们的意识决定人们的存在，相反，是人们的社会存在决定人们的意识”①。马克思通过对黑格尔辩证法以及整个哲学的批判，剥离了思辨辩证法的神秘外衣，从而使辩证法与唯物史观直接贯通起来。“这个划时代的历史观是新的唯物主义观点的直接的理论前提，单单由于这种历史观，也就为逻辑方法提供了一个出发点。”②

唯物史观必须同时就是辩证法，否则的话，其基本观点或原理就会滞留在抽象的普遍性中，就会仅仅适合于外在反思的运用，就

① 《马克思恩格斯选集》第2卷，人民出版社1995年版，第32页。

② 同上书，第42页。

会立即堕落为抽象的教条或公式；而辩证法如果不同时就是唯物史观，那么凡脱离或超出“现实的历史”的那些东西，或者将再度被神秘化为“超历史的”思辨，或者直接退化为单纯形式方法的躯壳。既然现实的历史乃是现实的人的历史，既然人的现实性是通过社会存在来获得其本质规定的，那么马克思的辩证法也就是整个地立足于社会生活的生产和再生产这个基础之上，并且同时也就是这种社会生活之实体性内容的自行展开。这意味着，社会关系构成人的现实本质，社会一开始并不是由原子式个人构成的，相反，只是在特定的历史阶段上，亦即在迄今为止最发达的社会关系的时代，才会将某种孤立个人的观点产生出来。“人是最名副其实的政治动物，不仅是一种合群的动物，而且是只有在社会中才能独立的动物。”① 意识的本质性不是来自绝对者的自我活动，而是来自人们的现实生活过程；既然人们的现实生活过程是一个具体的社会—历史性的领域，那么，马克思的辩证法就不可避免地要求并指向一种“历史科学”，即“新的实证科学”。“马克思把黑格尔的辩证逻辑当作研究的方法和历史的逻辑来使用……，从关于这些形式的概念中得出了明确的社会形式的结构与发展，但另一方面，马克思又之所以把这些概念看做是可能的，是因为这些概念本身就是从具体的社会发展中抽象出来的。”② 因此，马克思辩证法的理论旨趣植根于人类历史以及具

① 《马克思恩格斯选集》第 2 卷，人民出版社 1995 年版，第 2 页。

② ［美］古尔德：《马克思的社会本体论：马克思社会实在理论中的个性和共同体》，北京师范大学出版社 2009 年版，第 3 页。

体的社会生活，从而要求使思想真正深入于社会—历史的过程之中，并从中把握这一过程的本质性和必然性。只有通过马克思对黑格尔的决定性批判，辩证法才能够立足于唯物主义的基础之上，才能够真正理解现实以及社会历史的运动。

二、唯物辩证法在“政治经济学批判”中的具体运用

马克思学说的当代意义首先是方法论性质的，而《资本论》及其手稿作为马克思“唯物史观—辩证法—历史科学”的典范，无疑最为系统而深入地展现出马克思方法的本质特征。作为辩证法，马克思的政治经济学批判首先表现为历史的观点或历史批判的方法。由于历史进程是通过特定的实体性内容展开并具体化的，所以辩证法不可能是任何一种意义上的形式方法。马克思的政治经济学批判立足于“实在主体”(即既定社会)的自我活动，正是这一基础拒绝各种形式的“外在反思”，而要求面向既定社会的自我活动，并由之深入到历史的本质性之中。因此，这一方法在有助于把握当代世界之本质的同时，也有助于深刻把握中国道路在展开过程中的必然性。

马克思要求科学从现实的前提开始，也就是从感性确定的实在和具体开始，而不是从简单的抽象范畴开始。在马克思看来，即使是再简单不过的抽象范畴，都只有在和其他范畴的相互关系中，才能将其发挥作用的具体的和丰富的现实关系展现出并来，并最后达到一个具有许多规定和关系的丰富的总体。而这样一种要求就已经意味着辩证法了。马克思在《资本论》序言中讲道：“分析经济形

式，既不能用显微镜，也不能用化学试剂。两者都必须用抽象力来代替。”[①] 所谓抽象的方法就是将范畴、概念进行逻辑演绎的研究方法，它是从最一般的抽象概念出发，追寻概念自身发展的逻辑，展示出经济关系发展的整体。这是思维用来掌握具体并把它作为一个精神上的具体再现出来的方式，《资本论》第一篇中对资本和货币的价值形态研究正是采用这种分析方法。马克思所使用的另外一种方法被称为“连续渐进法”，即“由比较抽象的东西，一步步地推向比较具体的东西，即在研究的连续阶段上，逐步舍弃简化的假定，从而使理论有可能对越来越大的现实领域加以考虑和作出解释。”[②] 虽然表面看来马克思与古典经济学家们采用了相同的抽象法，但抽象原则或者纯粹逻辑本身是不能提供任何知识的，关键问题在于如何来使用这种方法。马克思在批判政治经济学概念范畴的同时，也对政治经济学方法进行了批判，辩证法在政治经济学批判中的贯彻，也就是马克思对抽象方法的独特运用。

分析社会历史有两条不同的路径：其一是从实在和具体开始，通过一步步的范畴规定之后，在分析中获得越来越简单的概念，最后得到关于存在的抽象的、一般规定，这是政治经济学形成时期走过的道路；其二是从抽象到具体，“具体之所以具体，因为它是许多规定的综合，因而是多样性的统一。因此它在思维中表现为综合的

① 《马克思恩格斯全集》第 44 卷，人民出版社 2001 年版，第 8 页。

② ［美］保罗 · 斯威齐：《资本主义发展论》，陈观烈译，商务印书馆 1997 年版，第 35 页。

过程，表现为结果，而不是表现为起点，虽然它是现实中的起点，因而也是直观和表现的起点。在第一条道路上，完整的表象蒸发为抽象的规定；在第二条道路上，抽象的规定在思维行程中导致具体的再现。”①针对经济学家所使用的实证的抽象分析的方法，马克思提出了从抽象上升到具体的方法，即从我们周围感性直观到的现实入手，发现能够说明现实运行方式的简单而发挥基础作用的概念，通过对这些基本概念的批判性研究，重新回到事物本身。“从这一点出发，我们就可以处在用完全不同的术语去解释世界的有利位置。”

因此，马克思所谓唯一可能的、正确的科学方法首先在于从抽象上升为具体，这种方法是思维用来掌握具体、在精神上再现具体的过程，而不是具体本身的产生过程。虽然科学必然以必要的抽象规定为逻辑起点，但是却需要以具体化把握人们的实践活动以及实际的生活过程为旨归，要使每个抽象的范畴规定同时向着客观的具体真理运动、并获得丰富而充实的内容，即能够将处于发展中的、相互联系的既定社会的现实运动不断包容于自身。只有借助于从抽象上升为具体的方法，才能够使思维“通过概念的运动再建在它之外的和不依赖于它而存在的、历史地形成的具体性，再建在思维之外和不依赖于思维而存在和发展的世界”。②这就要求即通过对范畴和观念的辩证扬弃，使思想能够真正触及和理解社会现实，亦即通

① 《马克思恩格斯选集》第1卷，人民出版社1995年版，第103页。

② ［苏］伊林柯夫：《马克思资本论中抽象和具体的辩证法》，山东人民出版社1993年版，第127页。

过对既定社会的自我活动的辩证把握，使特殊的、具有本质差异性的社会—历史规定被思想理论具体地再现和表述出来。

就此而言，马克思在政治经济学批判中所运用的方法并非独立于社会现实的某种分析工具或技术路线，而是在根本上超出了19世纪社会科学范式的实证主义和普遍主义的天真性。在马克思看来，包括经济学在内一切社会科学，或者说现代知性科学，都是依循第一条道路的抽象的研究方法，亦即以概念的、范畴的规定窒息了活生生的感性现实。马克思指出："在研究经济范畴的发展时，正如在研究任何历史科学、社会科学时一样，应当时刻把握住：无论在现实中或在头脑中，主体——这里是现代资产阶级社会——都是既定的；因而范畴表现这个一定社会即这个主体的存在形式、存在规定、常常只是个别的侧面；因此，这个一定社会在科学上也决不是在把它当作这样一个社会来谈论的时候才开始存在的。"① 马克思对主体与范畴的区分，是由于主体关于现实世界所形成的知识是以建构它的概念为中介的，而主体与现实之间在知识领域中的联系，在根本上是与概念化的现实之间的联系。因此，如果没有对范畴进行清理的批判性工作，就会陷入对于现实的主观反思之中。

知性科学恰恰是建立在各种范畴和概念基础之上的对现实的抽象把握方式，它从模糊的表象开始，对现实进行抽象，把现实关系的一个侧面抽象、固定下来，变成简单的、永恒的范畴规定，并把

① 《马克思恩格斯全集》第30卷，人民出版社2001年版，第48页。

自身既定的存在形式、存在规定加之于社会发展的整体进程之中，使之适用人类社会的一切历史阶段，而忘记了任何范畴规定的产生都有其发生作用的特定社会条件和历史前提，忘记了概念和范畴由以产生的现实基础和历史进程。马克思批判了这种脱离现实历史及其所属关系而只限于表象的现代意识形态，从而表明，虽然我们可以抽象出一些共同的东西，把它当作任何人类社会发展阶段都具有的形式，但是起决定作用的不是这些形式上的共同性，而是历史性的差别；正是这样的差别决定了从一个历史阶段过渡到另一个历史阶段。这些差别都是在一定社会条件下生成的，而不是自然发生的。因此，当我们在谈论这些属于一切社会形式的抽象的一般时，需要厘定它的范围和界限，也就是它发生所用的现实基础和历史边界。

就马克思的辩证法而言，从抽象上升为具体的方法应当被提高至哲学方法论的高度来加以把握。唯物史观作为分析社会历史的科学指南，必然开展出经由辩证法的具体化而来的历史科学，必然使具体的历史原则构成把握既定社会自我运动的科学方法。马克思的历史科学本质上区别于黑格尔思辨的历史原则，并在当今社会科学的总体性领域中开展出积极的方法论变革，使把握具体的历史内容与经验现实成为真正的科学诉求。

马克思的批判工作，就是回到这样一个既定社会——现代资产阶级社会——的历史进程中，去寻找和发现被经济学家当作自然前提的那些事物是如何历史地生成和变化的。“辩证法用关于‘事物’的‘过程’观和‘关系’观重构了我们关于现实的思想。这里并没有增加任何尚不存在的东西，而只是一个人们在哪里以及如何划定界限，并确立借以思考世界的要素的问题。”① 马克思认为，在经济学产生发展之初就是使用分析的方法，把现实中具体关系的侧面固定下来、变为有决定意义的抽象的一般关系，整个经济学体系就是通过这些简单的概念构筑起来的。然而重要的是：如何使抽象的规定在思维过程中再现具体的总体和丰富的关系？经济学的研究以现实经验为起点，但却滞留在抽象的范畴中；然而在辩证的思维进程中，具体之所以是具体，因为它是许多规定的综合、多样性的统一。

马克思从过程和关系的维度研究资本。一方面将资本作为一个过程进行抽象和综合，从而把资本的真实历史，包括资本的原始积累、资本集中、资本周转和资本循环等等作为资本自身的一部分包容进来，从而使资本这一抽象的经济范畴具有了丰富的总体性和多样性；另一方面又将资本作为一种关系进行抽象和综合，将资本与劳动、商品及其价值等促成其产生和功能发挥的事物之间实际关系作为资本自身的构成要素。“马克思所寻求的——与其具有常识的反对者所寻求的不同——从来不是为什么事物会开始变化（似乎它还没有发生变化），而是这种变化的各种变现形式，以及为什么这种变化可以表现得已经静止。同样，马克思所寻求的也从来不是一种关系是如何建立的（似乎那里以前不存在任何关系），而仍然是这种关系的各种表现形式以及为什么一种已经存在的关系各个方面可以表

① ［美］伯特尔·奥尔曼：《辩证法的舞蹈——马克思方法的步骤》，田世锭译，高等教育出版社 2006 年版，第 14 页。

现得互不相干。”[①] 在经济学实证研究中那些表现为自明性的、前提性的要素，以及与历史过程及其社会系统毫不相干的要素，在马克思的体系中被置入了各种规定性的关系中，同时作为历史生成的过程和结果。

马克思在经济学手稿（1857—1858 年）中基于从抽象到具体的方法论路向，反复修改并制定了“五篇计划”与“六册计划”，国家册是安排在“资本一般”之后具有承接性质、尚未完成的部分。在政治经济学批判的整体架构中，国家作为“资本一般”（资本逻辑）在现实物质生产关系中生成与展开的政治形式获得了具体化纲领与实体性内容。“五篇计划”构想出自经济学手稿（1857—1858 年）《导言》中的“政治经济学的方法”一节，马克思通过方法论的改弦更张为资本主义社会关系及其历史运动的抽象表达找到了现实的基础。17 世纪以来经济学家们从生动的整体出发而获得了具有决定意义的、抽象的经济范畴，再从简单的范畴规定上升到国家、国际交换和世界市场，从而建构起形而上学的经济学体系。然而在马克思看来，如果事物的表现形式和事物的本质会直接合而为一，一切科学就都成为多余的了。

马克思所坚持的科学上正确的方法则要求面向社会现实的实体性内容，通过许多规定的综合或者说多样性的统一，即“抽象的规定在思维形成中导致具体的再现”，将研究对象本身内在结构及要素

① ［美］伯特尔·奥尔曼：《辩证法的舞蹈——马克思方法的步骤》，田世锭译，高等教育出版社 2006 年版，第 14 页。

关系的抽象表达还原为社会—历史的现实生成和展开过程，通过从抽象上升为具体的螺旋式运动，使思维把握现实领域的层次性与复杂性关系成为可能。在重新确立上述方法论原则的基础上，马克思进一步指出了经济学体系中国家地位的虚假形式，即国民经济学家们将财富本身和财富的生产宣布为现代国家的目的，从而遮蔽了资本主义社会的阶级本质，即资本与劳动之间二元对立的社会关系，国家被单纯看作生产财富的手段。“将一个把自己的生产方式建立在价值基础上，进而按照资本主义生产方式组织起来的国家，看成是一个单纯为了满足国家需要而工作的总体，这是错误的抽象”①，在资本主义物质生产关系中资本对于劳动的权力，相对于国家权力而言具有现实的优先地位。

“马克思分析资本关系所应用的方法原理具有一般方法论的意义，它是在经济整体的各个不同的抽象阶段上把资本关系加以具体化作为前提的。”②在阐明上述辩证方法的基础上，马克思制定了研究资本主义社会的整体架构和具体层次：第一篇研究属于一切社会形式的“一般的抽象的规定”，如劳动、分工、货币等等；第二篇研究“形成资产阶级内部结构并且成为基本经济的依据的范畴”，包括资本、雇佣劳动、土地所有制以及他们之间的相互关系等；第三篇研究“资产阶级社会在国家形式上的概括”；第四篇研究“生产的国际关系”，包括国际分工、国际交换、输入和输出等；第五篇研

① 《资本论》第3卷，人民出版社2004年版，第964页。

② 《马克思主义研究资料》第9卷，中央编译出版社2014年版，第426页。

究“世界市场和危机”。基于从抽象到具体的研究路向，对国家的研究上应在分析资本、雇佣劳动和土地所有制之外和之后进行，“五篇计划”中的第三篇国家理论的主要内容除了考察国家形式本身之外，还涉及“‘非生产的阶级’。税。国债。公共信用。人口。殖民地。向外移民”。① 按照螺旋式上升的辩证逻辑，“国家篇”具有承前启后的中介性质，对于资产阶级国家形式的抽象，需要首先研究资本主义社会内部结构与要素关系生成过程与现实运动的抽象表达，即资本一般或资本逻辑，并在一个更为具体的层次上概括出一国内部整体的政治结构、国家职能以及在经济领域中实现其作用的现实条件。在此基础上对于世界范围内国家之间的交往活动及其经济关系进行考察，从“资本一般”（抽象的一般规定）到国际政治经济交往（具体的特殊规定），从而使资本主义社会的基本矛盾向更高的，以及更为具体的层次上不断推进。

马克思不断对这一研究路径进行调整，在1858年写给拉萨尔的信中，马克思将“五篇计划”改为“六册计划”：“全部著作分成六个分册：（1）资本（包括一些绪论性的章节）；（2）地产；（3）雇佣劳动；（4）国家；（5）国际贸易；（6）世界市场”。② 在《政治经济学批判（第一分册）》（1859）的《序言》中正式公布了政治经济学批判的整体架构：“我考察资产阶级经济制度是按照以下的顺序：资本、土地所有制、雇佣劳动；国家、对外贸易、世界市场。在前三

① 《马克思恩格斯全集》第30卷，人民出版社1995年版，第50页。

② 《马克思恩格斯全集》第29卷，人民出版社1972年版，第531页。

项下，我研究现代资产阶级社会分成的三大阶级的经济生活条件；其他三项的相互关系是一目了然的”①。“国家册”虽然属于马克思政治经济学批判整体架构和具体层次中尚未完成的部分，但是对于“资本逻辑”在资本主义社会内在结构以及现实运动中的生成和展开而言，承载着不可或缺的中介或环节作用。“对于马克思来说，没有什么比一种包含着它的产生、它的历史、它的形成和它的发展的国家理论更为重要的了”②。

“资本逻辑”与国家之间的现实运动，在思维中表现为政治经济学批判整体架构的层次演进，在每一个层次上都是以资本逻辑的具体展开为前提的，然而由于进入到相对具体化的现实层次，社会、市场、制度等各要素之间的相互关系及其作用又形成了不同的国家形式与能力。马克思所要研究和阐释的是国家本身以及它的社会形式的二重性构成，如果没有资本逻辑作为前提，现代资本主义国家的本质和职能便不能获得真正的阐明，如果没有现代国家，资本逻辑的展开将失去现实的、具体的运行载体。依循“资本册”中“抽象—特殊—个别”的逻辑层次与内在架构，马克思对于国家的起源、职能以及形式的论述并非普遍意义上的抽象概括，而是基于特殊规定考察资本主义社会物质生产方式条件下现代国家的历史生成以及国家与资产阶级社会之间的现实关系，即资产阶级现代国家的“一

① 《马克思恩格斯全集》第 31 卷，人民出版社 1995 年版，第 411 页。

② ［法］亨利·列斐伏尔：《论国家——从黑格尔到斯大林和毛泽东》，李青宜等译，重庆出版社 1988 年版，第 123 页。

般抽象规定”；在特殊规定层次上马克思对国家本身进行具体的考察，研究不同的现代国家在其历史性实践中所形成的独特经济体制或发展模式与国家本身之间的关系，不同形式的国家与社会经济结构之间的关系等；对于国家的经济行为及其与之相适应的政治结构、国家的经济政策、货币政策、国家在经济基础中所发挥的作用等问题的研究则属于更为具体的层面。处于资本主义物质生产方式及其再生产不断扩张过程中的国家，在“抽象—特殊—个别”架构和层次上的统一获得了阐释的辩证张力。也就是说，经济对于社会生活各领域的最终决定作用的发挥不是线性的、机械的，而是多元的、能动的、策略性的。

“从抽象到具体”螺旋式上升的方法路径在马克思的“政治经济学批判”中得到了具体化的运用，作为“新的实证科学”或“历史科学”的典范，为深入解剖资本主义社会对抗性矛盾及其历史运动提供了科学的方法论路径。将马克思主义方法论运用于把握既定社会的自我活动就要求：（1）科学的抽象；（2）由科学的抽象深入现实中去的整个具体化纲领；（3）由这样的具体化纲领来定向的“实证研究”。这样的辩证方法使我们能够在科学抽象的基础上对特定民族的历史道路与社会现实进行具体化的实证研究，即在这一具体化的展开行程中把握既定社会的特殊性，并将这种特殊性反映在思维之具体的再现中。

第二节　马克思主义方法论在社会主义国家革命与建设中的运用与发展

马克思的唯物史观及其辩证法作为分析社会历史的科学指南，为中国道路的历史性实践确立了哲学基础与方法论原则，马克思主义与中国道路的历史结合经过了对外学习、摸着石头过河的探索阶段与自主性发展阶段。中国共产党带领全国人民，立足于自身的基本国情和历史条件，把握社会性质与主要矛盾，探索有中国特色的社会主义国家建设道路，在寻求中华民族伟大复兴的历史进程中，不断进行经验反思和理论提升，形成了中国化马克思主义方法论的理论自觉和实践智慧，形成了中国化马克思主义方法论体系。

一、社会现实观与中国道路的历史性选择

对于中国化的马克思主义而言，以唯物辩证法为核心的方法论构成了近代以来中华民族超越资本逻辑、探索社会主义道路、实现自身现代化的科学指南和具体化纲领。由于立足于中国道路的历史性实践，并将把握中国社会的自我运动作为现实根基，所以辩证法在社会现实领域中的转化与运用就是历史唯物主义，是马克思主义的世界观与方法论的统一，就体现为马克思主义理论对于中国历史性实践的指导意义。习近平总书记就此指出，“理论对规律的揭示越

深刻，对社会发展和变革的引领作用就越显著。我们坚持和发展中国特色社会主义，必须高度重视理论的作用，增强理论自信和战略定力，对经过反复实践和比较得出的正确理论，不能心猿意马、犹豫不决，要坚不移坚持”。①

在社会主义国家与制度建设中，把握社会历史现实、分析社会基本矛盾、坚持以人民为中心，构成了中国共产党一切思想方法与工作方法的根本立足点，在这个意义上，马克思主义哲学成为指导中国共产党人前进的强大思想武器。2013 年 12 月 3 日，习近平总书记在十八届中央政治局第十一次集体学习时的讲话中指出：“马克思主义哲学深刻揭示了客观世界特别是人类社会发展一般规律，在当今时代依然有着强大生命力，依然是指导我们共产党人前进的强大思想武器。我们党自成立起就高度重视在思想上建党，其中十分重要的一条就是坚持用马克思主义哲学教育和武装全党。学哲学、用哲学，是我们党的一个好传统。”中国共产党将马克思主义方法论创造性的转化并运用于中国道路的历史性实践，丰富和发展了马克思主义理论的科学内涵，使中国化的马克思主义获得了科学合理性与历史必然性。

中华民族的救亡图存与伟大复兴这一历史使命内在贯穿于近代以来中国道路的历史性实践之中，其现代化任务是在相当独特的历史—文化的基础上执行和展开的，中国共产党领导下的社会主义定向成为中国现代化进程的本质规定与价值取向，即在不同于资本主

① 习近平：《辩证唯物主义是中国共产党人的世界观和方法论》，《求是》2019 年第 1 期。

义的政治前提、社会制度与文明类型中开启一条发展社会生产力、实现最广大人民根本幸福的现实道路。马克思主义方法论在中国道路历史性实践中的贯彻与运用，要求依循社会现实的具体化来把握一个民族和一个时代之总体特点，对特定社会形态的物质关系及其矛盾运动进行历史分析和科学剖析，并使之成为理解一切社会现象的基石。只有立足于“社会关系体系的发展”、人民群众的“总的活动”，才能够真正把握社会现实的本质与推动历史发展的根本矛盾、内在动力与趋势，以及现代中国社会变迁中的政治道德、思想观念、意识形态等建设问题。

中国古代社会的一般特点作为传统影响并规定着当今中国社会。按照著名法国汉学家谢和耐的说法：“中国的基本传统（政治、宗教、美学和法学的）都与印度社会、伊斯兰世界、西方基督教社会完全不同……中国根本不懂先验论的真谛，利己思想和严格意义上的财产所有权观念”，“至于她今天显示出的面貌，则确实是其悠久历史的产物和结果”。① 就中国传统而言，延续千年的宗法社会结构及其价值体系，无论我们称之为“乡土中国”还是“超稳定结构”，对于转型中的当代中国而言，仍然具有强大预制力量。费孝通先生将中国传统社会结构概括为“差序格局”，即“以己为中心，像石子一般投入水中，和别人所联系形成的社会关系，不像团体中的分子一般大家立在一个平面上的，而是像水的波纹一般，一圈圈推出去，

---

① ［法］谢和耐：《中国社会史》，耿昇译，江苏人民出版社 1995 年版，第 1、26 页。

愈推愈远，也愈推愈薄”。① 在这种社会格局和秩序结构中，以个人道德修养为核心，形成由己及人、由家到国、推及天下的同构道德体系，个体的道德责任成为维系家庭稳定、国家兴亡、天下太平的核心力量。中国传统伦理对个体的责任诉求是基于血缘与地缘的纽带，因而是自然的、具体的、感性的，以家庭为本位，是一种基于人伦关系的真情实感，推己及人、血浓于水；人与人之间的责任往往表现为“己所不欲，勿施于人”的同情和怜悯之心，构成了自然经济农业社会的伦理基础。

根据社会现实的观点应当如何来把握中国社会之总体的和基本的性质呢？如果说黑格尔把抽象法和主观法的本质性归结到伦理世界(亦即家庭、市民社会和国家的领域)，而马克思又将政治国家的本质性置于市民社会之内部冲突的基础之上，那么，将中国社会作为“市民社会”来理解，作为机械的公式来进行外部反思的运用，其结果只是把主观的任意和武断强加给中国社会。中国社会之最根本的总体特征，正是在同“市民社会”的突出比照中得以显现的。中国社会时常被称为宗法社会、伦理社会或熟人社会等等，伦理意味着实体性联系的持存，意味着风尚、风俗、习惯、家礼等等对于特定共同体来说的本质重要性。至于市民社会，则总是在相当广泛的意义上表示着上述伦理因素的实际解体。

市民社会得以成立的前提条件，首先是个人（原子式个人）的

① 费孝通：《乡土中国》，人民出版社 2008 年版，第 30 页。

产生，从而导致家庭的原则即直接的或自然的伦理精神陷于瓦解，个人并不像通常想象的那样是自然的产物，而是历史的产物，是特定的社会——共同体在特定历史阶段上的产物。原子个人的产生，是在实体性共同体关系的（血缘的、半血缘的，宗法的、半宗法的，伦理的、半伦理的）原则全然解体的基地上方才成为可能的，这样的基地，唯独出现在基督教世界中，因此原子个人的生成也可以较为简单和直接地被看作是一千多年基督教教化的结果。马克思明确指出："市民社会只有在基督教世界才能完成，基督教把一切民族的、自然的、伦理的、理论的关系变成对人来说是外在的东西，因此只有在基督教的统治下，市民社会才能完全从国家生活分离出来，扯断人的一切类联系，代之以利己主义和自私自利的需要，使人的世界分解为原子式的相互敌对的个人的世界。"① 这一说法非常清楚地表明，市民社会的基本前提是原子个人的存在，是原子个人组成的社会同政治国家的决定性分离，而这又是通过或伴随着基督教的统治实现的。

把这样的公式现成地移用到中国社会的分析中来，乃是一种完全无头脑的外部反思，当中国的伦理社会根本未曾彻底解体而产生出原子个人时，便开始煞有介事地谈论个人，以及由原子个人组成的"市民社会"等等，无异于指鹿为马。作为比照，分析中国社会之变迁的伦理领域或许可以被表述为：家庭——伦理社会——国家。

① 《马克思恩格斯文集》第 1 卷，人民出版社 2009 年版，第 54 页。

这个提示意味着家庭伦理的直接实体性强有力地遏制着原子个人的产生，意味着这种实体性有效地渗透并贯穿于伦理性质的社会之中，而且还意味着这一社会与国家的未曾分离，并在二者之间保有特殊的实体性联系。事实上，如此这般的情景是不难被我们观察到的。只要不带偏见，只要能稍稍穿透表象并识破表面所指的东西，便很容易识别中国社会直到今天依然具有的某种伦理性质。那种仅仅知道把市民社会及其原则先验地强加到中国社会分析中的做法，并不是社会现实的观点，而是它的反面，即主观意识的观点。充分辨明这一点，对于当今中国的整个社会科学来讲，具有至关重要的意义。一方面，即使是已经摆脱了自然联系的个人，也依然是从属于特定的社会关系的。对于理解中国社会来说，如果其伦理社会未曾也不可能彻底解体，如果其社会转型具有自身的尺度而并不依循基督教世界而采取原子个人的定向，那么，把中国社会一般地混淆于市民社会，不仅将严重地错估中国社会本身的性质与变迁趋势，而且会全面地误判由社会现实来定向的上层领域（法、政治、道德等等及其建设目标）。

可以得出关于中国社会之现代变迁的一个最一般的边界条件：中国传统的伦理社会正在发生改变，而且是发生非常重大的改变；但这种改变并不可能趋向于造就原子个人一途，因而并不归结于真正意义上的市民社会。在这个意义上甚至可以说：中国社会转型的可能性恰恰在于它成为市民社会的不可能性，就像马克思当年曾指证德国道路的可能性在于它走法国道路的不可能性一样。如果说这样一种描述中国社会之现代变迁的边界条件还是非常一般的，那么，其内容的现实展开将至少在原则上包括以下诸项：

第一，中国社会的现代变迁须现成地占有现代文明的积极成果。尽管这种占有决不意味着包括中国在内的特定社会唯独在变成西方社会时才成为可能。然而，正如马克思所指出的，由特定的社会现实所规定的具体道路可以千差万别，但任何一种有希望的前景总在于将具有世界历史意义的现代文明之成果积极地据为己有。

第二，中国社会的现代变迁将重新发现、通达并复活中华文明的伟大传统。传统并不是已死的东西，而是依然活在当下的过去。轴心期文明的真正优越之处正在于那个总能被重新发现并且永不枯竭的丰沛源头，中国社会的现代变迁必经历黑格尔所谓“文化结合”的艰苦锻炼。当今中国的历史性实践同样将这种文化结合的任务揭示出来，而中国社会的现代变迁必将从社会的根基处接受这一任务的考验。

第三，中国社会的现代变迁将在其展开过程中开启出新文明类型的可能性，而这种可能性就来自于中国伦理社会之全然转变为市民社会的不可能性，来自于与之本质相关的中国现代化进程之独特的社会主义定向。因此，如果中国社会的现代变迁能够现成地占有现代文明的积极成果，能够重新通达其伟大传统的源头，并且能够在文化结合的锻炼中获取其再度青春化的强大活力，那么，成为市民社会的不可能性就将转变成一种优势，就将使中国社会的现代变迁同时成为超越现代—资本主义世界的社会变迁，也就是说，使这一变迁越过“一切人反对一切人的战争”这个卡夫丁峡谷，并直接成为新文明类型之可能性的社会基础。上述规定仅仅是一些由社会现实的观点而来的初步指引，唯有立足于这一指引的实证研究才可能批判地脱离主观意识的观点，才可能真正把握中国社会的实体性内容及其现代变迁，从而才可能正确地揭示出当代中国诸上层建筑领域之建设的现实基础和客观定向。

二、矛盾分析方法与中国革命的历史性经验

中国共产党治国理政的思想战略与路线方针之所以具有现实性，正是由于在思想方法和工作方法上拒绝主观主义和教条主义，拒绝以外部反思的方式抽象地把握复杂的中国社会及其历史运动。以哲学的高度要求思想切中和把握社会现实的实体性内容，从我国社会物质条件总和出发，也即从我国基本国情和发展要求出发，在此基础上坚持以唯物辩证法为核心的思想方法与工作方法，在科学的指导思想与复杂的社会现实之间建立起了联系与发展的基本环节。正确分析与科学解剖社会生活的主要矛盾和发展过程，实事求是，一切从实际出发，是中国共产党在革命、建设与改革时期一贯而彻底所坚持的根本方法。习近平总书记就此指出："辩证唯物主义是中国共产党人的世界观和方法论。毛泽东同志曾经说过，马克思主义有几门学问，但基础的东西是马克思主义哲学。"①

按照马克思主义世界观与方法论的基本立场，在根本上把握中国

① 习近平:《辩证唯物主义是中国共产党人的世界观和方法论》,《求是》2019 年第 1 期。

社会的特殊性质、科学认识和分析基本国情与发展道路，是认清其一切革命、建设与改革问题的前提和基础。第二次国内革命战争时期，中国共产党人总结革命失败的经验教训并深刻认识到，中国革命实践需要科学的方法论，只有立足于社会现实把握中国社会的特殊性质、特殊矛盾和特殊规律，才能找到中国革命发展的独特道路。“唯物主义历史观及其在现代的无产阶级和资产阶级之间的阶级斗争上的特别应用，只有借助于辩证法才有可能。”① 为了避免革命斗争陷入主观主义和教条主义，需要始终立足于唯物史观，贯彻和运用唯物辩证法。中国共产党人在其历史性的实践中深刻认识到，只有运用唯物辩证法才能真正使马克思主义的普遍真理与中国革命实际相结合。

在马克思主义传播到中国之前，列宁就曾对中国社会的性质作出过基本的判断。他在《中国的民主主义和民族主义》一文中指出，当时中国是一个“落后的、半封建的农业国家”。在《帝国主义是资本主义的最高阶段》一书中，又把中国和当时的土耳其、波斯等国一起，称为“半殖民地国家”。这两个判断，是根据两个不同的标准作出的。称中国是“半封建国家”，是因为中国社会的生产方式是农业的、半封建半宗法的；称中国是“半殖民地国家”，是根据帝国主义侵略所做出的判断。20 世纪 20 年代，中国的知识分子也在内忧外患的局面下思考中国社会的性质问题。有的观点认为，帝国主义的入侵有利于中国封建社会的瓦解，没有帝国主义输入资本主义，中

① 《马克思恩格斯选集》第 3 卷，人民出版社 1995 年版，第 691—692 页。

国的民族资本主义也得不到发展。还有观点认为，封建社会虽然瓦解了，但封建势力依然强盛，因而是士大夫阶层统治的非封建、非资本主义社会。这些观点尚未揭示中国社会的生产力与生产关系的实际状况，也还没有把握中国社会的主要矛盾。

1928 年中共六大召开，这次会议虽然指出了中国社会的“半殖半封”性质，但却错误地将反对民族资产阶级看成是中国革命的目标。在中国革命的历史转折关头，国内外各种矛盾纷繁复杂，毛泽东创造性地把唯物辩证法运用于中国革命的具体实际，成功地分析和解决了中国革命中的许多复杂矛盾。同时，又以中国革命过程中处理各种矛盾的丰富经验，从各方面展开对对立统一规律的论述，系统地论证了事物的矛盾法则即对立统一的法则是唯物辩证法的最根本的法则。

毛泽东写作于 1939 年的《中国革命和中国共产党》最为深刻全面地把握了中国社会性质与中国革命的目标，为探索中国革命与社会主义道路提供了强有力的理论依据。毛泽东首先区分了“外国资本主义”和“帝国主义”，前者破坏了中国封建社会的自然基础，破坏了城市和农村手工业，但促进了中国商品社会的发展，刺激了民族资本主义的发展。从马克思主义世界市场理论来看，这也是资本主义全球扩张的必然结果。但是帝国主义入侵中国，才让中国社会沦为半封建半殖民地的性质。① 毛泽东指出：“帝国主义列强侵略中

① 《毛泽东选集》第 2 卷，人民出版社 1991 年版，第 627—628 页。

国，在一方面促使中国封建社会解体，促使中国发生了资本主义因素，把一个封建社会变成了一个半封建的社会；但是在另一方面，它们又残酷地统治了中国，把一个独立的中国变成了一个半殖民地和殖民地的中国。”①

由于中国社会性质的变化，改变了中国社会的主要矛盾。半殖民地半封建的社会性质决定了中国社会的主要矛盾必然是帝国主义和中华民族的矛盾，封建主义和人民大众的矛盾，其中帝国主义和中华民族的矛盾是最为根本的矛盾。中国革命就不能抽象地将资产阶级作为革命的对象，而应该现实地解决中国社会的矛盾问题。除了中国革命开辟了符合中国国情的社会主义道路，中国共产党人对于社会主义国家性质的分析，丰富了马克思主义的国家学说。1948年，毛泽东就曾明确指出建国主张：“新民主主义的政权是工人阶级领导的人民大众的反帝反封建的政权。……这个人民大众组成自己的国家（中华人民共和国）并建立代表国家的政府（中华人民共和国的中央政府），工人阶级经过自己的先锋队中国共产党实现对于人民大众的国家及其政府的领导。”② 正如毛泽东所指出的那样，一个国家是不是人民自己的政权，取决于它的阶级基础。新中国的治国理政，不能离开新中国的实际生产状况与阶级状况，任何现成的资产阶级共和国方案和社会主义国家方案，都无法直接套用在新中国的现实之上。中华人民共和国作为由工人阶级领导，以工农联盟为

① 《毛泽东选集》第 2 卷，人民出版社 1991 年版，第 630 页。

② 《毛泽东选集》第 4 卷，人民出版社 1991 年版，第 1272 页。

基础的，能团结各民主党派和各民族的人民民主专政国家，为维护国家统一和社会主义政权的稳定，提供了坚强的制度保证。

毛泽东在《矛盾论》等著作中结合中国革命的经验，进一步阐明和发挥了唯物辩证法思想。首先，辩证法和形而上学对立的实质和斗争的焦点在于，是否承认事物内部的矛盾是事物发展的根本动力、是否承认对立统一规律，从而有力的反击了形而上学的机械唯物论和庸俗进化论。世界上一切事物无不具有两重性（即对立统一）是马克思主义的一个基本观点，并指出事物（经济、政治、思想、文化、军事、党务等等）总是作为过程向前发展的，任何一个过程都是由矛盾着的两个侧面互相联系又互相斗争而得到发展的。其次，对立统一的法则是唯物辩证法的最根本法则："辩证法的核心是对立统一规律，其他范畴如质量互变、否定之否定、联系、发展等等，都可以在核心规律中予以说明。盖所谓联系就是诸对立物间在时间和空间中互相联系，所谓发展就是诸对立物斗争的结果。至于质量互变、否定之否定，应与现象本质、形式内容等等，在核心规律的指导下予以说明。"① 再次，对立统一规律作为认识规律的方法论意义，即辩证法、认识论和逻辑学的一致性，"这个辩证法的宇宙观，主要地就是教导人们要善于去观察和分析各种事物的矛盾的运动，并根据这种分析，指出解决矛盾的方法"。②

矛盾是普遍地客观存在的，同时不同事物的矛盾又各有其特点。

---

①《毛泽东文集》第 8 卷，人民出版社 1999 年版，第 326 页。

②《毛泽东选集》第 1 卷，人民出版社 1991 年版，第 304 页。

因此，要认识事物，就必须分析在具体事物中体现的矛盾普遍性和特殊性及其相互联结。党内“左”右倾机会主义之所以犯错误，其方法论原因就在于不了解矛盾普遍性和特殊性的关系。为了彻底批判教条主义，解决马克思列宁主义普遍原理同中国具体实践相结合的问题，毛泽东从分析矛盾的普遍性和特殊性关系入手来阐发中国革命的道路问题，分析事物发展过程自始至终的矛盾运动，是研究任何事物所必须应用的方法，“中国共产党人必须学会这个方法，才能正确地分析中国革命的历史和现状，并推断革命的将来”。①中国社会和中国革命有很大的特殊性，因此，要用发展的观点和全面的观点，多方面多层次地具体分析和把握矛盾的各种特性。既要分析事物在其发展过程中和同一发展过程的不同阶段上的矛盾的特殊性，又要分析不同事物的矛盾和矛盾诸方面的特殊性，教条主义的错误在于把握问题的方式是主观的、片面的。具体地分析事物矛盾的特殊性，是马克思主义最本质的东西，也是马克思主义的活的灵魂。

中国革命历史经验表明，须随着社会发展过程与阶段的推移及主要矛盾的变化，及时地转移工作重点或斗争的主攻方向。中国共产党运用矛盾分析方法切中和把握中国社会现实的独特性质，直面矛盾，并运用矛盾相辅相成、向对立面转化的性质，在解决矛盾的过程中推动事物向前发展。中国共产党团结和领导全国人民，对于

---

① 《毛泽东选集》第1卷，人民出版社1991年版，第308页。

社会发展矛盾及其可能趋势做出科学判断，选择符合中国实际的道路方向和具体策略，避免了主观主义、教条主义对于现实矛盾的回避与退缩，在波澜壮阔的社会历史实践中探索出了一条中国特色社会主义道路。

三、历史阶段分析与中国特色社会主义国家建设

马克思主义经典理论区分了共产主义与社会主义的阶段划分，对于通向共产主义的目标来说，社会主义是必经阶段。不同阶段对应着不同的时代任务，对应着不同的生产力与生产关系以及不同的社会矛盾，因此理解社会主义社会所处于的历史阶段，事关社会主义实践的内容与方向。共产主义社会是历史发展的产物，也必然要经历从低级阶段向高级阶段的发展过程。马克思在《哥达纲领批判》中批判资产阶级框架下的"平等的权利"，认为其抽象地谈论平等，而平等的权利对于不同等的劳动来说依然是不平等的。但是，"平等的权利"作为历史的产物，即使是弊病，也将不可避免地出现在"共产主义社会第一阶段"，因为"权利决不能超出社会的经济结构以及由经济结构制约的社会的文化发展"。[①] 到了共产主义高级阶段，生产力发展到取消了分工，取消了按劳分配之后，资产阶级框架下的"平等的权利"将自行消失。马克思表明，共产主义社会是一个渐进的历史发展过程，在最初阶段要尤其慎重地、历史地对待前一

---

① 《马克思恩格斯选集》第 3 卷，人民出版社 2012 年版，第 364 页。

个社会形态的遗留问题。

列宁进一步发展了马克思主义关于社会发展的分阶段理论。将马克思所谓“共产主义社会第一阶段”看作社会主义阶段，社会主义社会得到完全巩固和发展之后，才能发展出共产主义社会。列宁指出：“至于人类会经过哪些阶段，通过哪些实际措施达到这个最高目的，那我们不知道，也不可能知道。可是，必须认识到：通常的资产阶级观念，即把社会主义看成一种僵死的、凝固的、一成不变的东西的这种观念，是非常荒谬的。实际上，只是从社会主义实现时起，社会生活和个人生活的各个领域才会开始出现迅速的、真正的、确实是群众性的即有大多数居民参加然后有全体居民参加的前进运动。”① 在列宁的理论中，社会主义社会是共产主义社会的初级阶段。

中国的社会主义社会处于何种社会发展阶段，成为摆放在共产党人面前的紧要论题。1956 年，毛泽东同志提出进入社会主义建设时期，同年他发表《论十大关系》，正式提出有关中国社会主义建设和社会主义改造的重大判断。这标志着中国社会性质变化之后，中国共产党人对于中国社会主义历史任务和历史阶段的积极探索。在《关于正确处理人民内部矛盾的问题》一文中，他更是明确指出，社会主义社会的基本矛盾依然是生产力与生产关系、经济基础与上层建筑的矛盾。比起旧社会的矛盾之尖锐和不可调和，社会主义社会的基本矛盾是“相适应又相矛盾的”。这就要求不能用公式般的思路

---

① 《列宁全集》第 31 卷，人民出版社 1985 年版，第 96 页。

去理解社会的矛盾关系，而必须以辩证的思维来把握社会主义的矛盾及其发展趋势。“总之，社会主义生产关系已经建立起来，它是和生产力的发展相适应的；但是，它又还很不完善，这些不完善的方面和生产力的发展又是相矛盾的。”①这一论断成为新时期社会主义改革、使社会主义不断实现自我完善和发展的重要理论根据。

邓小平同志立足于中国国情，提出社会主义初级阶段理论，为解放生产力制定了符合客观情况的方针政策，实现了中国社会主义建设的重大飞跃。习近平总书记指出，“邓小平同志非常善于运用辩证唯物主义解决实际问题。他强调，必须抓住社会主义初级阶段的主要矛盾，坚持以经济建设为中心；必须用实践来检验我们的工作，坚持‘三个有利于’标准；必须坚持‘两手抓、两手都要硬’、‘摸着石头过河’，处理好计划和市场、先富和共富等关系”。②面对中国人口多、生产力现代化水平低下、农村生产力未能得到充分解放的状况，邓小平同志清晰地认识到中国的现代化进程将是一个长期的过程，中国社会主义建设也将是一个长期的建设。不能因为中国的社会主义性质，就忽视了中国社会主义建设发展的长期性与曲折性。在面对家庭联产承包责任制的突破上，当时人们也在质疑，这项经济政策是否改变了中国的社会主义性质？毕竟生产资料公有制的人民公社，看上去更加像经典马克思主义所描述的社会主义的模

① 《毛泽东文集》第7卷，人民出版社1999年版，第215页。

② 习近平：《辩证唯物主义是中国共产党人的世界观和方法论》，《求是》2019年第1期。

样，但在建国后的中国土地上，人民公社制度并没有真正提升社会生产力，还远没能达到共产主义社会所必需的生产力高度发达。中国的实际国情和具体历史条件，要求社会主义建设需要尽可能地发展生产力、解放生产力。

既然社会主义建设是立足国情的长期过程，那么，把握社会主义的阶段划分就是制定国家发展方针的科学依据。邓小平同志创造性地将社会主义社会再度划分阶段，而将中国社会认定为社会主义初级阶段。他在党的十三大前夕指出："我们党的十三大要阐述中国社会主义是处在一个什么阶段，就是处在初级阶段，是初级阶段的社会主义。社会主义本身是共产主义的初级阶段，而我们中国又处在社会主义的初级阶段，就是不发达的阶段。一切都要从这个实际出发，根据这个实际来制订规划。"①

社会主义初级阶段的表述有双重规定。一方面，它肯定了中国社会不可动摇的社会主义性质，坚持社会主义的发展道路是基本前提。邓小平同志强调，"我们的改革，我们的对外开放、对内搞活，是坚持社会主义道路的。社会主义的任务就是要发展社会生产力，增强社会主义国家的力量，使人民的生活逐步得到改善，然后为将来进入共产主义准备基础。"②坚持社会主义道路，发展社会主义道路，就其本质上来说是坚持党的基本路线。有些思想错误地认为，商品经济的发展意味着中国不走社会主义道路，改走资本主义道路

① 《邓小平文选》第3卷，人民出版社1993年版，第252页。

② 同上书，第157页。

了。对此，习近平总书记明确指出："我们在实践中要始终坚持'一个中心、两个基本点'不动摇，既不偏离'一个中心'，也不偏废'两个基本点'，把践行中国特色社会主义共同理想和坚定共产主义远大理想统一起来。"①

另一方面，社会主义初级阶段是中国的实际国情，任何方针政策不能超越这个国情，也不能落后于这个国情，否则都将不利于社会主义的现代化建设。在此原则的指导下，党的十三大正式提出党在社会主义初级阶段的基本路线，并将这条基本路线完整地表述为：领导和团结全国各族人民，以经济建设为中心，坚持四项基本原则，坚持改革开放，自力更生，艰苦创业，为把我国建设成为富强、民主、文明的社会主义现代化国家而奋斗。1992年，邓小平同志在南方谈话中再次强调："要坚持党的十一届三中全会以来的路线、方针、政策，关键是坚持一个中心、两个基本点。不坚持社会主义，不改革开放，不发展经济，不改善人民生活，只能是死路一条。"②

社会主义初级阶段理论的提出，进一步深化发展了马克思主义的国家理论与社会主义道路理论。中国道路的历史性实践必须时刻考量人类社会发展的一般规律，在生产力与生产关系、经济基础与上层建筑的矛盾关系中把握实际国情，由此才能真正理解中国的现代化任务与马克思主义之间的关联。社会主义初级阶段理论正是具体历史任务与具体历史道路相结合的表现。正是在这个意义上，社

① 《习近平谈治国理政》第一卷，外文出版社2018年版，第11页。

② 《十三大以来重要文献选编》上，人民出版社1991年版，第15页。

会主义初级阶段理论为中国特色社会主义道路的开辟，提供了极为重大的方法论依据。

随着改革开放的深入，中国特色社会主义建设也进入了新的阶段。中国特色社会主义获得了哪些历史经验，哪些经验教训，如何深化对于中国特色社会主义建设规律的认识，这些问题都需要得到辩证的理解和把握。

在中华人民共和国成立40周年之际，江泽民同志系统地总结了中国社会主义40年建设的历史经验。社会主义制度确立以来，社会主义是中国人民的历史选择，也是中华民族必然的历史道路。中国特色社会主义的历史依据和现实依据是什么？江泽民同志指出："如果不进行以社会主义为前途的人民革命，就不可能推翻帝国主义、封建主义、官僚资本主义，不可能把黑暗的中国变成光明的中国。如果新中国建立以后不走社会主义道路，不坚持人民民主专政，就不可能维护国家的统一和民族的独立，不可能逐步实现人民共同富裕的愿望。"① 这表明社会主义道路立足于中国革命的现实性与中国社会现代化的必然性。但是社会主义道路要历久弥新，保持活力，就不能固步自封，而是要勇于创新，积极变革。社会主义是一个不断自我发展的制度，只有"立足本国国情，总结实践经验，根据社会生产力的现实水平和进一步发展的客观要求，自觉调整生产关系中与生产力不相适应的部分，调整上层建筑中与经济基础不相适应

① 《江泽民文选》第1卷，人民出版社2006年版，第67页。

的部分，这就是我们所说的社会主义改革。如果不进行这样的改革，就会窒息社会主义内在的生机和活力，就会严重妨碍社会主义优越性的发挥”①。这些论述表明，坚定推行改革开放是保证社会主义道路生命力，完善社会主义制度则是社会主义道路强有力的保证。中国共产党第三代领导集体在社会主义制度的建设方面，为当代中国的治国理政提供了重要的制度创新与理论创新。

新中国开创了社会主义制度体系，其中包括经济制度体系、政治制度体系、法律制度体系等等。这些体系的历史发展，系统地构成中国特色社会主义具体制度和核心价值。“中国特色社会主义制度，坚持把根本政治制度、基本政治制度同基本经济制度以及各方面体制机制等具体制度有机结合起来，坚持把国家层面民主制度同基层民主制度有机结合起来，坚持把党的领导、人民当家作主、依法治国有机结合起来，符合我国国情，集中体现了中国特色社会主义的特点和优势，是中国发展进步的根本制度保障。”②在经济制度方面，以社会主义公有制为主体、多种所有制经济共同发展是中国特色社会主义经济制度。在政治制度方面，有作为根本政治制度的人民代表大会制度，作为基本政治制度的中国共产党领导的多党合作和政治协商制度，等等。这些制度创造性地运用了马克思主义的基本原理，又表现出鲜明的中国特色和中国经验。自90年代以

① 《江泽民文选》第1卷，人民出版社2006年版，第68页。

② 《习近平总书记系列重要讲话读本》，学习出版社、人民出版社2014年版，第12—13页。

来，中国特色社会主义制度的深化与发展，离不开以下三个方面的指引。

第一，建立健全党的全面领导。自建党以来，中国共产党在成功引领中国革命的意义上，证明了坚持党的全面领导是中国无产阶级革命的最重要原则。改革开放以来，带领中国人民搞建设搞发展，走上现代化的富强道路，也证明了没有党的坚强领导，就没有中国改革开放事业的蓬勃发展。进入 21 世纪以来，面对日益复杂的国内外环境，继续坚持中国特色社会主义道路，依然需要健全党的全面领导，坚持党要管党、从严治党方针，进一步解决提高党的领导水平和执政水平、提高拒腐防变和抵御风险能力这两大历史性课题，始终保持党同人民群众的血肉联系；一定要准确地把握当代中国社会前进的脉搏，改革和完善党的领导方式和执政方式、领导体制和工作制度，使党的工作充满活力。① 在当代中国，坚持党的领导、人民当家作主和依法治国有机统一是中国特色社会主义政治发展道路的根本原则，也是中国特色社会主义制度体系构建和发展的核心要求。其中重中之重就是坚持党的全面领导，让党始终成为社会主义事业的坚强领导核心。

第二，坚持马克思主义在意识形态方面的领导作用。加强党的领导和党的建设，关乎提高党的执政能力。随着经济的繁荣昌盛，

---

① 《江泽民论有中国特色社会主义》（专题摘编），中央文献出版社 2002 年版，第 575—576 页。

一些地方政府片面强调经济快速发展，弱化党委的领导作用，造成了负面效果和不良影响。党的领导不仅体现在制度引领，也体现在意识形态方面的领导作用。坚持马克思主义在意识形态方面的领导作用，是党在执政过程中的方法论上的科学引领。

邓小平同志指出："搞社会主义一定要遵循马克思主义的辩证唯物主义和历史唯物主义。"① 马克思主义是立党立国的根本理念，也是人类社会发展的真理学说。和其他意识形态不同，马克思主义高度强调与时俱进，反对形式主义与主观主义，坚决杜绝教条主义。因此，中国社会越是高速发展，越离不开马克思主义的指导，越是要发展马克思主义。江泽民同志强调，加强社会主义意识形态的核心问题是坚持和巩固马克思主义在我国意识形态领域的指导地位，"任何一个国家的统治阶级，为了巩固其政治地位，都要竭力维护和发展其占统治地位的意识形态。"② 意识形态工作做得好不好，直接关系到社会主义事业的成败，意识形态领域是和平演变与反和平演变斗争的重要领域，思想阵地社会主义思想不去占领，资本主义思想就必然会去占领。进入 21 世纪之后，胡锦涛同志指出："中国特色社会主义是不断发展的事业，我们在前进中还会遇到这样那样的新情况新课题，还要应对各种可以预料和难以预料的风险和挑战，

① 《邓小平文选》第 3 卷，人民出版社 1993 年版，第 118 页。

② 《江泽民文选》第 3 卷，人民出版社 2006 年版，第 86 页。

因此还要继续进行新的实践和新的探索。”①

2004年，中国共产党第十六届中央委员会第四次全体会议通过《中共中央关于加强党的执政能力建设的决定》，该决定从方法论与实践论两个层面论述了马克思主义在意识形态方面的领导作用。从方法论上看，党的领导和社会主义自我完善相互统一，正是由于坚持了马克思主义的指导。没有实事求是，党的领导就无法贴合社会主义发展实际；没有求真务实，才能进一步巩固党的领导。从实践论上看，坚持马克思主义在意识形态方面的领导作用，有助于繁荣社会主义先进文化，解放文化生产力，有利于文艺工作者创作出服务于人民的时代作品。同时，巩固全国各族人民的思想基础，引导社会舆论的正确导向，也为社会主义建设创造良好的氛围与条件。

第三，坚持依法治国的基本方略。改革开放以来，中国共产党深入思考了法治与治国理政的深刻关系，把依法治国确定为党领导人民治理国家的基本方略，把依法执政确定为党治国理政的基本方式。1997年党的十五大报告和1999年《中华人民共和国宪法修正案》，明确提出“依法治国，建设社会主义法治国家”要求。在社会主义初级阶段的国情下，社会复杂情况日益增多，人民法治意识尚未完善，社会主义政治法律建设依然有待进一步发展。在这个大背景下，依法治国是新的历史条件下治国理政的基本方式。

江泽民同志指出：“依法治国，要贯彻两个原则：一是必须坚持

① 胡锦涛：《在“三个代表”重要思想理论研讨会上的讲话》，人民出版社2003年版，第26页。

党的领导和社会主义方向，二是必须保障广大人民群众充分行使民主权利。”① 从这两条原则出发，全面推进依法治国主要表现为三个具体方面。首先，完善社会主义法律体系，进一步优化配置公共资源与人民有序参与立法的权利。其次，推进依法行政，保证社会主义市场经济的有序发展。最后，深化司法体制改革，树立社会主义法治理念，让依法治国成为保证社会与国家共同发展的有力保障。

经过了数十年的发展，我国依法治国的基本方略取得了丰硕成果。习近平总结道：“全面推进依法治国，是我们党从坚持和发展中国特色社会主义出发、为更好治国理政提出的重大战略任务，也是事关我们党执政兴国的一个全局性问题。落实好这项重大战略任务，对推动经济持续健康发展、维护社会和谐稳定、实现社会公平正义，对全面建成小康社会、实现中华民族伟大复兴，都具有十分重大的意义。”② 这为走好中国特色法治道路指明了方向，也促进了中国特色社会主义制度的发展。

第三节　习近平新时代中国特色社会主义思想对于马克思主义方法论的丰富与发展

党的十八大以来，以习近平同志为核心的党中央团结带领全国

① 中共中央文献研究室：《江泽民论有中国特色社会主义》（专题摘编），中央文献出版社 2002 年版，第 328 页。

② 《习近平关于全面依法治国论述摘编》，中央文献出版社 2015 年版，第 7 页。

人民建设和发展中国特色社会主义，在治国理政实践中坚持和运用辩证唯物主义世界观和方法论，提出了中国梦的战略目标，凝聚和引领全党全军全国各族人民共同奋斗；做出了中国特色社会主义进入新时代、我国社会主要矛盾发生转变等重大判断；提出了科学统筹国内国际两个大局、形成了协调推进全面建成小康社会、全面深化改革、全面依法治国、全面从严治党的战略布局；确立了新形势下党和国家各项工作的战略目标和战略举措，为实现“两个一百年”奋斗目标、实现中华民族伟大复兴的中国梦提供了理论指导和实践指南。习近平总书记对于中国共产党治国理政的实践经验进行了科学总结，从中国社会发展与马克思主义中国化内在统一的双重向度，将马克思主义方法论创造性地运用于中国道路的历史性实践进程。习近平新时代中国特色社会主义思想对于建构当代中国马克思主义哲学方法论具有重要的理论意义和实践价值。

一、“辩证唯物主义是中国共产党人的世界观和方法论”

中国特色社会主义进入新时代，我国社会主要矛盾发生了转化，社会主义事业的历史条件发生了深刻变革。始终运用马克思主义的基本立场与思想方法把握中国社会现实，一切从实际出发，与时俱进，是中国共产党带领全国人民走向一个又一个胜利的法宝。习近平总书记在十八届中央政治局第二十次集体学习时的讲话中明确指出：“辩证唯物主义是中国共产党人的世界观和方法论，我们党要团结带领人民协调推进全面建成小康社会、全面深化改革、全面依法治国、全面从严治党，实现‘两个一百年’奋斗目标、实现中华民族伟大复兴的中国梦，必须不断接受马克思主义哲学智慧的滋养，更加自觉地坚持和运用马克思主义发展的世界观和方法论，增加辩证思维、战略思维能力，努力提高解决我国改革发展基本问题的本领。”① 这是在新时代条件下就思想理论方法所提出的根本要求，而这一要求是与我们所承担的时代任务相一致的。辩证思维是依循辩证法的思维方式，是自觉运用辩证法的规律来开展的思维活动。马克思将辩证法牢固地建立在唯物主义的基础之上。与形而上学的思维方式相对立，辩证法的基本观点是全面的观点和发展变化的观点。全面的观点也就是普遍联系的观点，它要求在普遍联系的整体中来理解事物、来把握整体的各个部分。发展变化的观点也就是过程的观点，它要求在事物的内在矛盾中来理解事物的运动，并把握这一运动的量变和质变、肯定和否定的整个过程。因而，辩证思维在自觉地运用辩证法的同时，也意味着自觉地摆脱形而上学之孤立的、片面的和静止的观点。

辩证思维之所以重要，是因为我们的思维以认识和把握现实的事物为目标，而现实的事物本身是处在普遍联系和发展变化中的。马克思在表述辩证法的唯物主义基础时说：“观念的东西不外是移入人的头脑并在人的头脑中改造过的物质的东西而已”。就现实的事物而言，一只手如果离开了身躯整体就不再是手了，一个成熟的苹果

① 习近平：《辩证唯物主义是中国共产党人的世界观和方法论》，《求是》2019 年第 1 期。

是先前种子花蕾等等发展变化的结果。就此而言，复杂的事件、问题和局面就更不可能通过孤立的、片面的、静止的观点来获得正确的认识。辩证思维在根本上的重要性就在于：离开了辩证法，我们的思维也就远离了现实的事物；离开了辩证法，越是面对复杂的局面我们的思维就越是远离现实的事物。

通过辩证思维去把握现实的事物，并不仅仅是认识的事情，而且与人类的实践密切相关。辩证思维需要在实践中去运用，辩证思维能力需要在实践中得到锻炼、检验和发展。当今中国的历史性实践越是向纵深发展，就越要不断增强辩证思维的能力，因为正是这种实践本身的不断推进，对思维方式和思维能力提出了越来越高的要求。由“五位一体”的新发展理念来定向的发展实践，无论在结构上还是在进程中都展现出高度复杂的关系、事项和局面，它们不是形而上学的抽象思维能够有效应对的；只有不断提高辩证思维能力，才能正确理解和精准把控这一实践的整体发展。我们今天正处于“百年未遇之大变局”，它不仅意味着外部环境的深刻变化，而且也意味着我国改革发展稳定面临着新情况新问题新挑战。正是这一大变局对我们的思维方式提出了要求，并且也成为对我们思维能力的考验。因此，强调辩证思维并提升辩证思维的能力，便成为我们今天的当务之急。

然而，有一种错误的观点认为，辩证唯物主义提供了一套“形式性”的世界观和方法论，现实世界提供了具体的内容，只要形式套用在具体内容之上，就是理论与现实相统一。从哲学上说，辩证唯物主义被降低为一种“形式方法”，它完全不关乎对象的性质，而只是抽象地附着于任意内容之上。这显然不是我们所要坚持和运用的辩证唯物主义。在列宁的理解中，事物自身的内在矛盾，内在联系和发展规律就是辩证唯物主义的研究对象。换句话说，辩证唯物主义绝对不是从具体事物中抽象出来的纯粹方法，它就是具体事物本身的性质和运动。

既然辩证唯物主义就是具体事物本身的性质和运动，具体事物又是客观世界。毫无疑问，坚持世界的物质性是最根本的观点，也是共产党人哲学世界观的基础。习近平反复谈及世界物质性的第一性地位："学习掌握世界统一于物质、物质决定意识的原理，坚持从客观实际出发制定政策、推动工作。世界物质统一性原理是辩证唯物主义最基本、最核心的观点，是马克思主义哲学的基石。"① 人们的认识活动和实践活动，无一不立足于世界的物质性前提，但也正是在人们的认识活动和实践活动中，也才会产生过度夸大意识的能动性，甚至否定世界的物质性前提，最后变为唯心史观和有神论。一些党员干部在工作中，理想信念淡漠，自我过分膨胀，这都是没有从根本上认可世界的物质性前提，也没有真正地形成共产党人的哲学世界观。

二、运用马克思主义方法论推进国家治理体系与治理能力现代化

中国特色社会主义道路的成功，证明了中国特色社会主义制度

---

① 《习近平总书记系列重要讲话读本》，人民出版社 2016 年版，第 279 页。

的独特优势。从近代政治制度发展史上看，中国特色社会主义制度既吸收了很多历史上制度的优点，也发展出很多制度创新之处，为人类的政治文明贡献了自己的智慧。不同历史阶段面临着不同的历史矛盾，中国特色社会主义制度也需要与时俱进。邓小平同志就提出："恐怕再有三十年的时间，我们才会在各方面形成一整套更加成熟、更加定型的制度。在这个制度下的方针、政策，也将更加定型化。"① 进入新时代以来，在党的十八届三中全会通过的《中共中央关于全面深化改革若干重大问题的决定》中，明确提出全面深化改革的总目标是完善和发展中国特色社会主义制度、推进国家治理体系和治理能力现代化。为贯彻落实党的十九大关于深化机构改革的决策部署，十九届中央委员会第三次全体会议研究了深化党和国家机构改革问题，通过了《中共中央关于深化党和国家机构改革的决定》。这些重大举措表明，面对新时代新任务提出的新要求，国家治理体系和治理能力现代化已经被提上高度紧要的战略高度。

国家治理体系和治理能力现代化要求在根本上把握中国社会现实，一切从实际，实事求是，全部工作以中国政治、经济、社会、文化等领域的实际情况和主要矛盾为出发点和立足点。习近平总书记反复强调实事求是是马克思主义的精髓，"是我们党的基本思想方法、工作方法、领导方法"，领导干部要努力做到"谋事要实、创业要实、做人要实"，在推进改革中注意"处理好解放思想与实事求是

① 《邓小平文选》第3卷，人民出版社1993年版，第372页。

的关系”，要出实策、鼓实劲、办实事，不图虚名，不务虚功，实干才能成就梦想。当代中国最大的客观实际，“就是我国仍处于并长期处于社会主义初级阶段。这是我们认识当下、规划未来、制定政策、推进事业的客观基点，不能脱离这个基点，否则就会犯错误，甚至犯颠覆性的错误。”①在分析和解决复杂的具体问题时，既需要把握“变”中“不变的方面”，也需要将“不变的方面”把握为通过人民群众的实践活动不断发展和进步的，即在把握社会主义初级阶段基本国情的同时，也要看到我国经济社会发展每个阶段呈现出来的新特点。并且在世界格局的整体性变革中，在人类发展的特定历史阶段上把握这些新特点的形成过程以及发展趋势，“我国社会生产力、综合国力、人民生活水平实现了历史性跨越，我国基本国情的内涵不断发生变化，我们面临的国际国内风险、面临的难题也发生了重要变化。过去长期困扰我们的一些矛盾不存在了，但新的矛盾不断产生，其中很多是我们没有遇到、没有处理过的。”②

我国经济社会发展的新阶段及其新特征，作为当前最根本的社会现实，要求我们准确地把握国际国内环境的变化，辩证分析经济发展的阶段性特征和矛盾性表现，使主观世界符合客观实际，按照实际情况决定工作方针。这一具有马克思主义哲学原则高度的思想方法与工作方法，构成了国家治理体系和治理能力现代化的内在要

①② 习近平：《辩证唯物主义是中国共产党人的世界观和方法论》，《求是》2019年第1期。

求。习近平指出："国家治理体系和治理能力是一个国家制度和制度执行能力的集中体现。国家治理体系是在党领导下管理国家的制度体系，包括经济、政治、文化、社会、生态文明和党的建设等各领域体制机制、法律法规安排，也就是一整套紧密相连、相互协调的国家制度；国家治理能力则是运用国家制度管理社会各方面事务的能力，包括改革发展稳定、内政外交国防、治党治国治军等各个方面。国家治理体系和治理能力是一个有机整体，相辅相成，有了好的国家治理体系才能提高治理能力，提高国家治理能力才能充分发挥国家治理体系的效能。"① 完善一个国家的治理体系是一个漫长而艰巨的过程。近百年来，中国社会从"双半"社会走向新民主主义社会，又走向社会主义初级阶段，且不论其中的风风雨雨，就其完成的历史任务而言，也是任何一个现代化国家都不曾经历过的。就其历史任务而言，完善国家治理体系和治理能力现代化，意味着以下三种内涵。

第一，全面深刻地把握现代化的世界历史意义。中国社会的历史性实践，同样也是中国社会对于现代化的全面理解与吸收的过程。简单地说，这个过程是从"站起来"到"富起来"再到"强起来"。1949 年新中国成立，标志着一个崭新的国家立足于世界民族之林。如果没有现代化建设的支撑，新中国是无法坚守社会主义道路。改革开放以来，我们提出"四个现代化"的建设目标，一路走向全面

① 《习近平谈治国理政》第一卷，外文出版社 2018 年版，第 90 页。

建成小康社会的宏伟目标。这些都是现代化作为世界历史意义作用于中国社会的巨大影响。但是，现代化并不是简单的经济建设、政治建设和文化建设，更不是随便照搬发达国家的经验就可以做到的。中国特色社会主义制度和国家治理体系，包含了对于西方主导的现代化任务的超越性目标，这也是一个马克思主义政党所领导下的现代国家才能实现的历史任务。

第二，在马克思主义指导下不断自我创新的政治体制。习近平指出："应该看到，中国特色社会主义制度是特色鲜明、富有效率的，但还不是尽善尽美、成熟定型的。中国特色社会主义事业不断发展，中国特色社会主义制度也需要不断完善。"①中国特色社会主义制度始终积极自我创新，发展马克思主义的国家理论。人民代表大会制度是我国的政体，坚持了党的领导，也坚持了人民的主体地位，展现了社会主义民主政治的巨大优势。党对人民军队的绝对领导，发展了无产阶级政党与无产阶级军队之间关系的思想，保证了纪律和意志的统一。共产党领导的多党合作制度，更是创造性发展了马克思主义政党理论与统一战线理论，有效地克服了多党制只能竞争，不能合作的局面。也正是在这些积极探索中，中国特色社会主义制度也在不断自我完善、自我创新。

第三，党和国家机构改革是推进国家治理体系与治理能力现代化的有力抓手。"五位一体"总体布局与"四个全面"战略布局的

① 《习近平谈治国理政》第一卷，外文出版社 2018 年版，第 10 页。

要求提出之后，暴露出一些领域党的机构设置和职能配置还不够健全有力，并不适应于国家治理体系和治理能力现代化的要求。因此，中央提出深化党和国家机构改革的决定，正是要求一场深刻的变革为实现中华民族伟大复兴的中国梦提供制度保障。机构改革是对党和国家机构职能体系的系统性、整体性、重构性变革，解决的是加强党的全面领导的体制机制问题、完善国家治理体系和提高国家治理能力问题、推动中国特色社会主义制度更加成熟更加定型的问题，涉及权力和利益格局的深刻调整。应当看到，只有“真刀真枪”地展开机构改革，才能在实际制度运作中解决问题，完善我们的体制。充分发挥中国特色社会主义制度的优越性，也能真正提升道路自信、制度自信和文化自信。2020 年，一场突如其来的新冠肺炎疫情席卷全球。中国在这场全球的“大考”中，始终把人民群众安危放在第一位，在党中央的强有力领导下，全国一盘棋，一方有难八方支援。充分展现了中国特色社会主义制度具有极强的国家治理能力，也反映出我国国家治理体系是经得起考验，也是能在考验中不断前进的制度。

三、开启全面建设社会主义现代化国家新征程中的思维方法与工作方法

党的十九大报告宣告中国特色社会主义进入新时代，社会主要矛盾发生了关系全局的历史性变化。进入新的历史阶段，党中央高瞻远瞩，提出“决胜全面建成小康社会，开启全面建设社会主义现代化国家新征程”的奋斗目标。这标志着我国现代化建设提出了新

的历史任务。全面实现现代化是改革开放的目标，基于20世纪80年代中国社会生产力与生产关系发展的辩证分析，邓小平同志提出的“三步走战略”，有步骤、分阶段地实现现代化强国目标。1987年党的十三大对该战略做了详细地阐发。“党的十一届三中全会以后，我国经济建设的战略部署大体分三步走。第一步，实现国民生产总值比一九八〇年翻一番，解决人民的温饱问题。这个任务已经基本实现。第二步，到本世纪末，使国民生产总值再增长一倍，人民生活达到小康水平。第三步，到下个世纪中叶，人均国民生产总值达到中等发达国家水平，人民生活比较富裕，基本实现现代化。然后，在这个基础上继续前进。”①

“三步走战略”的三个时间节点，分别对应了中国社会发展的三个阶段性任务：温饱、小康与基本实现现代化。经过数十年的努力，我国解决了人民温饱问题、人民总体生活也达到了小康水平，但就全面建成小康社会还需要进一步努力。小康社会意味着经济建设、政治建设、文化建设、社会建设、生态文明建设的系统性提升，就此而言，小康社会是一项整体性目标。“全面小康，覆盖的领域要全面，是五位一体全面进步的小康。全面小康社会要求经济持续健康发展，人民民主不断扩大，文化软实力显著增强，人民生活水平全面提高，资源节约型、环境友好型社会建设取得重大进展。”②在21世纪初，我国尚未实现系统性的创新可持续性发展，依然有一些明显的弱项和短

---

① 《十三大以来重要文献选编》(上)，人民出版社1991年版，第16页。

② 《习近平总书记系列重要讲话读本》，人民出版社2016年版，第59页。

板，这都是在全面建成小康社会的征程中需要完成的事业。

1997年，党的十五大第一次明确提出了“两个一百年”的奋斗目标：“到建党一百年时，使国民经济更加发展，各项制度更加完善；到世纪中叶建国一百年时，基本实现现代化，建成富强民主文明的社会主义国家。”[①] 由于国内外形势以及我国自身发展条件发生了翻天覆地的变化，党的十九大提出“两个一百年”奋斗目标，更加科学合理地指明了中国社会的发展目标。第一个阶段是“从二〇二〇年到二〇三五年，在全面建成小康社会的基础上，再奋斗十五年，基本实现社会主义现代化”。[②]2020年，我国已经实现了全面建成小康社会的目标，社会主义现代化意味着更高的要求。如果说，全面建成小康社会意味着中国已经完全跻身于世界一流现代化强国之列，而且以稳健自信的步伐走出了独特的道路，社会主义现代化意味着对于主流现代化内涵的改弦更张，意味着中国道路真正具有了不可撼动的世界历史意义。

中国现代化道路的世界历史意义在于，将满足人民群众日益增长的美好生活需要，将推动人的全面发展、实现人民共同富裕作为社会发展的根本目标。如果说前者是现代化事业的奋斗目标，后者正是社会主义道路的奋斗目标。我们在“第二个百年”的目标中看得更加明显：“第二个阶段，从二〇三五年到本世纪中叶，在基本实

① 《十五大以来重要文献选编》(上)，人民出版社2000年版，第4页。

② 《决胜全面建成小康社会　夺取新时代中国特色社会主义伟大胜利——在中国共产党第十九次全国代表大会上的报告》，人民出版社2017年版，第28页。

现现代化的基础上，再奋斗十五年，把我国建成富强民主文明和谐美丽的社会主义现代化强国。”① 在第二个阶段清晰地将建成社会主义现代化强国与实现中国梦、实现中华民族伟大复兴联系起来，绘就了民族复兴的宏伟蓝图。更大的深意是，“两个一百年”目标的实现，通过全面建成社会主义现代化强国而显示出对于世界社会主义来说的重大意义。它在成为科学社会主义伟大印证和伟大实践的同时，历史性地开展出世界社会主义的积极前景。因此，中国特色社会主义对于当代社会主义命运的深远意义，也彰显出社会主义运动的世界历史意义和对于人类文明的积极贡献。

2020 年我国实现脱贫攻坚的全面胜利，2021 年如期实现全面建成小康社会的奋斗目标。但这毫不意味着，中国社会马上就不再是社会主义初级阶段，它只是标志了社会主义初级阶段的新特点，取得了阶段性的胜利。习近平总书记指出，“面对复杂形势和繁重任务，首先要有全局观，对各种矛盾做到心中有数，同时又要优先解决主要矛盾和矛盾的主要方面，以此带动其他矛盾的解决。党的十八大以来，我们提出要协调推进全面建成小康社会、全面深化改革、全面依法治国、全面从严治党。在推进这‘四个全面’过程中，我们既要注重总体谋划，又要注重牵住‘牛鼻子’”。② 只有科学准

① 《决胜全面建成小康社会　夺取新时代中国特色社会主义伟大胜利——在中国共产党第十九次全国代表大会上的报告》，人民出版社 2017 年版，第 29 页。

② 习近平：《辩证唯物主义是中国共产党人的世界观和方法论》，《求是》2019 年第 1 期。

确地立足于客观实际，共产党人领导中国特色社会主义建设才能始终立足于正确的哲学世界观之上。世界观和方法论同样也不是分离的。有怎样的世界观，就有怎样对世界的看法，也就有了与世界打交道的方法。这就需要我们面对客观实际，始终把握事物的矛盾性质，看到矛盾是事物发展的动力，从而将矛盾看成是问题意识，进而在实际工作中形成切实有效的方法。

中国的发展不断取得新的突破，这意味着积极的成果，也意味着在解决旧的矛盾中产生了新的矛盾。一旦不能及时应对新矛盾的变化，就会在工作中犯下错误。承认矛盾的普遍性和客观性是辩证唯物主义理解事物变化发展的重要内容，也是唯物论与辩证法的统一所在。在实际工作中，也有一些领导干部只愿意看到事物的积极方面，拒绝承认任何事物的普遍矛盾，甚至把矛盾看成是“麻烦”，试图从主观上掩盖矛盾，回避矛盾。这就不单单是工作态度上缺乏担当意识，同样在世界观上有着根本错误，毫不有利于社会主义事业的发展。习近平也指出：“人的认识活动和实践活动，从根本上说就是不断认识矛盾、不断解决矛盾的过程。问题是事物矛盾的表现形式，强调增强问题意识、坚持问题导向，就是承认矛盾的普遍性、客观性，就是要善于把认识和化解矛盾作为打开工作局面的突破口。”① 可以说，没有问题意识就没有解决方法，不坚持问题导向，就看不到发展方向。

---

①《习近平总书记系列重要讲话读本》，人民出版社 2016 年版，第 280 页。

辩证唯物主义的方法论落脚点是增强辩证思维能力。如今国际环境复杂，不确定的情况日益增多，甚至紧急突发状况也都频频出现。特别是网络时代，在世界某一处刚刚发生的事情，就很可能在极短时间内对全世界产生影响，需要我们做出快速应对。在这样的条件下，提升应对复杂局面的能力，就更需要增强辩证思维能力。“当前，我国社会各种利益关系十分复杂，要坚持发展地而不是静止地、全面地而不是片面地、系统地而不是零散地、普遍联系地而不是单一孤立地观察事物，准确把握客观实际，真正掌握规律，妥善处理各种重大关系。”① 掌握辩证唯物主义的方法论，可见不是纸上谈兵，喊喊口号，而是能把手头工作的矛盾性与全局性把握清楚。

比如在一些关乎中国发展的重大问题上，如何对待解放思想与实事求是的关系。两者都是中国特色社会主义的方法论依据，解放思想是不是在有些条件下就不用实事求是了？例如，有一些创业公司，他们借鉴西方企业在西方资本市场成功的经验，大胆创新企业模式，有时候也遇到了“水土不服”的问题，遇到了挫折和失败。这就需要分析具体条件下，解放思想与实事求是的关系。反过来说，也有一些领导干部，没有把实事求是理解为活的理论，认了“死理”，即把眼下的实存状况看成是唯一正确的、不可更改的真理。这样的“实事求是”就犯了“刻舟求剑”的错误，没能认清复杂多变的现实局势，最终也不利于解放思想。习近平总书记就此指出，“坚

① 《习近平总书记系列重要讲话读本》，人民出版社 2016 年版，第 281 页。

持唯物辩证法，则要求用大力气、下真功夫。我们一方面要加强调查研究，准确把握客观实际，真正掌握规律；另一方面要坚持发展地而不是静止地、全面地而不是片面地、系统地而不是零散地、普遍联系地而不是单一孤立地观察事物，妥善处理各种重大关系。任何主观主义、形式主义、机械主义、教条主义、经验主义的观点都是形而上学的思想方法，在实际工作中不可能有好的结果。”①

增强思辨能力，也能增强全局意识，提升战略思维，最终上升为系统思维。在新时代强调系统思维与深化改革开放有着密切关系。习近平反复强调：“全面深化改革是一项复杂的系统工程，需要加强顶层设计和整体谋划，加强各项改革关联性、系统性、可行性研究。”②这里的系统思维主要关乎局部和全局关系。综合决策能力和驾驭全局能力就是从改革开放一盘棋，从国家的战略发展全局角度上的治理能力，能够从系统的整体上加以把握。与此同时，系统内各个要素之间的关系和变化又是极为复杂的，需要具体问题具体分析，不能笼统地、概括地处理问题。坚持了科学的系统思维方法，也就坚持了辩证唯物主义的世界观与方法论，最终在实践中实现了马克思主义的理论创新。站在新的历史方位，坚持和发展习近平新时代中国特色社会主义思想，就必须把这个方法论武器牢牢握在手里，用它解决问题、发展理论、引领实践。

---

① 习近平：《辩证唯物主义是中国共产党人的世界观和方法论》，《求是》2019年第1期。

② 《习近平关于全面深化改革论述摘编》，中央文献出版社2014年版，第38页。

第五章　生态文明建设与马克思主义自然观

生态文明建设是关系中华民族永续发展的千年大计，是实现中华民族伟大复兴的重要战略目标。人与自然是生命共同体，人类在开发利用自然的过程中，必须同时尊重自然、顺应自然和保护自然。“党的十八大提出了中国特色社会主义‘五位一体’总体布局，以习近平同志为核心的党中央把生态文明建设摆在改革发展和现代化建设全局位置，坚定贯彻新发展理念，不断深化生态文明体制改革，推进生态文明建设的决心之大、力度之大、成效之大前所未有，开创了生态文明建设和环境保护新局面。”[①] 党的十九届五中全会《中共中央关于制定国民经济和社会发展第十四个五年规划和二〇三五年远景目标的建议》中提出，到二〇三五年基本实现社会主义现代

① 《习近平新时代中国特色社会主义思想三十讲》，学习出版社 2018 年版，第 242 页。

化的远景目标之一是，“广泛形成绿色生产生活方式，碳排放达峰值后稳中有降，生态环境根本好转，美丽中国建设目标基本实现”①。随着生态文明建设在实践层面的深入开展，对于“为什么建设生态文明”“建设什么样的生态文明”“怎样建设生态文明”等重大理论和实践问题的集中回答，推动生态文明建设和生态环境保护从实践到认识发生历史性、转折性和全局性变化，形成了作为习近平新时代中国特色社会主义思想重要组成部分的习近平生态文明思想，深刻阐释了新时代我国人与自然关系的新形势新矛盾新特征，是马克思主义自然观在当代中国的继承和发展。

第一节　唯物史观视域中的人与自然关系

马克思主义自然观是当代中国生态文明建设赖以开展的重要思想资源。马克思主义自然观作为马克思哲学革命的重要内容和主要理论成果，从根本上实现了对人与自然关系切实而辩证的把握。自然是人生存的前提和基础，人与自然的辩证关系一方面意味着人依赖自然，以自然为基础，受自然制约；另一方面意味着人能够调节和改造自然。自然界在漫长的历史演进中展现出自身的发展规律与发展的多样性，自然界先于人类而存在，是人类生存、发展的前提

① 《中共中央关于制定国民经济和社会发展第十四个五年规划和二〇三五年远景目标的建议》，人民出版社 2020 年版，第 5 页。

和物质基础；人类的产生也促成了自然界的新飞跃，人的劳动亦即人与自然之间日益广泛的物质变换，时刻为人类社会提供真正的感性基础。

一、人与自然之间的辩证关系

人与自然是相互依存、相互联系、和谐共生的整体，人与自然的关系构成人类社会最基本的关系。一方面，自然是人的无机身体，自然为人的生活、生产、生存提供基本的物质基础与条件；另一方面，人与自然在实践活动中构成一个有机整体，人赋予自然以具体的存在形态与历史性。

自然是人的无机身体，是人生存的前提和基础。马克思曾明确指出："自然界，就它自身不是人的身体而言，是人的无机的身体。人靠自然界生活。这就是说，自然界是人为了不致死亡而必须与之处于持续不断的交互作用过程的、人的身体。所谓人的肉体生活和精神生活同自然界相联系，不外是说自然界同自身相联系，因为人是自然界的一部分。"① 人的生产和生存都要依靠自然。自然为人提供了生产资料，"没有自然界，没有感性的外部世界，工人什么也不能创造。它是工人的劳动得以实现、工人的劳动在其中活动、工人的劳动从中生产出和借以生产出自己的产品的材料。"② 同时，自然

① 《马克思恩格斯选集》第1卷，人民出版社1995年版，第45页。

② 同上书，第42页。

也为人提供了生活资料，使人能够维持其肉体生存。

不仅如此，自然还在理论上构成了人类精神生活的无机界。“从理论领域来说，植物、动物、石头、空气、光等等，一方面作为自然科学的对象，一方面作为艺术的对象，都是人的意识的一部分，是人的精神的无机界，是人必须事先进行加工以便享用和消化的精神食粮。”①

更为重要的是，马克思主义自然观不仅仅一般地强调自然的先在性和客观性，而且强调人与自然本质上的内在统一性。只不过，马克思认为：“自然界的人的本质只有对社会的人来说才是存在的；因为只有在社会中，自然界对人来说才是人与人联系的纽带，才是他为别人的存在和别人为他的存在，只有在社会中，自然界才是人自己的合乎人性的存在的基础，才是人的现实的生活要素。只有在社会中，人的自然的存在对他来说才是人的合乎人性的存在，并且自然界对他来说才成为人。因此，社会是人同自然界的完成了的本质的统一，是自然界的真正复活，是人的实现了的自然主义和自然界的实现了的人道主义。”② 马克思将人与自然之间具体的历史的统一置于社会关系中，因为只是在人的现实的社会生活中，自然才为人提供了现实的生活要素，人的自然的存在以及自然的历史性存在，才真正获得其具体的形态。

人与自然之间辩证的和历史的具体关联，也正是理解马克思共

① 《马克思恩格斯选集》第 1 卷，人民出版社 1995 年版，第 45 页。

② 《马克思恩格斯文集》第 1 卷，人民出版社 2009 年版，第 187 页。

产主义学说的金钥匙。马克思的共产主义，意味着“完成了的自然主义 = 人道主义，完成了的人道主义 = 自然主义”，“它是人和自然界之间、人和人之间的矛盾的真正解决，是存在和本质、对象化和自我确证、自由和必然、个体和类之间的斗争的真正解决。它是历史之谜的解答，而且知道自己就是这种解答”[①]。共产主义学说的核心要义，既要求在理论上克服“自然主义”和“人道主义”的抽象对立，也要求在实践上实现人与自然的矛盾和解，实现人与自然的和谐发展。

唯有在理论上克服“自然主义”和“人道主义”的抽象对立，我们才能真正理解马克思主义关于劳动创造人的重要观点，因为从马克思主义或者从“社会”以及“共产主义”的眼光来看，整个世界历史正是一部人与自然双向互动、不断生成的历史，是自然界对人来说的生成过程，是自然与人互相生成的过程。

由此，我们才能从根本上摆脱一切“创世论”的观念，不再执着于追问“谁生出了第一个人和整个自然界”的抽象问题。马克思就此十分雄辩地写道：“既然你提出自然界和人的创造问题，你也就把人和自然界抽象掉了。你设定它们是不存在的，你却希望我向你证明它们是存在的。那我就对你说：放弃你的抽象，你也就会放弃你的问题，或者，你想坚持自己的抽象，你就要贯彻到底，如果你设想人和自然界是不存在的，那么你就要设想你自己也是不存在

① 《马克思恩格斯文集》第 1 卷，人民出版社 2009 年版，第 185 页。

的，因为你自己也是自然界和人。不要那样想，也不要那样向我提问，因为一旦你那样想，那样提问，你把自然界的和人的存在抽象掉，这就没有任何意义了。”①

自然与人的相互生成不是某种抽象的概念运动，马克思关注的不是抽象的自然，也不是抽象的“类”，马克思诉诸的是现实的人与现实的自然，是人与自然的现实的关系。“当现实的、肉体的、站在坚实的呈圆形的地球上呼出和吸入一切自然力的人通过自己的外化把自己现实的、对象性的本质力量设定为异己的对象时，设定并不是主体；它是对象性的本质力量的主体性，因此这些本质力量的活动也必须是对象性的活动。对象性的存在物进行对象性活动，如果它的本质规定中不包含对象性的东西，它就不进行对象性活动。”②人在自然中进行实践活动，设定着自然界，同时也被自然设定，人本来就是自然界，自然界的现实存在同时也是人的实践活动的明证。

人与自然之间的辩证关系，也意味着人的“受动性”：“人直接地是自然存在物。人作为自然存在物，而且作为有生命的自然存在物，一方面具有自然力、生命力，是能动的自然存在物；另一方面，人作为自然的、肉体的、感性的、对象性的存在物，同动植物一样，是受动的、受制约的和受限制的存在物……一个存在物如果在自身之外没有自己的自然界，就不是自然存在物，就不能参加自然界的生活。”③

---

① 《马克思恩格斯文集》第1卷，人民出版社2009年版，第196页。

② 同上书，第209页。

③ 同上书，第209—210页。

因此，在实践上实现人与自然的矛盾和解，实现人与自然的和谐发展，也必然是一个具体的、历史的和感性的变革过程。并且，人类不能盲目地凌驾于自然之上，不能过分陶醉于人类对自然界的胜利，恩格斯曾经说过："对于每一次这样的胜利，自然界都报复了我们。"

马克思主义自然观，为我们具体而历史地理解人与自然的辩证关联提供了科学的观念，从而为当代中国的生态文明建设提供了重要的思想资源。

二、人化自然与物质生产实践

"人化自然"是马克思主义自然观的集中体现。正是在这一核心概念中，马克思实现了对费尔巴哈所代表的一般唯物主义自然观的超越。马克思说费尔巴哈的确"想要研究跟思想客体确实不同的感性客体，但是他没有把人的活动本身理解为对象性的活动"①。而事实上，自然"不是费尔巴哈生活其中的自然界；这是除去在澳洲新出现的一些珊瑚岛以外今天在任何地方都不再存在的、因而对于费尔巴哈来说也是不存在的自然界"②。这种没有人的实践的介入，与人的活动相割裂的自然，实际上和关于自然的抽象信念无异。

"人化自然"是对人与自然之间具体历史关系的凝练表达。真正的现实的自然界不是开天辟地以来就有的自然，而是人化自然，那

① 《马克思恩格斯文集》第1卷，人民出版社2009年版，第503页。

② 同上书，第530页。

种“被抽象地理解的，自为的，被确定为与人分隔开来的自然界，对人来说也是无”①。因此，对自然的理解始终与人相关，而“人化自然”既是自然界的人的本质，也是人的自然的本质，工业与自然科学的发展正是“人化自然”在现代社会的存在形态。“自然科学展开了大规模的活动并且占有了不断增多的材料。……自然科学通过工业日益在实践上进入人的生活，改造人的生活，并为人的解放做准备，……工业是自然界对人，因而也是自然科学对人的现实的历史关系。因此，如果把工业看成人的本质力量的公开的展示，那么自然界的人的本质，或者人的自然的本质，也就可以理解了；因此，自然科学将失去它的抽象物质的方向或者不如说是唯心主义的方向，并且将成为人的科学的基础，……在人类历史中即在人类社会的形成过程中生成的自然界，是人的现实的自然界；因此，通过工业——尽管以异化的形式——形成的自然界，是真正的、人本学的自然界。”②这里，既涉及“真正的、人本学的自然界”与人的关系，也涉及“真正的、人本学的自然界”的历史生成。历史性是人化自然的重要特性，“自然的历史”意味着自然与人相融合的历史，自然界不仅仅作为生产、生活资料构成人的活动的重要对象，自然界的变化发展、人对自然界的变化发展、人对自然的认识与改造的加深也在深刻地改变着人所生活的世界以及人的生活方式。

“人化自然”强调实践的作用与价值。人化自然意味着人在实

① 《马克思恩格斯全集》第3卷，人民出版社2002年版，第335页。

② 同上书，第307页。

践的过程中生成了真正的、现实的自然，并且在实践中改造自然。实践意味着感性—对象性活动，人化自然正体现了感性—对象性活动的本质，自然是人的感性对象，人对自然的感觉、感知构成人认识自然的第一个阶段，自然同时又是人生产、生活的重要对象，人在与自然的对象性关系中改造自然并确证自身的本质。因此，人正是在感性—对象性活动中与其感性对象——自然建立起现实的关系，并在感性—对象性活动中认识和改变自然，确立人—自然的现实关系。在实践中，“人的普遍性正表现在把整个自然界——首先作为人的直接的生活资料，其次作为人的生命活动的材料、对象和工具——变成人的无机的身体”①，人对自然的改造也意味着人延伸了自己的无机身体。因此，人与自然是相互确证的，人与自然在实践中相互生产，人的这种实践一方面是经济学意义上的生产，另一方面“人也按照美的规律来建造”②，人的实践也意味着美的创造，正是通过多种形式的感性—对象性活动，人与自然的辩证关系得到了确立。

“人化自然”在破除了关于“自然”的抽象观念的同时，也生成了马克思主义关于“历史”的科学理解。马克思将人与自然都置于历史的坐标系里，人和自然都是历史的产物，也在历史中获得了现实性，“人化自然”这个概念本身就表明了人与自然发展的历史，这是同一个历史过程，这一历史进程的实现依靠的是人的实践。工业发展史、自然科学发展史同时昭示了人化自然的历史。自然界具有

① 《马克思恩格斯选集》第1卷，人民出版社1995年版，第45页。

② 同上书，第47页。

人的本质，现实的自然生成的历史与现实的人的历史是同一个进程，在这一过程中，人与自然的生成是双向互动的，自然构成了人的本质与现实的人生存发展的资料与基础。人在自身的现实发展中也实现了人化自然，尤其是随着工业时代的来临，人对自然资源进行了空前程度的开发与利用，工业化的历史使人化自然最大程度地成为了现实，但是这种现实是在异化范围内展开的。工业化一方面极大地扩展了“人化自然”的领域，另一方面也一度让自然陷入灾难之中，当“人化自然”仅仅变成工业或科学发展的手段时，自然被无限地开发与利用，造成了现代性社会所特有的严重的生态危机。

三、现代文明与生态危机

马克思主义的自然观不仅从积极的方面揭示了人与自然之间的辩证关联以及“人化自然”的感性—对象性本质，同时也从消极的方面揭示了在资本主义社会中人与自然辩证关联可能发生的分裂，以及由此带来的人与自然之间不可调和的矛盾与问题。在资本主义生产方式下，人与自然之间处于异化的状态，人与其劳动产品的对立正是这一异化的突出表现，“在社会的以及由生活的自然规律所决定的物质变换的联系中造成一个无法弥补的裂缝”①。资本主义生产方式所造成的这种裂缝，在资本的扩张和剩余价值的追逐中是无法得到弥合的，资本追逐无限增值的本质决定了人与自然之间的“异

① 《马克思恩格斯文集》第7卷，人民出版社2009年版，第919页。

化”程度的不断加深，随之而来的必然是生态环境的大规模破坏。马克思在《资本论》中就列举了大量的事例，从中可以清楚地看到，即便是在资本主义工业化的早期阶段，为了资本的利益最大化，环境和工人所做出的牺牲也是巨大的，“资本是根本不关心工人的健康和寿命的，除非社会迫使它去关心。人们为体力和智力的衰退、夭折、过度劳动的折磨而愤愤不平，资本却回答说：既然这种痛苦会增加我们的快乐（利润），我们又何必为此苦恼呢？”①资本主义的生产方式无视人的合理需求和自然界生态复苏的规律，经济危机与生态危机是其必然的结果。

马克思揭露了资本主义生产方式是造成环境问题的“罪魁祸首”，并为我们详尽地描述了资本主义社会中生态环境问题的具体表现。首先，资本主义生产方式破坏了人类的自然力以及土地的自然力，“大工业和按工业方式经营的大农业共同发生作用。如果说它们原来的区别在于，前者更多地滥用和破坏劳动力，即人类的自然力，而后者更直接地滥用和破坏土地的自然力”②。资本主义带来了人的自然力（劳动力）的异化，夺去了人的无机身体——自然，工厂里充斥的高温、碎屑、喧嚣都损害着人的自然器官，人不得不冒着生命危险从事生产，劳动力在这样的社会状况与生产条件下不断被透支，人作为人的安全和健康被掠夺，傅立叶称此为“温和的监狱”。同时，土地的自然力、生产力也遭到了巨大的破坏，土地的肥力不

① 《马克思恩格斯文集》第5卷，人民出版社2009年版，第311—312页。

② 《马克思恩格斯文集》第7卷，人民出版社2009年版，第919页。

再具有持久性，机器与原料的堆积、过剩也是对资源的极大浪费，生产的可持续性也无法保障。

资本主义社会的城市化进程“一方面聚集着社会的历史动力，另一方面又破坏着人和土地之间的物质变换，也就是使人以衣食形式消费掉的土地的组成部分不能回归土地，从而破坏土地持久肥力的永恒的自然条件。这样，它同时就破坏城市工人的身体健康和农村工人的精神生活”①。城市化进程的加速也同时加速了城市与乡村生活的两极化，但无论是处于顶端的城市还是处于底端的农村，工人和农民的物质与精神生活都被破坏殆尽，农民失去了土地，土地也在遭遇无尽的消耗，工人在工厂里被机器取代，甚至变成某种机器，而工厂与机器本身也不具有持续的生产能力。在资本主义制度下，一方面城市与农村的分裂日益严重，另一方面无论是城市还是农村都无法保持可持续的生产活力与生产能力。

人的生存境遇不断恶化，人之为人的基本生存遇到了极大的危机，生态危机最终变成人的生存危机，这一方面再次证明了自然作为人的无机身体的重要性，另一方面也说明生态危机的解决不仅仅是某个领域的问题，而是涉及人之生存的根本问题。

马克思把生态环境问题溯源到资本主义的生产方式，在直面问题的同时，也提出了解决问题的现实路径。首先，问题的解决要依靠技术的进步。正如恩格斯所指出的，马克思十分关注技术的进步

① 《马克思恩格斯文集》第5卷，人民出版社2009年版，第578—579页。

与发展，他强调“机器的改良，使那些在原有形式上本来不能利用的物质，获得一种在新的生产中可以利用的形态；科学的进步，特别是化学的进步，发现了那些废物的有用性质”①。同时，技术的进步也意味着机器质量的提升，这也为解决问题提供了必要的手段。“废料的减少，部分地要取决于所使用的机器的质量。机器零件加工得越精确，抛光越好，机油、肥皂等物就越节省。这是就辅助材料而言的。但是部分地说，——而这一点是最重要的，——在生产过程中究竟有多大一部分原料变为废料，则取决于所使用的机器和工具的质量。”②技术与机器是解决生态问题的重要抓手，技术与机器的发展也意味着生产方式的变革，正因为这一变革，才能带来新的社会生产方式，新的社会制度与新的生态环境。生态问题的解决不仅仅是某一特定领域的问题，这是一个具有整体性与系统性的问题。马克思从生产的整体性出发，提出“所谓的生产废料再转化为同一个产业部门或另一个产业的新的生产要素，就是这样一个过程，通过这个过程，这种所谓的排泄物就再回到生产从而消费（生产消费或个人消费）的循环中”③。这种循环意味着马克思所强调的生产的总体性，在生产这一总体中，每一个环节的流通与循环都是使生产不断具有活力与持续力的重要保障。这种生产循环的实现还是要依靠技术，“化学的每一个进步不仅增加有用物质的数量和已知物质的

① 《马克思恩格斯文集》第 7 卷，人民出版社 2009 年版，第 115 页。

② 同上书，第 117 页。

③ 同上书，第 94 页。

用途，从而随着资本的增长扩大投资领域。同时，它还教人们把生产过程和消费过程中的废料投回到再生产过程的循环中去，从而无须预先支出资本，就能创造新的资本材料”①。这样，生产就拥有了活力和可持续性，当然，想要保证这样的生产成为可能，更为本质的在于要重建新的社会制度。马克思设想的新的社会制度是：“社会化的人，联合起来的生产者，将合理地调节他们和自然之间的物质变换，把它置于他们的共同控制之下，而不让它作为一种盲目的力量来统治自己；靠消耗最小的力量，在最无愧于和最适合于他们的人类本性的条件下来进行这种物质变换。”② 资本主义生产方式所导致的危机与矛盾，不可能靠调节与修补资本主义来实现，唯一有效的路径是建立新的社会制度，确立新的生产方式，生态危机才有希望得到真正彻底的解决，人与自然之间的裂缝才能弥合，人也才能够重新具有自己的无机身体。

四、马克思主义自然观及其当代发展

当代社会对生态问题的关注，一方面源于人们生态意识的觉醒，人类在生态危机中不断反思人与自然关系的发展与变化，另一方面，人们把生态问题纳入社会发展特别是纳入文明体系当中来考量，同时也从生态维度对人类文明形态进行了总体性的反思。马克思关于

① 《马克思恩格斯文集》第 5 卷，人民出版社 2009 年版，第 698—699 页。

② 《马克思恩格斯文集》第 7 卷，人民出版社 2009 年版，第 928—929 页。

人与自然关系的思想，回答了两个重要的时代问题：人与自然的关系应该是怎样的，人与自然的关系对于人类文明的意义。在对这两个问题的思考中，马克思关于人与自然关系的思想为当代生态建设提供了重要的理论资源与思想基础，在新的历史条件下，人们日益关注人与自然关系的变化，人对自然的自我意识获得长足发展，人们在生态危机面前开始思考人对自身所处文明形态的塑造与影响。

马克思对资本主义生态危机的批判在当代依然具有思想效力。在《1844年经济学哲学手稿》中，马克思一方面通过感性—对象性活动，确立了人与自然的辩证关系以及人化自然的意义；另一方面，人的异化也是其中的重要主题。人的异化也意味着人与自然关系的异化，这种异化部分地表现在："甚至对新鲜空气的需要也不再成其为需要了。人又退回到洞穴中居住，不过这洞穴现在已被文明污浊毒气所污染，人又退回到洞穴中居住，仿佛这洞穴是一个每天都可能离他而去的异己力量，如果他付不起房租，他每天都可能被赶走。他必须为这停尸房支付租金。明亮的居室，这个曾被埃斯库罗斯笔下的普罗米修斯称为使野蛮人变成人的伟大天赐之一，现在对工人来说已不再存在了。光、空气等等，甚至动物的最简单的爱清洁习性，都不再是人的需要了。肮脏，人的这种堕落、腐化，文明的阴沟，成了工人的生活要素。完全违反自然的荒芜，日益腐败的自然界，成了他的生活要素。"[①] 异化的人的生活要素只能是腐败的自然

① 《马克思恩格斯文集》第1卷，人民出版社2009年版，第225页。

界，自然界带给人的是黑暗和污浊，人的自然家园已成为违反自然的荒芜。

人的活动引起了人与自然关系的异化，人的存在也发生了变化，马克思以鱼和水为例说明了生态环境的重要性，“鱼的本质是它的‘存在’，即水。河鱼的‘本质’是河水。但是，一旦这条河归工业支配，一旦它被染料和其他废料污染，河里有轮船行驶，一旦河水被引入只要把水排出去就能使鱼失去生存环境的水渠，这条河的水就不再是鱼的‘本质’了，它已经成为不适合鱼生存的环境”①。生态环境的改变使人与自然的关系发生了变化，被破坏的自然已经无法再成为人的本质，或者说异化了的自然只能是异化了的人的本质。而马克思的历史要立足的是现实的、真正的人与现实的真正的自然，“全部人类历史的第一个前提无疑是有生命的个人的存在。因此，第一个需要确认的事实就是这些个人的肉体组织以及由此产生的个人对其他自然的关系。当然，我们在这里既不能深入研究人们自身的生理特性，也不能深入研究人们所处的各种自然条件——地质条件、山岳水文地理条件、气候条件以及其他条件。任何历史记载都应当从这些自然基础以及它们在历史进程中由于人们的活动而发生的变更出发”②。历史的前提是现实的个人及其自然组织、自然环境，历史的发展正是对人的活动以及随之而来的对自然的改变的描述，这是历史的全部内容与主题。在不同的文明类型与历史发展阶段上，

① 《马克思恩格斯选集》第 1 卷，人民出版社 1995 年版，第 97—98 页。

② 同上书，第 67 页。

人与自然的关系、人对自然的改变呈现出不同的样态，尤其是工业文明以来，人与自然关系的改变引发了对于生态问题的思考。马克思对人与自然关系的思考，尤其是工业文明以来人对自然的改变以及人与自然关系的思考今天依然具有效力，他以资本主义生产方式为对象，考察了资本主义生产方式对土地等自然条件的破坏，这种破坏在资本主义发展中是无法避免的，生态危机是资本主义发展的衍生物。

在马克思之后，马克思主义关于人与自然关系的思想不断深化、发展，人们逐渐意识到高度发达的物质生产力是生态文明存在的物质前提，当下，人与自然之间追求的和谐发展是生态文明建设所遵循的核心，人与自然的和谐旨在积极改善和优化人与自然的关系，实现人与自然的永续发展。在这一主题下，当代马克思主义主要沿着两个路径展开了对人与自然关系的思考：一条是西方马克思主义对资本主义危机与生态危机的思考；另一条是当代中国生态文明建设。西方马克思主义流派众多，除了进一步阐释马克思主义关于人与自然关系的思想之外，还形成了具有鲜明特色的生态学马克思主义，生态学马克思主义者极为关注马克思思想中的生态思想，他们的核心观点体现在：一是要分析生态危机的根本原因，资本主义制度正是这一原因，他们将批判的矛头直接指向资本主义制度。二是要提供解决生态危机的路径与方法，一方面要诉诸社会主义的力量，另一方面要重构生态经济，当然，最为根本的是社会主义制度下的生态重建。在这两个主题方向下，西方生态马克思主义者用生态问题和生态危机的视角来审视当代资本主义，强调生态危机是当下资本主义发展的最大危机，是资本主义矛盾更加深刻的根源，因此，在对未来社会主义社会的规划中，生态因素也成为了重要的要素。

在当代西方哲学中，长久以来有所谓人类中心主义与生态中心主义的争论。人类中心主义在人与自然的关系中以人类利益为出发点，强调人处于世界的中心，科技的发展让人们自视为地球的主人，可以运用先进的科技来凌驾和改造自然。生态中心主义重视大自然的地位和价值，倡导生态整体主义，人与自然是一个共同体，所有自然物之间都应确立一种伦理关系，大自然作为这个生物共同体之中的一员，同样应该受到人的重视和尊重，想要维护整个生态系统的和谐就必须正确处理好人与自然的关系，这才有利于人类的长远发展。西方马克思主义者在马克思关于人与自然辩证关联的基础上发展起来的生态马克思主义，把人和自然的矛盾归结为资本主义自身无法克服的矛盾，认为资本主义的积累必然带来生态危机，而生态危机又会造成经济和社会危机，形成一种恶性循环，想要根本解决生态问题，最根本的路径是建立生态社会主义，推翻资本主义制度，用生态原则来组织生产生活。

生态马克思主义的初始理论形态，可以追溯到早期西方马克思主义者和法兰克福学派，法兰克福学派对资本主义社会出现的生态危机进行了批判，强调人与自然的关系是恶化的，“人们想从自然界学到的东西，都是为了运用自然界，完全掌握自然界和人的。除此以外没有别的目的”，“自然界变成了单纯的客观实在。人们以他们与行政权力的对象的异化，换来了自己权力的增大”，“每一个企图摧毁自然界强制的尝试，都只会在自然界受到摧毁时，更加严重地陷入自然界的强制中。欧洲文明就是沿着这个途径过来的”①。因此，在欧洲文明以及资本主义社会的发展中，人和自然的关系是分裂的，人在对自然不断获得权力的同时，承受着自然强制的危机，这种危机正是资本主义制度的危机，“对自然的损害在多大程度上直接与资本主义有关，这是十分明显的。……今天我们必须反对制度造成的自然污染，如同我们反对精神贫困化一样。我们必须发展资本主义世界的环境保护”②。随着西方资本主义国家绿色运动和社会主义运动的双向发展，生态马克思主义日益成熟，以亚当·沙夫为代表的第一代生态社会主义经历了“从红到绿”的转变。以莱斯、阿格尔、高兹为代表的第二代生态马克思主义者强调自然的内在价值，人类必须尊重自然自身的生存法则，高兹认为唯一的出路在于停止经济增长，改变生活方式和限制消费，采用技术，结成生态运动结盟来反对晚期资本主义，这一时期学者们处于“红绿交融”中。第三代生态马克思主义的代表人物包括佩珀、福斯特、奥康纳等人，他们提出了绿色绿党与红色绿党的区别，深刻认识到生态危机的根源在于资本主义制度，尝试以马克思的人与自然关系思想为指导，重返人类中心主义，并提出了一系列的具体举措。生态马克思主义的产

① ［德］霍克海默、阿多诺：《启蒙的辩证法》，上海人民出版社 2003 年版，第 2、7、11 页。

② ［德］马尔库塞：《单向度的人》，上海译文出版社 1989 年版，第 129 页。

生与整个现代社会的生态危机的暴露是直接相关的，生态马克思主义继承和发展了马克思人与自然辩证关系的思想，进一步批判了资本主义制度。现当代西方学者的自然观作为一种思想资源在理论上丰富、发展了人类对自然的探索和反思，但在生态问题的解决上依然具有浪漫主义倾向。

在实践中，现代西方国家经历了从生态意识萌发到环境立法，再到尝试解决生态问题的漫长过程。自英国发生煤烟污染起，人们就逐渐思考工业革命带来的危机如何解决，这次人类历史上的大污染让人类看到了大自然的报复，工业革命率先兴起的工业中心城市无一幸免，汉堡曾因水污染而导致了霍乱的爆发，伦敦长期的烟雾问题让贫民阶层痛苦不堪。许多国家采取立法形式来控制污染，但并没有明显的效果。1962 年，美国科学家发表了《寂静的春天》，深刻地指出："现在我们正站在两条道路的交叉口上。我们长期以来一直行驶的这条使人容易错认为是一条舒适的、平坦的超级公路使我们能在上面高速前进。实际上在这条路的终点却有灾难等待着。另一条路——一条很少有人走过、但为我们提供了最后唯一的机会：让我们保住我们的地球。"① 卡逊唤醒了西方的生态保护意识，这一时期也出现了环境保护的浪潮。联合国 1972 年召开了第一次全球环境大会，指出"我们已进入了人类进化的全球性阶段，每个人显然也有两个国家，一个是自己的祖国，另一个是地球这颗行星"②，

① ［美］蕾切尔 · 卡逊：《寂静的春天》，吉林人民出版社 1997 年版，第 244 页。

② ［美］巴巴拉 · 沃德、雷内 · 杜博斯：《只有一个地球》，吉林人民出版社 1997 年版，第 3 页。

"保护和改善人类环境是关系到全世界各国人民的幸福和经济发展的重要问题，也是全世界各国人民的迫切希望和各国政府的责任"，"我们不只是继承了父辈的地球，而是借用了儿孙的地球……如果在世界人口、工业化、污染、粮食生产和资源消耗费方面按现在的趋势继续下去，这个行星上的增长的极限有朝一日将在今后100年中发生。最可能的结果将是人口和工业生产双方有相当突然的和不可控制的衰退"①。人类日益意识到可持续发展的重要性，但世界范围的生态危机依然严峻，未来整个世界的生态文明建设依然任重道远。

中国的生态文明建设，为社会主义国家应对生态问题提供了丰富的理论资源和实践经验。当代中国的生态文明建设沿着马克思主义的理论方向，重新回答了现代化进程中生态这个重要的时代问题。人类历史经历了原始文明、农业文明、工业文明，工业文明发展到一定阶段产生了生态文明理念，这也是人在思考自然对象过程中产生的新要求，生态被作为文明发展的重要因素，生态兴则文明兴，生态衰则文明衰。

当代中国的生态建设也经历了历史的发展。在工业化迅速推进的阶段，"我们在生态环境方面欠账太多了，如果不从现在起就把这项工作紧紧抓起来，将来付出的代价会更大。在这个问题上，我们没有别的选择。人类的认识是螺旋上升的。……走美欧老路是走

① ［美］丹尼斯·米都斯等：《增长的极限》，吉林人民出版社1997年版，第5页。

不通的，再有几个地球也不够中国人消耗。中国现代化是绝无仅有、史无前例、空前伟大的”[①]。中国的生态建设与中国的现代化同时进行，是同一个过程，在这一过程中，当代中国既要大规模推进工业化建设，又要思考如何在人与自然和谐共生中走出中国的现代化路径，人与自然的关系不仅仅是生态问题，同时是经济建设、政治建设、社会建设与文化建设问题。因此，“当代中国生态文明建设是现代化进程中的生态文明建设。这决定了我国的生态文明建设既不能以牺牲生态文明为代价来获取现代化，也不能以牺牲现代化为代价去实现所谓人与自然‘和谐’。当代中国的生态文明建设是现在进行时，而不是一般将来时”。

中国特色社会主义生态文明建设需要认真思考三对关系，应然与实然的关系，长远与现实的关系，愿景与底线的关系。在三种关系的处理中，需要始终遵循绿色发展理念，并且坚持以生态技术为支撑进行绿色生产，以低碳为基础倡导绿色消费的生活方式，“建设生态文明，要以资源环境承载能力为基础，以自然规律为准则，以可持续发展、人与自然和谐为目标，坚定走生产发展、生活富裕、生态良好的文明发展道路，建设美丽中国”[②]。

① 《习近平关于社会主义生态文明建设论述摘编》，中央文献出版社 2017 年版，第 3—4 页。

② 《习近平新时代中国特色社会主义思想三十讲》，学习出版社 2018 年版，第 243 页。

第二节　中国传统自然观与当代中国生态文明建设

当代中国的生态文明建设，不仅立足于马克思主义自然观的思想前提之上，同时也是中国传统自然观和生态文明思想在当代的积极表现。中国传统自然观最大的特点在于主张天人合一，在这种早期较为原始的对自然的认知中包含了中国传统文化对人与自然关系的理解，也为现代生态文明建设提供了重要思想资源。当代中国在生态文明建设方面的探索无论是在理论层面还是在实践层面都取得了丰富的经验与成绩，逐渐开辟出中国生态文明建设特有的经验与方案。理论与实践的齐头并进逐渐构建起当代中国生态文明建设的理论逻辑与实践逻辑。

一、中国传统自然观的思想内涵与当代启示

中国传统文化中包含着人对自然的认识、人与自然的关系，中国哲学的核心问题之一正是要回答天地万物怎样来的，以及人和天地万物的关系，这就形成具有鲜明特色的传统自然观，其最核心的思想是天人合一。天人合一理论在道家、儒家等诸子学派中有不同的表达，但其共识是重视天地和人之间的紧密联系，这种关联性不仅仅具有本体论的意义，还具有鲜明的伦理特征。

原始社会早期，人们通过宗教的方式来理解自然，采用了许多

祭祀仪式来与自然进行“沟通”，自然神力成为无法理解的一种外在力量。阴阳五行理论是早期对宇宙生生变化的总结，《周易》将天地视为化生万物的始因，“有天地然后万物生焉……有万物然后有男女，有男女然后有夫妇，有夫妇然后有父子，有父子然后有君臣，有君臣然后有上下，有上下然后礼义有所错”。天地和人之间不仅有密切的联系，更有着某种伦理关联，“夫大人者，与天地合其德，与日月合其明，与四时合其序，与鬼神合其凶，先天而天弗违，后天而奉天时”。这也是早期天人合一的表达。老子的核心概念是道，道是自然，道是天地万物的本源，“道生一，一生二，二生三，三生万物”，道化生了万物。人与自然的相处重在无为，无为也是要人遵守自然的法则，天地万物周行而不殆，有其自身的规律，人想要与自然和谐共处、想要治理好一个国家，都需要遵循天之道，一切听其自然。庄子继承了老子的自然观，提出自化，万物都是自化而来的，万物皆一。而一切的变化都是天道的运行，人只需要依乎天理，因其固然。孔子的自然观首先主张天地万物是时刻变化的，“天何行哉？四时行焉，百物生焉”，自然同样是天地万物的本源。孟子强调人只要尽心养性，就能认识天，“尽其心者，知其性也；知其性则知天矣”。这是人与自然沟通的基本方式，尽心养性才能认识天、认识自然。董仲舒明确提出了“天人之际，合而为一”的思想，“天亦有喜怒之气，哀乐之心，与人相副，以类合之，天人一也”，天人的相副能够达到天人感应。到了宋明理学，张载、程颐、朱熹等都提出了天人合一的思想。张载主张穷神知化，即穷尽天地神理，通晓万物变化，人需要把握万事万物的道理，以达到天人合一的境界。程颢强调天道和人道的统一，“天人本无二，不必言合”，天和人本就是一体的，共同构成一个大我，个人的我与天地万物融为一体就是人所追求的最高精神境界。程颐提出“天、地、人，只一道也”，道没有天和人的区别，在天为天道，在地为地道，在人为人道，仁义礼智信就是人道的最重要内容。朱熹则进一步提出天就是人，人就是天，天产生了人，人的一切都是源自天，天道通过人来体现，想要实现真正的天人合一，就需要格物穷理。陆九渊的“宇宙便是吾心，吾心便是宇宙”要求人们尽吾之心，与天道合一。王阳明在此基础上提出“心即理也”，心就是道，道就是天，人与天地万物原是一体，天地万物的发窍之最精处就是人心一点灵明，人心就是天地万物之心，人心的清明就是实现了天与人的融合。

传统自然观在其发展中的思想基调可以概括为天人合一，天与人之间是密不可分、浑然一体的，人与自然是不能分离的，人要知天、敬天，要以通达自然的规律作为自己的一种人生境界。天人合一意味着人和自然是一体的，破坏自然就意味着破坏人自身，违背自然的规律就是造成人自身的混乱。天人合一要求人要努力达到与自然的和谐，人不能自视为世界的中心，也不能把自然仅仅看作自己的生活与生产资料，予取予求，人需要在充分发挥主观能动性的基础上，尊重自然规律，追求人与自然的和谐共存。自然能够为人提供最珍贵的资源，反过来，人也应当善待自然，给予自然最大的回馈，实现与自然的和谐发展。天人合一思想为当代生态理念的发展提供了思想资源，但天人合一是随着传统社会、农业文明的发展而发展的。因此，一方面，需要继承中国传统自然观的基本理念；另一方面，要结合时代发展赋予其新的内涵。

二、当代中国生态文明建设的理论逻辑

生态文明建设最为重要的是解决人与自然的关系问题，明确人对待自然的态度，树立尊重自然、顺应自然、保护自然的生态文明理念。“人因自然而生，人与自然是一种共生关系，对自然的伤害最终会伤及人类自身。只有尊重自然规律，才能有效防止在开发利用自然上走弯路。这个道理要铭记于心、落实于行。”① 人与自然是生命共同体，人类必须尊重自然、顺应自然、保护自然。人类文明进步有两个关系必须处理好，一是人与人的关系，一是人与自然的关系，人与人的关系处理不好，会带来社会动荡、国家衰败。人与自然的关系处理不好，会带来社会崩溃、文明衰退。

中国传统社会已产生生态意识的萌芽。正是在天人合一的理论基调中，已经蕴含着取法自然和顺应自然的生态思想。孔子说：“子钓而不纲，弋不射宿”；荀子说：“草木荣华滋硕之时，则斧斤不入山林，不夭其生，不绝其长也；鼋鼍鱼鳖鳅鳣孕别之时，罔罟毒药不入泽，不夭其生，不绝其长也”；《吕氏春秋》中说：“竭泽而渔，

① 《习近平关于社会主义生态文明建设论述摘编》，中央文献出版社 2017 年版，第 11 页。

岂不获得？而明年无鱼；焚薮而田，岂不获得？而明年无兽。”这些思想都表明对自然要取之以时、取之有度。并且，生态环境是无法替代的，“天育物有时，地生财有限”，用之不觉，失之难存。人类发展活动必须尊重自然、顺应自然、保护自然，否则就会遭到大自然的报复。这是规律，谁也无法抗拒。①

马克思主义自然观和中国传统自然观，都是当代中国生态文明建设重要的理论资源与思想宝库。同时，丰富的实践探索也成就了当代中国生态文明理念的发展与变化。在生态文明理念的构建中，我们逐渐形成了中国特色社会主义生态文明建设的内涵：高度发达的物质生产力是生态文明存在的物质前提；人与自然和谐发展是生态文明遵循的核心理念；积极改善和优化人与自然关系是实现生态文明的根本途径；实现人与自然的永续发展是建设生态文明的根本目标。②

生态文明与现代工业文明息息相关，现代工业的发展带来了生态问题，从而也带来了关于生态文明的思考，对生态文明的理解势必要深入到生产力与生产方式中去，工业文明的支柱是机器大生产，生态文明的转型必然意味着新的生产方式，同时意味着以新的方式开发和使用自然资源，重构人与自然的关系。人与自然的和谐发展是生态文明的核心理念，人和自然是生命共同体，在发展的过程中，

① 《习近平关于社会主义生态文明建设论述摘编》，中央文献出版社 2017 年版，第 13 页。

② 《中国特色社会主义理论体系教学大纲》，中共中央党校出版社 2016 年版，第 149—150 页。

要始终将两者视为共同体来看待，既要考虑人的生存与繁衍、人对美好生活的向往，同时也必须顾及生态、环境、资源的承载力。

重构人与自然的关系是生态文明建设的根本途径，其实现首先需要坚持新发展理念。新发展理念的核心词汇之一是绿色，绿色发展理念是发展观的一场深刻革命，它意味着“要正确处理好经济发展同生态环境保护的关系，牢固树立保护生态环境就是保护生产力、改善生态环境就是发展生产力的理念，更加自觉地推动绿色发展、循环发展、低碳发展，决不以牺牲环境为代价去换取一时的经济增长，决不走‘先污染后治理’的路子”①。绿色发展理念还意味着推动形成绿色发展方式和生活方式。“绿色发展，就其要义来讲，是要解决好人与自然和谐共生问题。”

绿色发展要从源头抓起，采取扎扎实实的举措，形成内生动力机制。坚定不移走绿色低碳循环发展之路，引导形成绿色发展方式和生活方式。充分认识形成绿色发展方式和生活方式的重要性、紧迫性、艰巨性。“要坚持走绿色发展道路，加快构筑尊崇自然、绿色发展的生态体系，谋求更佳质量效益，让资源节约、环境友好成为主流的生产生活方式，使青山常在、清水长流、空气常新，让人民群众在良好生态环境中生产生活，为子孙后代留下可持续发展的‘绿色银行’。”②

---

① 《习近平关于社会主义生态文明建设论述摘编》，中央文献出版社2017年版，第20页。

② 《习近平新时代中国特色社会主义思想三十讲》，学习出版社2018年版，第247页。

绿色发展理念的实现路径需要从经济建设这一要素入手，其重点是推进产业结构、空间结构、能源结构、消费方式的绿色转型。产业结构的绿色转型是绿色理念发展的重要路径，其核心是“建立健全绿色低碳循环发展的经济体系，构建市场导向的绿色技术创新体系，面向市场需求促进绿色技术的研发、转化、推广，用绿色技术改造形成绿色经济”。另一方面，绿色经济还意味着对空间的利用与改造，“要推进空间结构绿色转型，按照主体功能定位，优化空间结构，形成主要集聚经济和人口的城市化地区、主要提供农产品的农产品主产区、主要提供生态产品的生态功能区，对不同主体功能区要分别实行优化开发、重点开发、限制开发、禁止开发的策略”。

此外，绿色理念、绿色转型还意味着能源生产与消费的革命性变革。低碳、绿色、安全、高效的能源是绿色发展的目标之一，这不仅仅是生产的目标，也是生活方式的目标，“要促进能源绿色转型，推进能源生产和消费革命，构建清洁低碳、安全高效的能源体系，推进资源全面节约和循环利用，实施国家节水行动，降低能耗、物耗，实现生产系统和生活系统链接。要推动消费方式绿色转型，倡导简约适度、绿色低碳的生活方式，反对奢侈浪费和不合理消费，使绿色消费成为每一个公民的责任，从自身做起，从自己的一个行为做起，自觉为美丽中国建设作贡献”①。

绿色发展理念需要不断坚持，持之以恒，需要驰而不息、久久

① 《习近平新时代中国特色社会主义思想三十讲》，学习出版社 2018 年版，第 247—248 页。

为功，需要一代接着一代干，为子孙后代留下天更蓝、山更绿、水更清的优美环境。新发展理念还要求创新、协调、开放、共享，具体而言，就是要将自然看作一个整体，将山水林田湖草视为一个生命共同体，这个生命共同体是人类生存发展的物质基础，生态是统一的自然系统，是相互依存、紧密联系的有机链条。要用系统论的思想方法看问题，从系统工程和全局角度寻求创新的治理之道。

生态文明思想的发展不仅体现在国家的战略层面，也体现在人们生态意识的增强与生态思想的发展中。毛泽东曾提出：“人类者，自然物之一也，受自然法则之支配，有生必有死，即自然物有成必有毁之法则……且吾人之死，未死也，解散而已。凡自然物不灭，吾人固不灭也。”①人与自然界是相同的，人的身体是自然界的一部分，来自自然也必然归于自然的永恒变化中。但人在自然面前具有主观能动性，人能够通过实践了解自然的规律，建立人与自然的关系，人也可以改造自然。随着生产力和科学技术的发展，人对自然的认识与改造都是逐渐增强的，我们可以在尊重自然规律的前提下，对自然进行合理的改造，这也是必需的改造。发挥主观能动性并不意味着肆意妄为，走向人类中心主义，而是要与自然达成合作。

改革开放后，我们提出解放思想、实事求是，在自然科学方面也取得了极大的进展，对待自然的态度也进入了新的时期。改革开放中的核心目标是经济建设，是物质生产水平的提高，对经济指标

① 《毛泽东早期文稿》，湖南人民出版社1990年版，第194页。

的追求难免会让人们再次遗忘生态问题的矛盾，人口压力也造成了自然资源的紧张，面对社会发展的矛盾和难题，我们确立了可持续发展的目标，提出转变经济增长方式，以达到经济增长与环境保护的双赢。这一时期许多学者开始关注马克思主义思想中的生态问题，强调生态问题是发展马克思主义的重要理论生产点，是需要大力研究的内容，尤其是马克思关于人与自然关系的解答，提供了许多启示。随之而来的还有对西方马克思主义生态思想以及西方生态马克思主义的译介与研究，在这些思想基础上，学者们开始建构中国特色社会主义生态文明建设的相关理论体系，回答实践中的难点与问题。

中国特色社会主义生态文明建设理论首先回答了生态文明建设在中国特色社会主义建设事业总体中的地位与价值。党的十八大将生态文明建设视为“五位一体”的重要一体，丰富和深化了社会发展的内涵，体现了我们对当代问题与主要矛盾的思考和发展，这五个方面同时是相互联系、相互促进、相互影响的，生态文明建设不是单独的一环，而是与经济、政治、文化和社会建设融合在一起的，五个方面的发展是同一个过程，需要协调和统筹推动。

其次，生态文明理论的建构以马克思主义人与自然思想、中国传统自然观为基础的融合和发展，在结合中国当代的现实困境与矛盾挑战基础上，思考生态文明理论的建构应采取什么样的立场与方向，而历史上的思想资源需要在与当代的对话中被激活，在继承的基础上重新赋予其生命和活力。

最后，从多个角度探索生态文明建设的现实路径，尤其侧重于确立科学的生态文明意识与价值观，让全社会形成生态文明共识，从行动上自觉树立生态意识。同时要加快转变生产方式，通过生产方式的变革来实现生态化的生产，实现环保产业、绿色消费等新模式的发展。

此外，还需要加大力度增强国家和社会的环境治理能力，尤其是从制度上给予保障，转变政府职能和治理方式、提供制度和政策支持。生态文明的建设一定是一场治理模式的改变，是国家治理体系与治理能力现代化的重要内容和体现。制度的改革和完善才是真正的保障，在此前提下，生态文明建设才能够成为一项长效机制，真正在中国特色社会主义建设中发挥应有的作用与意义。

三、当代中国生态文明建设的实践逻辑

当代中国生态文明建设经历了传统、近代再到现代的发展转变，从传统的天人合一观到近代以来人与自然关系的断裂以及生态问题的频发，中国走向现代化的过程也正是解决人与自然的紧张关系、生态问题的过程。当代中国确立起生态文明建设的基本方向，一方面在理论上吸收了中国传统文化与马克思主义自然观，另一方面又致力于在实践上解决现代化过程中出现的生态问题。

新中国成立之初，我们的国家人口多、底子薄，经济建设是最为突出的问题，在经济发展这一大目标下，毛泽东也意识到自然资源与自然环境的重要性。“如果对自然界没有认识，或者认识不清楚，

就会碰钉子，自然界就会处罚我们。”① 周恩来在具体的实践中，深刻地指出：“在经济建设中的废水、废气、废渣不解决，就会成为公害。发达的资本主义国家公害很严重，我们要认识到经济发展中会遇到这个问题，采取措施解决。”② 陈云意识到经济建设要与生态环保同步，“现已办了的工厂，哪些还未处理污染问题的，我们应该心中有数，逐步加以改变。今后办厂必须把处理污染问题放在设计的首要位置，真正做到防害于先，这是重大问题”③。在这一时期，国家首先用宪法和法律文件确定了自然资源的国有属性，并提出要为农业发展提供良好环境，要“在十二年内，基本上消灭荒地荒山，在一切宅旁、村旁、路旁、水旁，以及荒地上荒山上，即在一切可能的地方，均要按规格种起树来，实行绿化”④。这是新中国成立之初发出的“绿化祖国”的号召，旨在尽快修复战争年代所造成的生态环境问题。“大跃进”时期由于对钢铁数量的盲目追求，造成了自然资源的非理性开采，一度中断了对自然环境的保护和重建，人民公社化运动和“文化大革命”更是对经济建设和生态环境建设造成了严重的破坏。这一段曲折的历史一方面给自然增加了灾难，另一方面也积累了经验和教训，为下一阶段自然环境的保护与重建提供了借鉴。

---

① 《毛泽东文集》第 8 卷，人民出版社 1996 年版，第 72 页。

② 《周恩来年谱（1949—1976）》（下），中央文献出版社 1997 年版，第 448 页。

③ 《陈云文选》第 3 卷，人民出版社 1995 年版，第 263 页。

④ 《毛泽东文集》第 6 卷，人民出版社 1999 年版，第 509 页。

十一届三中全会决定进行改革开放，重新提出了经济建设与生态资源协同发展的问题。邓小平指出："我们现在要注意的是发展速度不要太快，要适当控制速度，否则配套跟不上，能源、原材料、资金都跟不上，特别是不能为下个世纪发展的后劲打下很好的基础。"① 随着改革开放的展开，我国的环境保护也出现了新的局面，取得了多方面的突出成就，一些生态问题有所解决。首先是环境保护的管理机制得到强化，相关的政策相继出台，邓小平尤其强调要在生产中尊重自然规律，不能对自然采取蛮干的方式，要使我们未来的发展能够持续、有后劲。其次，环境保护的意识日益明确、清晰，并逐步上升为国家战略。在十二大报告中，保持生态平衡还不是一项重要内容，但在十四大、十五大报告中已经加强对环境保护的提法，并看到人口增长和经济发展给资源、环境带来的巨大压力，提出要实行可持续发展战略。第三，环境法制建设取得较大进展，同时积极探索了环境污染防治的具体实践路径。邓小平曾在环境污染防治中提出要依靠科技的力量，利用科技解决污染问题，国内许多大城市开始利用高新技术并进一步研发新能源的开发和使用。

世纪之交，中国的工业化、城市化和现代化进程进入加速发展期，生态问题也日益突出，可持续发展战略正是要在现代化建设中，解决好环境问题，江泽民指出，"在现代化建设中，必须把实现可持续发展作为一个重大战略。要把控制人口、节约资源、保护环境放

① 《邓小平年谱（1975—1997）》下卷，中央文献出版社 2004 年版，第 1212 页。

到重要位置，使人口增长与社会生产力发展相适应，使经济建设与资源、环境相协调，实现良性循环”①。在现代化建设的探索中，胡锦涛在可持续发展战略的基础上提出了科学发展观，将生态问题与全面建成小康社会结合起来，强调我们的目标是：实施可持续发展，促进人与自然的和谐，实现经济发展和人口、资源、环境相协调，坚持走生产发展、生活富裕、生态良好的文明发展道路，这也是全面建设小康社会的必然要求。

科学发展观的第一要义是发展，核心是以人为本，基本要求是全面协调可持续，这就意味着不能单纯地为“生产而生产”，人类的生存环境要纳入发展目标中来考量。党的十七大首次明确提出“建设生态文明”的重要战略，要求“建设生态文明，基本形成节约能源资源和保护生态环境的产业结构、增长方式、消费模式。循环经济形成较大规模，可再生能源比重显著上升。主要污染物排放得到有效控制，生态环境质量明显改善。生态文明观念在全社会牢固树立”②。这些具体要求与规定为建立起系统的生态文明建设战略体系奠定了基础。

从可持续发展、科学发展到新发展理念的确立，见证了当代中国关于生态理念的思考与历史逻辑变化，进入新时代，“党的十八大把生态文明建设纳入中国特色社会主义事业总体布局，使生态文明建设的战略地位更加明确，有利于把生态文明建设融入经济建设、

① 《江泽民文选》第1卷，人民出版社2006年版，第463页。

② 《十七大以来重要文献选编》(上)，中央文献出版社2009年版，第16页。

政治建设、文化建设、社会建设各方面和全过程。这是我们党对社会主义建设规律在实践和认识上不断深化的重要成果。”① 中国共产党一贯高度重视生态文明建设。20 世纪 80 年代，保护环境已成为我国的基本国策。进入 21 世纪，又把节约资源作为基本国策。经过改革开放 40 年的发展，经济建设取得历史性成就，同时也积累了大量生态环境问题，成为明显的短板，环境问题日益成为经济问题、民生问题。习近平总书记指出：“生态环境保护是功在当代、利在千秋的事业。在这个问题上，我们没有别的选择。全党同志都要清醒认识保护生态环境、治理环境污染的紧迫性和艰巨性，清醒认识加强生态文明建设的重要性和必要性，真正下决心把环境污染治理好、把生态环境建设好，为人民创造良好生产生活环境。”②

党的十八大以来，生态文明理念日益深入人心，习近平生态文明思想中关于绿水青山就是金山银山、像对待生命一样对待生态环境、山水林田湖草是一个生命共同体、实行最严格的生态环境保护制度等理念已经成为全党、全社会、全体人民的最大共识。生态文明体制改革实现重大突破。中央环境保护督查硬拳出击，解决了许多长期想解决而没有解决的环保难题，人民群众的获得感大大增强。生态文明建设取得明显成效。中国成为全球生态文明建设的重要参与者、贡献者、引领者。

---

① 《习近平关于社会主义生态文明建设论述摘编》，中央文献出版社 2017 年版，第 3 页。

② 同上书，第 7 页。

在当代中国生态文明建设中，其核心问题之一就是如何处理生态文明建设与经济建设的关系。新中国成立以来，我国经济发展与资源环境的关系变化经历了四个阶段。一是“三废”治理阶段，从20世纪70年代初到改革开放前，这段时间，我国经济发展水平不高，开发利用环境的强度有限，突出问题是工业企业排放废水、废气、废渣对环境造成污染。二是环境综合治理阶段。从1978年至80年代末，在改革开放进程中，国家经济发展水平不断提高，开发利用环境的强度逐渐加大，环境保护成为基本国策，环境综合治理提上日程。三是可持续发展战略推进阶段，从20世纪90年代末至二十一世纪初，改革开放继续深入，经济发展突飞猛进，资源环境与经济发展的矛盾逐渐凸显，我国在90年代将可持续发展作为国家战略，提出了建设资源节约型、环境友好型的“两型社会”。四是生态文明建设的总体布局阶段，党的十八届五中全会公报中把绿色作为十三五规划的重要理念提了出来。因为绿色是永续发展的必要条件和人民对美好生活追求的重要体现。这表明，我们党不仅就生态文明建设做出了顶层设计和总体部署，而且明确提出了解决问题的路线图和时间表。① 中国特色社会主义进入新时代，对生态文明建设的整体布局与规划也体现出新发展、新方向，生态文明建设更具有科学性、创新性、系统性。

具体而言，当代中国在生态文明建设中的实践探索包含以下几

① 参见《中国特色社会主义理论体系教学大纲》，中共中央党校出版社2016年版，第155—156页。

个重要方面：一是重视绿化，打造绿色山河。新中国成立之初，毛泽东面对战争之后的山河，多次提出要改变山河荒芜的现状，强调绿化的重要性，并计划“在十二年内，基本上消灭荒地荒山，在一切宅旁、村旁、路旁、水旁，即在一切可能的地方，均要按规格种起树来，实行绿化”①。毛泽东的目标是要改变国家的自然面貌。二是重视水利，治理水患。从新中国成立之初，治理水患就成为了用好自然资源的重要议题，在水利工程的修建方面也逐渐积累起了丰富的经验，并通过南水北调等工程的落地实现水资源的合理利用与开发。三是重视立法、教育并重，明确战略定位。20 世纪 70 年代，生态问题成为世界难题。1972 年，我国召开首次环境保护会议，旨在研究环境保护的具体措施，针对环境问题实现立法，出台相关规定。四是重视发展，从可持续发展到科学发展不断深入。生态危机日益成为全球化问题，发达国家与发展中国家都在思考新的发展思路与生态措施，倡导生态理念。可持续发展强调我们不仅要重视和安排好当前的发展，还要为子孙后代谋发展、创造发展的良好条件；科学发展观则进一步要求走新型工业化道路，落实生态文明理念，营造社会主义生态文明建设新格局。五是重视全局发展，贯彻新发展理念。党的十八大将生态文明建设提到了一个新的高度，这意味着以一个更加广阔的视角来理解生态文明建设，它是事关全局的、是要置于全局发展中来谋划的重要战略。新发展理念的提出进一步深化了我

① 《毛泽东文集》第 6 卷，人民出版社 1999 年版，第 509 页。

们对发展方向与发展目标的理解，生态文明建设成为一项系统工程。

改革开放以来，我国经济发展取得巨大成就，也积累了大量生态环境问题，成为明显的短板。各类环境污染呈高发态势，一段时间内成为民生之患、民心之痛。随着新时代的到来，尤其是我国社会主要矛盾的变化，人民群众对优美生态环境的需要成为重要议题，人民群众热切期盼加快提高生态环境质量，期盼美丽中国的实现，这就为当代中国生态文明建设提出了新的时代要求与挑战。习近平以高度负责的人类情怀和使命担当，准确把握我国的基本国情，直面当代中国的生态挑战与问题，关怀全球可持续发展和人类文明转型，在实践探索中形成了习近平生态文明思想，提出“美丽中国”的奋斗目标，实现了生态思想的理论创新。

第三节　习近平新时代中国特色社会主义思想与美丽中国建设

当代中国在生态文明发展理念与实践中的探索，归根结底是为了建设“美丽中国”。党的十八大首次明确“美丽中国”是生态文明建设的总体目标，十九大历史性地将“美丽”写入社会主义现代化强国目标，要求“加快生态文明体制改革，建设美丽中国”。习近平生态文明思想，既是新时代美丽中国建设的重要理论成果，同时又是进一步开展“美丽中国”建设的理论依据。习近平生态文明思想开拓了中国生态文明建设的新境界，是马克思主义自然观在当代社会的丰富和发展。

一、开辟人与自然和谐共生的现代化道路

生态文明是工业文明发展到一定阶段的产物，人类文明的发展进程经历了原始的农业时期，在科技革命的推动下，进入了工业文明，人们在走向现代化的过程中重新思考人与自然的关系问题，现代化序幕的揭开同时也是人与自然命运的转折，“瓦特的蒸汽机在经济领域中是一种胜利，可对生态领域来说无疑是一种灾难”。20世纪30年代，自然灾害、环境污染、生态问题逐渐蔓延至全球，成为全世界共同关注的问题。我国在走向现代化的进程中，也不得不面对人与自然的关系，面对环境问题与生态危机。因此，我们所追求的现代化，就是要以人与自然和谐共生为基础的现代化。

人与自然的关系是人类社会最基本的关系，人如何与自然相处是人类生存发展的永恒课题，现代化进程正是对这一问题的重新思考与回答。与原始刀耕火种的农业文明不同，工业时代的人将自然更多地视为工业与科技的对象，是可以被利用与改造的生产和生活资料。自然的开发与利用一方面带来了生产的极大发展、自然环境的极大改变，另一方面也带来了全球性的生态问题与危机。当代中国的现代化进程也遵循了这一基本问题，中华文明自古以来强调天人合一，强调要按照大自然规律活动，取之有时，用之有度，在农业社会，对自然规律的遵从是生产与生活的保证，也是国家发展的

基础。中国的现代化伴随着科技与工业的发展，在科学技术与工业生产之下，自然与人的关系更加紧密，但也出现了失衡，人类既意识到人与自然是生命共同体，自然为人类文明的发展提供了基础环境，同时，人类也在探索自然开发与利用的道路上走过弯路。当全球性的环境问题与生态危机也成为中国现代化发展中的难题时，我们诉诸生态文明建设，并将其视为关系到中华民族永续发展的根本大计，其根本原则就是要实现人与自然的和谐发展。

生态文明建设是决胜全面建成小康社会的重大任务，所谓全面的小康，生态环境的保障正是题中应有之义。党的十九大报告把污染防治作为决胜全面建成小康社会的三大攻坚战之一，提出必须坚决打好，着力解决突出环境问题，确保到2020年实现生态环境质量总体改善，确保全面建成小康社会得到人民认可、经得起历史检验，并为2035年美丽中国目标基本实现、21世纪中叶建成美丽中国奠定坚实基础。

以美丽中国为目标的生态文明建设不仅事关生态，也事关全局，是涉及政治、经济、文化、社会方方面面的系统工程。“如果就是简单为了生产总值，但生态环境问题越演越烈，或者说面貌依旧，即便搞上去了，那也是另一种评价了。”①生态的保护也就意味着保护生产力，改善生态也正是发展生产力，发展思路的转变要求人们全面的看待问题，将美丽中国建设置于全面建成小康社会的总体布局

① 《习近平关于社会主义生态文明建设论述摘编》，中央文献出版社2017年版，第21页。

中来进行考量。美丽中国建设既是总体中的重要因素，也是总体的一部分，服从总体目标与布局，同时，也要有自身的发展内涵与发展特色。美丽中国建设首先从理念上符合了人们对于小康社会的需求，自古对小康的追求中就包含了人与自然的统一、人与自然的和谐、人与自然的共生。同时，从小康社会到全面建成小康社会，在这一过程中，“我们既要创新发展思路，也要创新发展手段。要打破旧的思维定式和条条框框，坚持绿色发展、循环发展、低碳发展”①。创新发展思路旨在坚持总体—具体的辩证法，从总体上把握全面建成小康社会的全局，同时，也要注重每一个具体要素的发展。全面建成小康社会不仅意味着绿色生产、绿色发展，还意味着生活方式与发展理念的创新发展。在国家现代化发展的定位上，美丽中国也逐渐成为其中的重要目标，“我们要建设的现代化是人与自然和谐共生的现代化，既要创造更多物质财富和精神财富以满足人民日益增长的美好生活需求，也要提供更多优质生态产品以满足人民日益增长的优美生态环境需要”②。

二、“绿水青山就是金山银山”的新发展理念

生态文明建设意味着打造自然之美，坚持绿色发展理念，强调“绿水青山就是金山银山”，将自然之美与生产结合在一起，将生态

① 《习近平关于社会主义生态文明建设论述摘编》，中央文献出版社 2017 年版，第 21 页。

② 《习近平谈治国理政》第三卷，外文出版社 2020 年版，第 39 页。

问题与经济建设统一起来。“纵观世界发展史，保护生态环境就是保护生产力，改善生态环境就是发展生产力。良好生态环境是最公平的公共产品，是最普惠的民生福祉。对人的生存来说，金山银山固然重要，但绿水青山是人民幸福生活的重要内容，是金钱不能代替的。”[①] 历史与现实都说明了生态与生产之间的辩证关系，当代中国的绿色发展理念也正是要实现生态与生产的统一，习近平生态文明思想强调“环境就是民生，青山就是美丽，蓝天也是幸福，要像保护眼睛一样保护生态环境，要像对待生命一样对待生态环境”[②]。

金山银山和绿水青山的关系，就是经济发展和生态环境保护的关系，是实现可持续发展的内在要求，是坚持绿色发展、推进生态文明建设首先要解决的问题。生态与生产发展长期以来处于对立的关系，人们在发展中过于重视经济利益，不可避免地造成对生态环境的破坏，并认为这种破坏是无关紧要的，发展需要代价，环境的代价似乎被视为发展的必然，尤其是为了摆脱贫困、为了解决贫困问题，生态被居于次位。习近平生态文明思想则确立了经济发展与环境保护之间的辩证关系，为我们建设生态文明、建设美丽中国提供了根本遵循。要改革创新，探索生态脱贫的新路子。让资源变资产、资金变股金、农民变股东，让绿水青山变金山银山。“绿水青山和金山银山决不是对立的，关键在人，关键在思路。”两者的统一意

---

① 《习近平关于社会主义生态文明建设论述摘编》，中央文献出版社 2017 年版，第 4 页。

② 同上书，第 12 页。

味着绿水青山既是自然财富，又是社会财富和经济财富，它们能够发挥极大的经济社会效益，而发挥效益的关键在于树立正确的发展思路，因地制宜地选择合适的绿色产业，“不简单以国内生产总值增长率论英雄，不是不要发展了，而是要扭转只要经济增长不顾其他各项事业发展的思路，扭转为了经济增长数字不顾一切、不计后果、最后得不偿失的做法”①。

保护金山银山和绿水青山是为了实现中华民族的永续发展，自然资源的开发与利用不能只看眼前利益和短期效益，而要看到未来的长远功绩，要运用大历史观，从整体和全局入手，看到生态环境问题归根结底是经济发展方式问题，“要坚持源头严防、过程严管、后果严惩，治标治本多管齐下，朝着蓝天净水的目标不断前进。这是利国利民利子孙后代的一项重要工作，决不能说起来重要、喊起来响亮、做起来挂空挡”②。

人类的生产除了满足最基本的生存与生活需求之外，人类的生存发展还需要生态产品，即清新的空气、清洁的水源、舒适的环境，这也是对美好生活的向往。过去，人们关心的问题是温饱，新时代，人们向往美好生活，要求高质量的生活，对优美的生态环境也提出了新要求与新期待。在认识自然、与自然和谐共生的过程中，人类也日益看到了自然的自身价值，保护自然就是增值自然价值和自然

① 《习近平关于社会主义生态文明建设论述摘编》，中央文献出版社 2017 年版，第 23 页。

② 同上书，第 25—26 页。

资本，就是保护和发展生产力。党的十九大提出建立市场化、多元化生态补偿机制，就是要探索生态产品价值的实现方式，探索绿水青山变成金山银山的具体路径。“要坚持在发展中保护、在保护中发展，实现经济社会发展与人口、资源、环境相协调。要坚持和贯彻新发展理念，深刻认识保护生态环境就是保护生产力、改善生态环境就是发展生产力，让良好生态环境成为人民生活改善的增长点、成为经济社会持续健康发展的支撑点、成为展现我国良好形象的发力点，让中华大地天更蓝、山更绿、水更清、环境更优美，大踏步进入生态文明新时代。”①

“我们既要绿水青山，也要金山银山。宁要绿水青山，不要金山银山，而且绿水青山就是金山银山。”②“这是重要的发展理念，也是推进现代化建设的重大原则。”③生态环境保护和经济发展的辩证统一能够实现经济社会可持续发展，良好的生态环境是最公平的公共产品，是最普惠的民生福祉，环境就是民生，青山就是美丽，蓝天也是幸福。良好生态环境是人民美好生活的新的增长点。因此，我们在达成绿水青山既是自然财富、生态财富，又是社会财富、经济财富这一共识的基础上，要利用自然优势发展特色产业，因地制宜壮大“美丽经济”，激活自然要素，让自然变成最大的社会财富，把

① 《习近平新时代中国特色社会主义思想三十讲》，学习出版社 2018 年版，第 246 页。

② 《习近平关于全面建成小康社会论述摘编》，中央文献出版社 2016 年版，第 171 页。

③ 《习近平谈治国理政》第三卷，外文出版社 2020 年版，第 361 页。

绿水青山蕴含的生态产品价值转化为金山银山。自然之美是生态文明建设的重要内涵，它既是对自然的重新解读与认识，也是对自然所蕴含的价值的重新发现，不仅仅是作为景观的自然，更是作为物质财富的自然的价值。

以绿色为其核心内容之一的新发展理念还强调科技创新的重要作用，强调要通过科技创新来推动绿色生产方式，从而确立经济社会发展的新的增长点，以此来解决经济发展中使用有害原料、生产中材料和能源浪费、废弃物排放与处理等问题。绿色发展理念应尤其重视在新型城镇化和新农村中的应用，大部分的生态问题都更突出地体现在农村滞后的发展中，农村的绿色发展可以开拓出宜居的生产与生活空间，打开新农业的生态新局面。中国的对外开放同样要求绿色发展理念，全球生态环境保护已经提上了重要日程，如何在国际绿色发展规则中获得主导权与优势，我们必须依靠科技、放眼世界，维护和争取更多的发展空间。绿色发展的成果我们要实现共享，绿色发展是人们对美好生活的期许，是社会和谐稳定的发展方式，其中包含对饮水清洁、空气质量、垃圾处理、绿色空间等多方面的要求，绿色发展的目标包含着人们对生活的期待和幸福指数的上升，这些都是绿色发展理念的重要体现和着力点。

三、生态惠民、生态利民、生态为民的民生思想

实现民生之福首先意味着走生产发展、生活富裕、生态良好的文明发展道路，这一规划也体现了生态文明对社会发展整体的意义，

想要实现社会之美，需要首先回答发展的问题，在改革开放的历史实践中，我们党始终在回答发展的问题，即为什么要发展？如何发展？发展意味着生产的发展，生产的发展正如唯物史观所指出的是人的基础活动，最初生产是为了满足人的生存需要，并且在此基础上产生了新的需要与满足新的需要的生产。传统发展观把 GDP 作为经济发展的最主要甚至是唯一的评价指标，在很长一段时期内追求 GDP 的绝对增长，这种情况持续了一段时间，人们慢慢发现当把 GDP 作为主要甚至是唯一指标之后，社会在盲目追求 GDP 高速增长的同时陷入了发展的极端与欠缺中。因此，也相继出现了产业结构不合理、发展不充分、不平衡等问题和矛盾，导致人口、资源、环境的矛盾日益尖锐。在实践的摸索中，发展的理念也在不断地转化，以人为本的科学发展观的确立实现了一次转变，确立了走生产发展、生活富裕、生态良好的文明发展道路，阐明了生产、生活、生态之间的关系和发展的根本目的。发展的目的是要满足人的全面发展的需要，满足人的生理、心理、文化、交往等的需要，不能牺牲环境和健康，不能牺牲社会的全面发展和可持续发展，全面、可持续的发展理念与发展道路才能够促进和保障经济的持续快速协调健康发展和社会的全面进步。

党的十八大以来，我们提出了坚持创新、协调、绿色、开放、共享这五大发展理念，它们是在深刻总结国内外发展经验教训的基础上形成的，也是在深刻分析国内外发展大势的基础上形成的，这也反映出党在经济发展规律中的新探索与新认识，并且新的发展理念是针对新时代我国社会发展的主要矛盾与时代问题的。“坚持创新发展、协调发展、绿色发展、开放发展、共享发展，是关系我国发展全局的一场深刻变革。这五大发展理念相互贯通、相互促进，是具有内在联系的集合体，要统一贯彻，不能顾此失彼，也不能相互替代。哪一个发展理念贯彻不到位，发展进程都会受到影响。全党需要提高统一贯彻五大发展理念的能力和水平，不断开拓发展新境界。”①新的发展理念归根结底依然是追求生产的发展与生活的富裕，是要不断实现社会的全面进步。

近年来，我国经济发展实行了供给侧结构性改革，这正是要转变经济发展方式和经济结构，以此与生态文明建设达成合作与和谐，处理好经济生产与环境建设的内在关系。供给侧结构性改革不仅是一项经济举措，它的去除落后和过剩产能、促进提高新增产能质量、推动环保产业发展等内容正是把环境保护作为其重点内容来看待，同时，环境保护也可以利用好供给侧结构性改革的平台和机遇，应对未来的挑战。供给侧结构性改革与环境保护的融合一方面要求把环境资源看作是经济发展的重要生产要素，也是要调整的重要对象，对其进行计划性保护与污染防治，解决我们的短板问题，同时寻找新的经济发展动力和增长极。另一方面，环境监管也应成为供给侧结构性改革的重要指标与手段，供给侧结构性改革的完成要以环境为重要的衡量指标，明确经济发展要在环评的范围内进行，也要重视政策上

① 《习近平关于社会主义生态文明建设论述摘编》，中央文献出版社 2017 年版，第 29 页。

的引导与帮扶，例如绿色信贷、支持环境治理技术创新企业等举措，以此来激励更多企业在发展中以环保为指标，多渠道创新发展。

绿色生活方式的实质是确立新的消费模式、生活方式和价值观念，实现一场绿色革命，这事关每一个人的生活。绿色消费正在改变人们的消费观念，绿色意味着天然，从产品的设计、生产、使用、废弃，人们更加注重它的环保要素，倡导绿色产品。消费过程中同样要注重垃圾分类，消费者的观念也逐渐转变为崇尚自然、追求健康，注重环保，节约资源，实现可持续消费。绿色生活方式还可以凝聚共识，汇聚全社会的强大合力来进行环境保护与生态文明建设，从减少一次性物品使用，到绿色出行、垃圾分类、“互联网 +”的发展、绿色办公、绿色学校、绿色社区的创建，人们始终在参与生态建设，这是一场人人参与、人人建设、人人是主人公的全社会的共建项目。建立绿色的生活方式是一个长期的工程，也需要形成长效机制，并体现在社会治理的方方面面，其中极为重要的是激发人们的生态保护理念与共识，将生态与环保看作社会的新风尚，另外需要社会制度的参与与保障，从制度层面来实现治理的转型。

生产的发展与生活的富裕同时也就意味着生态的良好发展，这是生态文明与现代文明共同追求的目标。现代化进程中，人类社会经历了生态环境的恶化、大量动植物物种的灭绝和矿产资源的急剧减少，这不仅因为人口数量的增加直接导致需求和消费的同步增长，而且由于人们追求高生活质量的欲望是无限的，为满足这一欲望就要加速对自然资源的索取。但是，自然资源是有限的，当自然资源的再生与人口的发展、人类的索取无法平衡时，随着人口规模的扩大、消费的飞速增长，自然资源的稀缺与枯竭就是摆在人类面前的首要难题。在生态问题上，付出的代价是难以估量的，并且是很难弥补和挽回的，越来越多的人认识到人类与自然之间不是谁战胜谁的问题，而是和谐相处的生命共同体，人与自然的问题被日益重视，甚至被认为是当代的首要问题与困境。我国是世界上人口最多、幅员辽阔的发展中国家，当前面临的生态环境问题不容乐观，面对未来发展的重重压力，把“生态良好”纳入文明发展道路，既体现了当代人的切身利益，又关乎子孙后代的长远利益，是贯彻科学发展观、实施可持续发展战略的具体表现。

坚定走生产发展、生活富裕、生态良好的文明发展之路是习近平生态文明思想的核心要义之一。这是发展观的一场深刻革命，是绿色发展方式和生活方式的新诠释，生态环境问题归根结底是发展方式和生活方式问题，要从根本上解决生态环境问题，必须贯彻绿色发展理念，加快形成节约资源和保护环境的空间格局、产业结构、生产方式、生活方式，把经济活动、人的行为限制在自然资源和生态环境能够承受的限度内，给自然生态留下休养生息的时间和空间。在当代经济建设与生态文明建设过程中，实践的重点在于调整经济结构和能源结构，优化国土空间开发布局，培育壮大节能环保产业、清洁生产产业、清洁能源产业，推进生产系统和生活系统循环链接。加快形成绿色生活方式意味着要在全社会牢固树立生态文明理念，增强全民节约意识、环保意识、生态意识，培养生态道德和行为习惯，让天蓝地绿水清深入人心。通过生活方式绿色革命，倒逼生产方式绿色转型，把建设美丽中国转化为全体人民自觉行动。

民生之福还意味着打造人文之美，自然环境是人类生存的家园，一方水土养育一方人，自然和人类之间的密切关系正在于此，打造人文之美，旨在建设记得住乡愁的美丽中国。记得住乡愁的美丽中国要求营造良好的人文环境，将自然环境与人文环境统一起来，强调我们同自然之间是共用体，良好自然环境的打造为我们提供了美丽的家园，为人类的生存与发展提供了最坚实的保障。美丽中国的实现需要人文环境的塑造，人文建设强调人们对生活环境的珍爱，需要节约资源，减少生活垃圾，使城市更加清洁、更加美丽、更加文明。同时加强宣传教育，创新教育活动形式，使人文风气更好的形成与传播。人文建设中重要的一环是增强生态意识，自然环境是人类生存发展的重要保障，没有健康的大自然，地球和人类的样子无法想象，没有自然，人将失去生存的根基，自然与人是生命共同体，这是必须首要确立的生态意识。生态社会、生态文明、美丽中国的建设需要全社会的努力，需要形成统一的社会风气与氛围，这种社会风气，不仅要确立生态意识，还需要确立与之相应的节约意识、环保意识。此外，生态保护不仅是一种需要确立的意识，更是一种责任，对大自然的保护和热爱应该成为人们的好习惯、成为每个人的责任，成为每个人的生活方式。“绿化祖国，改善生态，人人有责。积极调整产业结构，从见缝插针、建设每一块绿地做起，从爱惜每滴水、节约每粒粮食做起，身体力行推动资源节约型、环境友好型社会建设，推动人与自然和谐发展。”无论是意识的确立，还是责任的履行，这都需要一代一代的努力和实践，生态文明、美丽中国具有实践的维度，需要在人的实践中不断生成和实现。

当代中国社会的全面发展强调要加强生态文明建设，生态文明建设通过改革开放的进程已经深入人心，已经成为了人们的责任与义务，在生态建设中尤其是要培养起人们亲近自然、了解自然、保护自然的生命意识，学习体验绿色发展理念，认识到绿色发展理念是功在当代、利在千秋的事业。在生态文明建设中，人们要逐渐意识到人对自然的责任，每个人都应该是生态文明建设的积极践行者，没有人是局外人、旁观者，不能置身事外。当代生态文明建设要弘扬生态文明主流价值观，把生态文明纳入社会主义核心价值体系，习近平生态文明思想强调全民行动观，强化意识，构建全面行动体系，形成全社会共同参与的良好风尚。生态与民生的融合意味着把自然看作是人的生命的一部分，确立和承认人与自然的密切生命关联，自然是人的家园，人也给了自然一个家，当自然与人之间出现了间隙与鸿沟，人与自然的命运共同体就不复存在，人与自然都会失去“家园”。在生态文明建设中，重要的是让生态文明的观念深入人心，成为一种自觉的意识与责任，美丽中国的建设指向未来，始终是一个过程，需要一代又一代的人坚持与努力。

四、治理体系和治理能力现代化的生态文明制度

生态文明的实现需要制度的强大保障，这也是构建国家治理体

系和治理能力现代化的重要内容之一。生态文明制度体系包括着力解决突出环境问题，加大生态保护与修复力度，改善生态环境监管体制，提升重大环境危机应急管理能力。生态文明建设和保护处于关键期、攻坚期、窗口期，要依靠制度、采取积极有效的政策举措，坚决打好污染防治攻坚战，用成熟的治理体系与治理能力来应对未来的挑战。

在解决环境问题的过程中，我们需要坚决打好污染防治攻坚战，打赢蓝天保卫战，打好碧水保卫战，扎实推进净土行动以及打好农业农村污染治理攻坚战。环境保卫战是一场涉及面广、综合性强、艰巨复杂的系统工程，在打赢这些战役的过程中需要坚持保护优先、问题导向，以改革创新的精神依法监管，推进全民共治。打好打胜污染防治攻坚战要坚持稳中求进，坚持统筹兼顾，坚持综合施策。

美丽中国意味着美丽乡村与宜居城市的城乡一体化发展。党的十八大以来，我国经济着力点之一正是城乡发展的不平衡问题，生态问题存在着同样的现状，“从生态环境看，大气、水、土壤等污染严重、雾霾频频光临，生态环境急需修复治理，但环保技术产品和服务不到位。我国城乡、区域发展不平衡现象严重，但差距也是潜力。总之，这些潜在的需求如果能激发出来并拉动供给，就会成为新的增长点，形成推动发展的强大动力”。“城乡之间的对立只有在私有制的范围内才能存在。这种对立鲜明地反映出个人屈从于分工、屈从于他被迫从事的某种活动，这种屈从现象把一部分人变为受局限的城市动物，把另一部分人变为受局限的乡村动物，并且每天都不断的产生他们利益之间的对立。”乡村人口从“所有的世界交往中分离出来，因而，也从所有的文明中分离出来”，“消灭城乡之间的对立，是社会统一的首要条件之一”。我们要建设的现代化是人与自然和谐共生的现代化。既要创造更多物质财富和精神财富以满足人民日益增长的美好生活需要，也要提供更多优质生态产品以满足人民日益增长的优美生态环境需要。我们要建设的生态文明，是同社会主义联系在一起的，我们要实现的现代化，是和生态文明相统一的，既是人与自然和谐共生的一种新的文明境界，更是新时代中国特色社会主义的重要内涵。

一方面，农村与城市的生态发展有着各自的特殊性，城市的生态发展以让城市融入大自然为目标，根据区域自然条件，科学设置开发力度，尽快把每个城市特别是特大城市开发边界划定，把城市放在大自然中，把绿水青山留给城市居民。保留山城、水城的特色，依托现有的自然风光，让居民能够记住乡愁。城市规划的每一个方面和细节都应该充分考虑到对自然的影响，坚决纠正“重地上、轻地下”“重高楼、轻绿色”的做法，自觉地降低开发强度，保留和恢复适当比例的生态空间，建设“海绵城市”。城市的规模还需要同资源环境承载能力相适应，避免产业过度集中与过分拓展功能，这样也能够避免人口过度集聚，一旦人口和经济规模超出了水资源承载力，那么生态空间和建设空间就会陷入比例失调，环境容量就会相应地不可避免的减少，污染也必将日益严重。城市建设要以自然唯美，要让城市也能够再现青山绿水。

农业发展一方面要杜绝生态环境欠新账，同时还要逐步还旧账，“推行农业标准化清洁生产，完善节水、节肥、节药的激励约束机制，发展生态循环农业，更好保障农畜产品安全。对山水林田湖实施更严格的保护，加快生态脆弱区、地下水漏斗区、土壤重金属污染区治理，打好农业面源污染治理攻坚战”。新农村建设要走出符合农村实际的路子，遵循乡村自身的发展规律，充分体现农村特点，农村建设要注意乡土味道，体现农村特点，保留乡村风貌，不能照搬照抄城市的套路，农村要有自己的生态特点，“搞新农村建设，决不是要把乡情美景都弄没了，而是要让它们与现代生活融为一体”。

另一方面，农村与城市的生态发展又能够融合为一个整体，尤其体现在城镇化的战略布局上，我国提出了“两横三纵”的城镇化战略布局，强调“各地区要坚定不移实施主体功能区制度，严格按照主体功能区定位推动发展和推进城镇化。承载能力减弱的区域要实现优化开发，重点开发区域要集约高效开发，限制开发区要做好点状开发、面上保护，禁止开发区域要令行禁止、停止一切不符合法律法规要求的开发活动”。促进城乡一体化平衡发展“要采取有力措施促进区域协调发展、城乡协调发展，加快欠发达地区发展，积极推进城乡发展一体化和城乡基本公共服务均等化。科学布局生产空间、生活空间、生态空间，扎实推进生态环境保护，让良好生态环境成为人民生活质量的增长点，成为展现我国良好形象的发力点”。

同时，需要优化生态安全屏障体系，构建生态廊道和生物多样性保护网络，提升生态系统质量和稳定性。“建立全国统一的空间规划体系，完成生态保护红线、永久基本农田、城镇开发边界三条控制线划定工作，明确城镇空间、农业空间、生态空间，为各类开发建设活动提供依据。……建立政府主导、企业和社会各界参与、市场化运作、可持续的生态补偿机制。”建设生态文明，是一场设计生产方式、生活方式、思维方式和价值观念的革命性变革。实现这样的变革，必须依靠制度和法治。

当前，我国生态环境保护中存在的突出问题，大都与体制不完善、机制不健全、法制不完备有关。深化生态文明体制改革，需要尽快把生态文明制度的四梁八柱建立起来，把生态文明建设纳入制度化、法治化轨道。我国已经出台一系列改革举措和相关制度，生态文明制度的“四梁八柱”已经基本形成，制度的生命力需要坚定的执行力，生态文明建设需要真抓、严管。

加大生态保护与修复力度，意味着为人类提供健康稳定的自然生态系统，“给自然生态留下休养生息的时间和空间”，“让自然生态美景永驻人间，还自然以宁静、和谐、美丽”。

第一，要统筹山水林田湖草系统治理，山水林田湖草是一个生命共同体，各种自然要素是相互依存的循环链条，因此生态保护修复需要统一保护、统一修复，解决各部门长期独立管理和各要素分割的状况，增强区域生态系统的健康发展。以生命共同体理念治理山水林田湖草，系统治理需要系统、整体、综合的思维，从系统角度来整合要素、综合治理，并在这项系统工程中统筹计划、突出重点。

第二，生态保护与修复要构建国土生态安全格局，国土是我们生活和发展的空间，生活、生产、生态空间需要科学布局与及时修复，国土生态安全格局的构建要坚持生态优先、区域统筹、协同共治，实施分级分类管控。

第三，党的十九大报告提出要完成生态保护红线、永久基本农田、城镇开发边界这三项工作，通过三条控制线，生活、生产和生态空间能够实现良好布局，“生态红线的观念一定要牢固树立起来”，“要精心研究和论证，究竟哪些要列入生态红线，如何从制度上保障生态贡献，把良好生态系统尽可能保护起来”。

第四，建立以国家公园为主体的自然保护地体系，十九大报告提出自然保护地体系建设是为了实行整体保护、系统修复，改革各部门分头设置自然保护区、风景名胜区、自然文化遗产、森林公园、地址公园等体制。

第五，保护生物多样性，做好生物多样性的顶层设计，生物多样性与人类的生活密切相关，给人类提供了生产、生活的丰富物资。生物多样性保护也是国际义务，这是人类共同面临的问题，也是中国作为负责任大国应当履行的国际义务。

第六，让透支的资源环境休养生息，扩大绿色生态空间，增强水源涵养能力和环境容量，坚持生态系统自然恢复为主，实施生态修复与建设工程。解决生态退化不是一夕之功，需要久久为功，在坚持科学理念、系统治理、统筹兼顾、因地制宜原则下实现生态系统功能的整体提升。

提升生态治理能力需要不断改革生态环境监管体制。习近平强调深化生态文明体制改革，尽快建立好生态文明制度的“四梁八柱”，实现生态文明建设的制度化、法制化。生态文明制度的改革需要问题导向和目标导向，在制度层面解决好最为紧迫和突出的问题。制度改革需要顶层设计与基层实践的结合，制度安排坚持顶层设计，制定生态文明体制改革的总体目标，构建产权清晰、多元参与、激励约束并重、系统完整的生态文明制度体系。顶层设计的落地生根需要依靠基层实践、依靠群众，在实践中试点探索、摸索经验。生态文明制度要坚持把责任主体的明责、履责、追责作为改革内容的主线，用严格的制度管权治吏，落实责任，同时激励各个行为主体在坚持系统工程和全局视角的基础上来寻求新的治理之道。

生态文明的实现需要强大的合力，要营造社会行动体系，人人参与、人人共享，提升人民的生态保护意识，强化生态理念，运用合理的制度来实现社会参与和监督机制，尤其是充分发挥各类媒体的舆论监督作用，让媒体监督、政府作为、群众参与融为一体，营造好生态文明建设的社会氛围。

五、构建地球美好家园的国际主张

保护生态环境，构建生态文明，维护能源资源安全，不是一国或几国的事情，是全球面临的共同挑战与问题，马克思主义生态文明观视域的美丽中国建设体现了中国智慧与中国力量，中国始终承担着应尽的国际义务，在世界范围开展生态文明领域的交流合作，推动成果分享，致力于共建生态良好的人类命运共同体。

在生态问题上，全世界需要同舟共济、权责担当，因为生态问题是全球性的、是发生在世界范围内的，世界人民共享一个地球环境，需要共同呵护人类赖以生存的地球家园，每一个国家都需要立足行动，根据本国国情，提出应对生态问题的自主贡献。中国在生态文明中贡献了中国智慧与中国力量，我们积极探索符合中国国情的发展道路，积极构筑尊崇自然、绿色发展的生态体系，致力于实现世界的可持续发展和人的全面发展。

我们清醒地认识到，建设生态文明关乎人类未来，国家社会应该携手同行，生态文明建设之路是人类发展的共同道路，建设绿色家园是人类的共同梦想，在“一带一路”倡议中，我们与世界各国增强多边合作机制，互助开展造林绿化，共同改善环境，积极应对全球性的生态挑战，携手打造“绿色丝绸之路”“健康丝绸之路”“智力丝绸之路”“和平丝绸之路”。

构建生态良好的地球美丽家园，要不断加强和完善全球治理体系。面对全球性的生态问题与生态挑战，非一国之力，更非一日之功，只有团结协作，才能凝聚力量，只有持之以恒，才能逐步形成有效和持久的全球解决框架，只有共商共建共享，才能保护好地球，建设人类命运共同体。需要创新应对生态问题的路径，要具有新的全球视野，创新是发展的核心，积极运用大数据、人工智能等新手段，推动生态问题研究，加快创新驱动，转变生产和消费方式，在关键技术领域实现创新突破，让科技创新更好、更有效地服务于人类生态文明建设。坚持共同但有区别的责任原则、公平原则、各自能力原则，发达国家与发展中国家实现良性的合作与互动，增强发展中国家面对生态问题的能力。

中国是负责任的发展中大国，是全球治理的积极参与者。在创新、协调、绿色、开放、共享的发展理念下，坚持尊重自然、顺应自然、保护自然，坚持节约资源和保护环境的基本国策，全面推进节能减排和低碳发展，始终面向生态文明的新时代，在生态发展理念上不断贡献中国智慧，在生态治理中不断发挥中国力量，在构建生态良好的地球美好家园这一过程中，担当发展中大国的使命和责任，为构建一个更加美好的世界而努力。

“生态文明建设关乎人类未来，建设绿色家园是人类的共同梦想。”① 人类只有一个共同的家园，这个家园需要大家一起来守护。“纵观人类文明发展史，工业化进程创造了前所未有的物质财富，也产生了难以弥补的生态创伤。杀鸡取卵、竭泽而渔的发展方式走到了尽头，顺应自然、保护生态的绿色发展昭示着未来。保护生态环境、应对气候变化需要世界各国同舟共济、共同努力，任何一国都无法置身事外、独善其身。”② 国际社会应共谋共建全球生态文明建设之路，我国的绿色“一带一路”建设，人类命运共同体思想正是力求推进生态文明建设的实践，加快构筑生态体系，共建美丽世界。

当代中国致力于走出一条生产发展、生活富裕、生态良好的文

---

① 《习近平谈治国理政》第三卷，外文出版社 2020 年版，第 364 页。

② 《习近平新时代中国特色社会主义思想学习纲要》，学习出版社、人民出版社 2019 年版，第 172 页。

明发展道路，建成富强民主文明和谐美丽的社会主义现代化强国，这也将成为我们为解决人类社会发展难题所作出的重大贡献，习近平生态文明思想正是要提供中国智慧，传播全球共赢理念，增强中国在全球生态治理中的话语权和影响力，形成世界环境保护和可持续发展的解决方案。

习近平生态文明思想是当代中国生态文明建设的智慧结晶与重要理论成果，其特点是立足于时代问题，继承发展了马克思主义自然观与中国传统自然观的核心思想，探索了当代中国生态文明建设的实践路径。习近平生态文明思想是一个统一的科学体系，集中体现为坚持生态兴则文明兴的理念，坚持人与自然和谐共生的基本思想，坚持绿水青山就是金山银山，坚持良好生态环境是最普惠的民生福祉，坚持山水林田湖草是生命共同体，坚持用最严格制度最严密法治保护生态环境，坚持全民行动共建美丽中国，坚持发挥中国力量、共谋全球生态文明建设。习近平生态文明思想丰富了马克思主义人与自然关系论述的思想内涵，弘扬了中华文明生态智慧的时代价值，拓展了全球生态环境治理的可持续发展理念，深化了中国特色社会主义思想发展与保护关系的实践认识。习近平生态文明思想不仅具有丰富的理论内涵，同时在当代中国的发展建设中具有重要的实践意义，“五位一体”总体布局推动建立生态文明制度，在生态文明建设上取得显著的成效。

理论与实践的发展离不开科学方法的指导，习近平生态文明思想在当代中国的生命力也正在于其科学的方法论内涵，继承了马克思主义的思想方法。

首先，生态文明建设强调问题导向，时代不断地提出新的问题，发展中也时刻面临着新的挑战，问题与挑战是生态文明建设理念与实践发展的内在动力，当代中国的发展进程中，尤其是现代化发展过程中，环境问题与生态危机不断地促使我们重新思考人与自然的关系，探索人与自然和谐共生的实践路径。

其次，生态文明建设注重总体性与统一性，在生态文明建设中，我们面临着许多矛盾，这些矛盾的解决需要坚持总体性与统一性。生态文明建设也是当代中国现代化建设的重要一环，构成了整体布局中重要的要素。生态文明建设的实践方案强调系统治理与总体性原则，人和自然是统一体，生态治理与人的发展密切相关，生态系统本身也是一个复杂的统一体，生态的治理需要整体性、系统性。生态建设不仅仅是生态领域的问题，也是事关全局的重要问题，因此，生态文明建设需要着眼于“五位一体”的整体战略布局，需要立足于建设现代化强国的整体目标，需要形成覆盖全社会的行动体系。

最后，生态文明建设意味着发展的观点，发展是核心要义，当代中国的生态文明建设过程是发展理念的变化过程，从注重经济发展，到科学发展、可持续发展，再到新发展理念，我们不断在思考发展的理念与思路，发展为了什么，发展为了谁，如何发展，我们所追求的发展绝不是一时的、短暂的发展，而是长远的，尤其是要惠及后代子孙的发展。

生态文明建设关系人民福祉，关乎民族未来，在为人民谋幸福、为民族谋复兴、为世界谋大同的目标下，生态文明建设变得更具有时代意义和价值。过去，在生态环境方面我们欠了很多账，走了很多弯路，现在，我们在还账的同时，也是积极地建设能够满足人民对美好生活的向往的生态环境。生态环境是人类的生存环境，与人类生存发展、生命延续、生活质量息息相关；生态环境是一个国家的天然屏障与发展基石，能够创造最大的经济利益与社会效益；生态环境是一个民族永续发展的力量，从远古文明到现代文明，每一个文明的发展都离不开良好的生态环境，生态兴衰事关文明兴衰。

个人、国家与民族的发展都需要生态文明，需要美丽的生态环境，当代中国生态文明建设的目标旨在美丽中国，美丽中国建设是一项长期工程、系统工程，需要凝聚共识，自觉行动，一代人有一代人的长征，一代人有一代人的时代挑战与任务，当代中国的现代化征程始终是对人与自然和谐共生的反思探索，只有沿着这一问题不断发展，美丽中国才能在一代又一代人的努力中成为现实。

第六章　构建人类命运共同体与马克思主义价值观

人类命运共同体，顾名思义，就是每个民族、每个国家的前途命运都紧紧联系在一起，应风雨同舟，荣辱与共，努力把我们生于斯、长于斯的这个星球建设成一个和睦的大家庭，把世界各国人民对美好生活的向往变成现实。习近平总书记指出："人类生活在同一个地球村里，生活在历史和现实交汇的同一个时空里，越来越成为你中有我、我中有你的命运共同体。"① 构建人类命运共同体这一倡议已被多次写入联合国文件，正在从理念转化为行动，产生日益广泛而深远的国际影响，成为中国引领时代潮流和人类文明进步方向的鲜明旗帜。② 它是马克思主义价值观的当代体现，是马克思主义理论特别是共产主义与科学社会主义理论时代化、中国化的最新

---

① 《习近平谈治国理政》，外文出版社 2014 年版，第 272 页。

② 《习近平新时代中国特色社会主义思想学习纲要》，学习出版社、人民出版社 2019 年版，第 208—210 页。

成果，是中国和平发展道路的强有力证明与突出表现。这一重要战略思想表明，马克思主义科学的世界观依然具有强大的生命力，而改革开放以来中国快速发展的历史性成就，作为马克思主义中国化时代化的重大实践成果，对于积极构建世界新文明类型具有无可比拟的重要意义。

第一节 马克思的共产主义理论及其价值定位

新时代中国特色大国外交与推动共建人类命运共同体思想，其“初心”可追溯到马克思的共产主义理论。事实上，自人类文明诞生之日起，千百年来仁人志士无不在憧憬着理想社会的蓝图。孔子和儒家倡导的天下大同，古希腊柏拉图探讨的理想国，近代康帕内拉渴望的太阳城，空想社会主义者托马斯·莫尔想象的乌托邦，无一不是对人类社会发展理想状况的描摹。虽然他们“属于一切时代最伟大的智士之列”，但他们的学说“含有十分虚幻和空想的性质”也是一览无余的。究其根源，这些思想虽然一定程度上体现了时代进步的需要与人们对美好生活的愿望，但本质而言乃是脱离了真正社会现实基础的空中楼阁。而马克思通过批判传统形而上学重建了思想—现实之间的本质性关联，因而其共产主义理论具有高度的科学性与积极的实践性，人们改变世界的意愿从此具有了坚实的理论基础。

一、人类解放与人的全面发展

自近代文艺复兴运动以后，欧洲在人类理性学说方面取得了突出的发展和长足的进步，然而在历史的现实发展进程中，却暴露出二律背反的显著表征：一方面，随着工业革命的兴起，随着地理大发现和大航海时代的到来，新兴资本主义力量蓬勃发展，西欧各国先后掀起了海外殖民的浪潮，但是财富的快速增加也同时导致社会两极分化的局面不断加剧。另一方面，由法国开启的启蒙运动可谓轰轰烈烈，但是欧洲内部却并未实现这种启蒙思想要求的理性状态，长期无休止的内战和时常大规模爆发的饥荒疾病等，使得欧洲社会整体上处于持续的动荡不安之中。“人类是在不断朝着改善前进吗?”康德提出的这个问题始终是近代以来仁人志士不断追问、苦苦思索的难题。

哲学家们面对同一问题的思考是截然不同的：德国古典哲学家康德希望通过“一种哲学的规划”，逼迫人们反思战争的惨痛后果，从而在理性上创造改进的条件，以便使人类世界能够不断趋近于永久和平状态。而法国启蒙思想家卢梭在同样无情地鞭笞了现代文明造成的人类不平等、特权和奴役现象之后，反而主张回到古代特有的自然状态。这两种截然相对的观点最终在黑格尔的“第二自然”即自由国家学说那里得到了调和，它试图把市民社会嵌入作为伦理实体的国家，从而将现代性的主观自由原则和古代社会的实体性原则结合起来。

可以说，黑格尔比同时代哲学家深刻得多地揭示了资本主义社会的哲学基础，他不仅用辩证法来说明生活在市民社会中的每一个个体精神的自我发展过程，而且试图以国家理性或政治共同体的实体性精神来克服市民精神的离心倾向，将自私自利的市民精神提高到普遍利益的社会定在，成为“主观意志”和“客观意志”在“国家”内的结合，由之而来的后果就是：“自由国家”的现实表现是欧洲现代民族国家，其精神基础是基督教的世俗化，社会基础是作为现代性世界历史主体的资产阶级。

由于黑格尔将民族国家之间的战争视为纯化民族精神和恢复政治共同体生机活力的重要手段，霸权主义和帝国主义的暴力行为就在所谓“世界精神”的历史行程中被合法化了。它带来的后果，是个人自由、市民社会的全球化发展、供给—需求关系支配的财富的普遍增长，而那些由战争带来的人类苦难，则被黑格尔无情地视为一种“副作用”。这是一种明白无误的“头脚倒置”，不但人类解放无从谈起，甚至“人权”也被“财产权”取而代之了。由此可见，黑格尔为现代文明的霸权主义思想和行动提供了哲学高度上的论证，这一“伟大之思想”也难免沦为“伟大之迷误”。因此恩格斯说：“18 世纪伟大的思想家们，也同他们的一切先驱者一样，没有能够超出他们自己的时代使他们受到的限制。”①

黑格尔虽然也被一些肤浅的人一再当作“死狗”来对待，但黑

① 《马克思恩格斯文集》第 9 卷，人民出版社 2009 年版，第 20 页。

格尔哲学及其所论证的“世界历史”行程，却实质上成为西方现代性文明的总基调，仿佛历史必然终结于资本主义的生产方式以及与此相伴生的民族国家体系。真正突破黑格尔意义上的“历史终结论”的思想家是马克思。

习近平总书记强调：“马克思主义博大精深，一句话，为人类求解放。”① 可以说，马克思一生全部学说的巨大努力及其思想成果，都是人类解放这个主题的不断具体化。马克思的人类解放这一“初心”可追溯到他 17 岁时写的题为《青年在选择职业时的考虑》的中学毕业作文中。他这样写道：“在选择职业时，我们应该遵循的主要指针是人类的幸福和我们自身的完美。……人类的天性本来就是这样的：人们只有为同时代人的完美、为他们的幸福而工作，才能使自己也达到完美。……如果我们选择了最能为人类福利而劳动的职业，那么，重担就不能把我们压倒，因为这是为大家而献身；那时我们所感到的就不是可怜的、有限的、自私的乐趣，我们的幸福将属于千百万人，我们的事业将默默地、但是永恒发挥作用地存在下去，而面对我们的骨灰，高尚的人们将洒下热泪。”②

这里论及的所谓“可怜的、有限的、自私的乐趣”，指的正是黑格尔《法哲学原理》谈到的“市民社会精神”，即自私自利、唯利是图的资本主义精神及其市场经济原则。虽然这时候的马克思尚未成为“黑格尔这位大思想家的学生”，更遑论创立自己系统的思想学

① 《在纪念马克思诞辰 200 周年大会上的讲话》，人民出版社 2018 年版，第 8 页。

② 《马克思恩格斯全集》第 40 卷，人民出版社 1982 年版，第 7 页。

说，但是为人类幸福而劳动、为人类解放而奋斗的初心，已经先行砥定了。随后在1843年的《论犹太人问题》一文中，马克思区分了三种解放形式，即宗教解放、政治解放和人类解放。针对当时德国犹太人普遍呼吁的宗教信仰的自由，马克思认为犹太人只有在政治解放这个“当代的普遍问题”上方能实现真正的宗教解放。但是，犹太人的政治解放却在最终意义上确证了犹太精神，即利己主义的市民社会精神，它最为顽固地阻碍着真正的“人类解放”。因此，人类解放要求消灭这种市民精神，即用共产主义精神消灭资本主义精神。

同样在1843年，马克思的另一篇作品《〈黑格尔法哲学批判〉导言》问世，与《论犹太人问题》一同登载在《德法年鉴》上。马克思在该文中指出，德国要想改变落后的命运，实现德国人的解放，第一需要完成彻底的思想—现实革命，第二这种彻底的革命需要通过无产阶级的解放来实现彻底的人类解放，第三这种解放是通过哲学的现实化使无产阶级通过革命的物质力量来消灭自身、完成解放：“彻底的德国不从根本上进行革命，就不可能完成革命。德国人的解放就是人的解放。这个解放的头脑是哲学，它的心脏是无产阶级。哲学不消灭无产阶级，就不能成为现实；无产阶级不把哲学变成现实，就不可能消灭自身。”[①] 这些论述表明，马克思抓住了人类解放的核心和主体要素：无产阶级，完成了从革命民主主义向共产主义思想的转变。

---

① 《马克思恩格斯文集》第1卷，人民出版社2009年版，第18页。

如果说在1843年前马克思还只是从黑格尔法哲学或国家学说批判出发来探讨人类解放的可能性，那么随后在1844年，马克思意识到"对市民社会的解剖应该到政治经济学中去寻求"①。受恩格斯"天才大纲（即《国民经济学批判大纲》）"的启发，马克思在《1844年经济学哲学手稿》中从政治经济学批判出发，进一步阐释人类解放的现实可能性。他强调，市民社会中如此这般确立起来的私有制的统治及其社会制度，根源在于人的劳动成为"异化劳动"："劳动所生产的对象，即劳动的产品，作为一种异己的存在物，作为不依赖于生产者的力量，同劳动相对立。"②由于异化劳动首先剥夺了作为劳动者的人生产出的劳动对象，并且这种对象反过来成为剥夺了人之为人的对抗性关系的主体，于是人（劳动者）同他生产的劳动产品、他自己的生命活动、他的类本质相异化的直接结果就是人同他人相对立的异化关系。但是，这种异化劳动并不是形而上学的抽象预设，它最本质的根源在于私有财产，即如要消灭异化劳动、终结人的四重异化关系，必须废除私有财产，"而要消灭现实的私有财产，则必须有现实的共产主义行动"③。这样，马克思"人类解放"的初心，就获得了扬弃私有制这一"现实的共产主义运动"最为核心的内涵。

---

① 《马克思恩格斯文集》第2卷，人民出版社2009年版，第591页。

② 《马克思恩格斯文集》第1卷，人民出版社2009年版，第156页。

③ 同上书，第232页。

二、马克思对现代性的批判

由于马克思把在资产阶级统治下的劳动看作是异化劳动，并且在异化劳动之内发展着扬弃异化劳动，从而扬弃现实社会的条件，所以，从历史发展的纵向来看，消灭异化劳动的实践过程也就构成了“共产主义运动”。这一学说较之于形形色色的空想社会主义思潮而言，其最先进、最深刻的方面正是揭示了普遍的历史运动在特定的资本主义时代的现实性，亦即通过揭示现代世界的历史限度，以批判的原则对现代文明进行积极扬弃，从而使社会主义从空想走向科学。马克思认为：“对实践的唯物主义者即共产主义者来说，全部问题都在于使现存世界革命化，实际地反对并改变现存的事物。”①即要求把共产主义理解为理解现实并消灭现实的运动，而不是当成一种历史目的论或者历史决定论。另一方面，资产阶级的统治由于内在地发展着诸多根本矛盾和否定性的环节，因此它的“历史性”成为自身灭亡的决定性：大工业的发展和物质条件的丰富、贫富差距的扩大和无产阶级的增加、资本夺取外部空间的有限性等因素，必然导致异化劳动和私有财产的真正扬弃。

马克思的共产主义理论，是对19世纪上半叶之前的欧洲共产主义和社会主义林林总总的思潮进行批判之后得出的科学理论。正如青年马克思所言：“我们不想教条地预期未来，而只是想通过批

① 《马克思恩格斯文集》第1卷，人民出版社2009年版，第527页。

判旧世界发现新世界。”① 马克思的共产主义理论不是脱离实际的空想，不是超越历史的预言，而是要求遵循历史原则和社会现实来认识感性世界，把握人类社会的历史运动规律和现实发展状况，为无产阶级和人类解放提出科学的理论指导。列宁正确地看到：“马克思丝毫不想制造乌托邦，不想凭空猜测无法知道的事情。马克思提出共产主义的问题，正像一个自然科学家已经知道某一新的生物变种是怎样产生以及朝着哪个方向演变才提出该生物变种的发展问题一样。”② 共产主义理论始终离不开具体时代发展所提出的具体历史使命，始终是不断生成和实践的历史运动。马克思认为：“共产主义对我们来说不是应当确立的状况，不是现实应当与之相适应的理想。我们所称为共产主义的是那种消灭现存状况的现实的运动。这个运动的条件是由现有的前提产生的。”③ 因此，马克思反对将共产主义理论教条化，反对“构想未来并使它适合于任何时候”。恩格斯同样指出：“无论如何，共产主义社会中的人们自己会决定，是否应当为此采取某种措施，在什么时候，用什么办法，以及究竟是什么样的措施。”④ “我们对未来非资本主义社会区别于现代社会的特征的看法，是从历史事实和发展过程中得出的确切结论；不结合这些事实和过程去加以阐明，就没有任何理论价值和实际价值。”⑤

---

① 《马克思恩格斯文集》第 10 卷，人民出版社 2009 年版，第 7 页。
② 《列宁选集》第 3 卷，人民出版社 2012 年版，第 187 页。
③ 《马克思恩格斯文集》第 1 卷，人民出版社 2009 年版，第 539 页。
④ 《马克思恩格斯文集》第 10 卷，人民出版社 2009 年版，第 455—456 页。
⑤ 同上书，第 548 页。

马克思的共产主义理论，是在深刻洞察资本主义社会内在规律和本质矛盾的基础上指出了人类社会发展必然之途的科学理论。它不是历史发展某个阶段产生的特殊状况，而是深刻地植根于现代资本主义文明的土壤之中，正如恩格斯所言："共产主义不是英国或任何其他国家的特殊状况造成的结果，而是以现代文明社会的一般实际情况所具有的前提中不可避免地得出的必然结论。"① 当现代文明社会即资本主义社会来到人间时，一方面体现出超越以往全部旧社会的巨大的革命力量，特别是生产力的快速发展和社会财富的不断积累，另一方面同时体现出异化劳动和社会财富私有制的本质特征，现代工人队伍不断扩大的同时也不可避免地滑向异化状态的极致。历史辩证法的伟大作用力在资本主义身上体现得淋漓尽致：它不但锻造了"用来推翻封建制度的武器"，还同时锻造出了将要运用这种"置自身于死地的武器"的人，即无产阶级。而"代替那存在着阶级和阶级对立的资产阶级旧社会的"是自由人的联合体，即共产主义社会，"在那里，每个人的自由发展是一切人的自由发展的条件"②。共产主义作为一般的"人类历史发展规律"的最终归宿，正是从"现代资本主义生产方式和它所产生的资产阶级社会的特殊运动规律"中得出的，从私有制社会发展最完备的形态即现代资本主义社会中得出的。资本主义阶段虽然是人的自我异化之源，但同时

① 《马克思恩格斯全集》第3卷，人民出版社2002年版，第474页。

② 《马克思恩格斯文集》第2卷，人民出版社2009年版，第53页。

也是人的自我异化的扬弃的基础，它打开的世界历史和人的世界性的交往活动是孕育未来新社会的母体。

马克思的共产主义理论，是通过异化劳动和私有财产的积极扬弃开启的关于人的自由全面发展的理想社会的科学理论。第一，共产主义是在人重新回复到人的本性基础上的自由劳动。劳动被解除了对人的异化和限制，不再是外在的、使人借以谋生的手段，不再把人局限和固化在某个具体的分工里，而是使人自由地重新占有他自身的全面性。在《德意志意识形态》中，马克思强调在共产主义社会，“我有可能随自己的兴趣今天干这事，明天干那事，上午打猎，下午捕鱼，傍晚从事畜牧，晚饭后从事批判，这样就不会使我老是一个猎人、渔夫、牧人或批判者”①，“在共产主义社会里，没有单纯的画家，只有把绘画作为自己多种活动中的一项活动的人们”②。由此可见，共产主义社会从根本上超越了资本主义社会的生产方式和社会结构，由社会而不是资本调节着整个生产，因此人不会被固定在特殊的分工领域之中，随着劳动分工的消灭，人复归于并重新占有自己的自由本性。第二，共产主义是世界历史的普遍交往的前提下的生产劳动全面性的完成。共产主义作为消灭异化的历史活动，必须完成资产阶级和无产阶级的普遍对立，使资产阶级的统治成为“不堪忍受”的力量，以及生产力本身的高度发展之后，

---

① 《马克思恩格斯选集》第 1 卷，人民出版社 2012 年版，第 165 页。

② 《马克思恩格斯全集》第 3 卷，人民出版社 1960 年版，第 460 页。

才能实现。因为无产阶级的武器对准的是普遍的资产阶级而不是争夺必需品，因而共产主义不可能在一种绝对的贫穷状态中实现；只有世界历史性的普遍性经验战胜地域性的分散经验之后，即生产力和交往的普遍的发展模式建立起来之后，才能完成普遍的共产主义，而“交往的任何扩大都会消灭地域性的共产主义”①。第三，共产主义是不断消灭旧世界、建立新世界的实践的、发展的行动。马克思坚决要求把共产主义理解为“消灭现存状况的现实的运动”，而不是看成历史的目的或者历史的终点，即“不是应当确立的状况，不是现实应当与之相适应的理想”②。马克思认为，与其讨论共产主义的既定社会状态，更重要的是强调共产主义的实践行动与革命事件，即人的现实活动（生产和交往）及其物质条件、经济结构与世界历史的发展。海德格尔也在相同立场上把马克思的共产主义理论看作是“一种对有世界历史意义的东西的基本经验”③。

总而言之，共产主义理论作为马克思主义科学世界观的升华，具有强大而鲜明的理论价值与实践价值。正如《共产党宣言》所揭示的那样，“资产阶级的灭亡和无产阶级的胜利是同样不可避免的”④，在由马克思主义开启的人类认识自身历史的新时代，共产主义理论成为人类解放自身运动的强有力武器。

---

①② 《马克思恩格斯选集》第1卷，人民出版社2012年版，第166页。

③ 《海德格尔选集》上卷，上海三联书店1996年版，第384页。

④ 《马克思恩格斯选集》第1卷，人民出版社2012年版，第413页。

三、必然王国与自由王国

习近平总书记强调："坚定理想信念，坚守共产党人精神追求，始终是共产党人安身立命的根本。对马克思主义的信仰，对社会主义和共产主义的信念，是共产党人的政治灵魂，是共产党人经受住任何考验的精神支柱。"①把践行中国特色社会主义共同理想和坚定共产主义远大理想统一起来，是办好中国特色社会主义各项事业的牢固基础。共产主义理论在其价值论归宿上，旗帜鲜明地道出了人类社会发展的科学的、必然的理想蓝图。

恩格斯曾对马克思思想的伟大功绩概括为"两大发现"，其一便是"发现了人类历史的发展规律"。这一规律马克思在1859年的《〈政治经济学批判〉序言》中按照生产方式的变动结构将社会形态的演进区分为亚细亚的、古代的、封建的和现代资产阶级的生产方式及其相应的社会形态。如果在这四个阶段之后再加上共产主义（或者社会主义），就成了历史道路"五阶段论"的成熟完备的表述。同时，马克思在《1857—1858年经济学手稿》中将人类历史道路概括为"三阶段论"：第一阶段是人的依赖关系，第二阶段是以物的依赖性为基础的人的独立性，第三阶段则建立在个人的全面发展和自由个性的基础之上，使共同的社会的生产能力成为人类自己的社会财富。"三阶段论"较之于"五阶段论"而言，大体上将"亚细亚

① 《习近平关于全面从严治党论述摘编》，中央文献出版社2016年版，第57页。

的、古代的、封建的生产方式”这些前资本主义社会的传统社会概括为“人对人直接的依赖关系”，将现代性文明概括为“以物的依赖性为基础的人的独立性”，而将“共产主义社会”用“人的全面发展的自由个性”这一特征来把握。这样一来，如果说“五阶段论”对于历史实情来说可能会出现跳跃、混杂等局面的话，那么“三阶段论”则进一步巩固了人类历史道路的必然性特征，从而在形式上更为丰富地容纳和提炼世界历史的经验内容。

无论是在“五阶段论”还是“三阶段论”中，共产主义社会都是其社会历史发展道路的最终归宿。但是在马克思看来，这种归宿并不意味着“终结论”或者“末世论”，因为共产主义社会乃是真正意义上的人类文明史的“发轫”，而在共产主义社会之前的一切历史阶段，亦即它最终要超越、扬弃的一切文明形态，都不过是“史前史”。所以，通往共产主义社会的发展道路乃是人类史的塑造过程，马克思从不认为共产主义是什么纯思辨形式的“平等”或“意识”，因为“平等不过是德国人的公式‘自我 = 自我’译成法国语言即政治语言罢了。平等，作为共产主义的基础，是共产主义的政治的论据。这同德国人把人理解为普遍的自我意识，以此来论证共产主义，是一回事。不言而喻，异化的扬弃总是从作为统治力量的异化形式出发：在德国是自我意识，在法国由于政治的原因是平等，在英国是现实的、物质的、仅仅以自身来衡量自身的实际需要”①。事实上，

① 《马克思恩格斯全集》第 42 卷，人民出版社 1979 年版，第 139 页。

共产主义首先意味着具体的实践活动打开的领域，“要消灭私有财产的思想，有共产主义思想就完全够了。而要消灭现实的私有财产，则必须有现实的共产主义行动”①。

因此，共产主义道路的现实性在于深刻理解资本主义社会及其之前一切社会形态的现实性，马克思将其表述为“必然王国”（realm of necessity），即在共产主义社会之前的一切世代的人们所从事的生产，都是出于自然的必然性，即为了满足人的自然需要而从事生产，因而其生产关系也必然受到这种必然性的规约和限制，即在生产力不充分不丰富的前提下，社会权力必然导致劳动的异化与财富的私有化，以及这种权力结构的不平衡体系。而在马克思看来，资本主义向共产主义过渡的重要的现实基础是生产力水平的发展，这种发展所创造的剩余劳动时间为工人赢得了喘息之机，而当技术处在一种高度发达的水平之上时，一方面社会必要劳动时间大幅缩短，另一方面发展出普遍丰富的社会财富，这样，工人的劳动日就会被大幅削减，因而他可以尽可能地不再通过一种异化劳动去为别人生产，而是为了自己的自由全面的特性为自己生产。因而，共产主义区别于它之前一切世代的重要标志，就是从“必然王国”过渡到“自由王国”（realm of freedom），即发挥一种“作为目的本身的人类能力”②。

“自由王国”具有双重含义：一方面，劳动对于人来说成为一种真正具有创造力的付出活动。它包含了人的全面个性的对象化，是

---

① 《马克思恩格斯全集》第 42 卷，人民出版社 1979 年版，第 140 页。

② 《马克思恩格斯全集》第 46 卷，人民出版社 2003 年版，第 929 页。

最认真和最热情的，而不是像傅立叶认为的类似于游戏的活动。这种努力和付出在阶级社会中是令人不舒畅的、把人的能力榨取精光的性质，而在共产主义中，它是愉悦的、具有满足和成就感的。人从事生产不再仅仅为了满足自然需要，而是纯粹出于发挥无限的能力。另一方面，机器一定程度上代替了人类劳动。机器不是褫夺了人的本质性力量使人沦为机器的依附，而是机器本身就是人的本质力量的自然延伸。“工人不再是生产过程的主要当事者，而是站在生产过程的旁边”，从而“制造一种产品使用‘更少的人’和‘更短的时间’”，使得自然力和机器劳动能够被人类所高度领导和全面控制，它所创造的巨大财富表现为人本身对生产力的最全面的占有。①因此“这个自由王国只有建立在必然王国的基础上，才能繁荣起来。工作日的缩短是根本条件”②。这样一来，共产主义就意味着人与自然的真正统一。

由此可见，与康德、黑格尔等以往思想家和空想社会主义者全然不同的是，马克思赋予了自由概念以极其具体的现实基础，即生产、技术与机器的发展，劳动时间的缩短，社会财富的增加，从而开启自由自觉劳动、为自己的劳动的可能性，其中“自我异化的扬弃同自我异化走的是一条道路”③，“自然科学却通过工业日益在实践

① 参看《马克思恩格斯全集》第46卷（下），人民出版社1980年版，第218页；并参看《马克思恩格斯全集》第47卷（下），人民出版社1980年版，第389—390页。

② 《马克思恩格斯文集》第7卷，人民出版社2009年版，第929页。

③ 《马克思恩格斯全集》第3卷，人民出版社2002年版，第294页。

上进入人的生活，改造人的生活，并为人的解放作准备，尽管它不得不直接地使非人化充分发展”①。因而，工人阶级的革命斗争活动与提高劳动生产力的技术活动应当是同时进行、一体两面的。这种二重性重构了现代文明的真正基础——它自身生产与增长逻辑的充分发展，与这种发展必将导致的自身文明的终结。因此，当代中国发展的“现代化”基础与“中国特色”本质，正是马克思共产主义学说在21世纪世界书写的范例。

习近平指出：“共产主义决不是‘土豆烧牛肉’那么简单，不可能唾手可得、一蹴而就，但我们不能因为实现共产主义理想是一个漫长的过程，就认为那是虚无缥缈的海市蜃楼，就不去做一个忠诚的共产党员。革命理想高于天。实现共产主义是我们共产党人的最高理想，而这个最高理想是需要一代又一代人接力奋斗的。如果大家都觉得这是看不见摸不着的东西，没有必要为之奋斗和牺牲，那共产主义就真的永远实现不了了。我们现在坚持和发展中国特色社会主义，就是向着最高理想所进行的实实在在努力。”②

第二节　中国的和平发展道路及其世界历史意义

习近平总书记强调：“可以告慰马克思的是，马克思主义指引中

① 《马克思恩格斯全集》第3卷，人民出版社2002年版，第307页。

② 《十八大以来重要文献选编》，中央文献出版社2016年版，第321页。

国成功走上了全面建设社会主义现代化强国的康庄大道，中国共产党人作为马克思主义的忠诚信奉者、坚定实践者，正在为坚持和发展马克思主义而执着努力。”① 在马克思主义理论的指引下，中国现代化道路的历史性实践业已取得举世瞩目的成就。当前“一带一路”与“亚投行”等重大举措业已昭示，中国已经逐渐具备西方所称的“思想领导力”，即制定国际经济政策章程的政治能力。这些重大举措究竟预示着中国在走怎样一条发展道路？它具有怎样的基本逻辑和基本性质？这些马克思主义中国化、时代化问题尚须得到必要的澄清。我们的基本观点如下：中国的近现代发展道路遵循着两重逻辑——一是中国担负着长期的现代化任务，二是这一任务的具体内容与现代西方国家既有的成果相当不同。因此，中国必须通过批判性地吸收现代文明的积极成果，开启一条超越资本主义的新文明类型的历史道路，而中国现代化道路的和平主义性质也必须依循这一双重逻辑来理解。

一、中国现代化道路的基本特征

随着中国近年来国民经济的快速增长和综合国力的巨大提升，整个世界日益在国际政治和全球战略的主题上关切中国的发展走向，以及这种走向可能产生的诸多后果。就当代世界的政治格局而言，

① 习近平:《在纪念马克思诞辰 200 周年大会上的讲话》，人民出版社 2018 年版，第 15 页。

西方思想界普遍地认为：帝国主义或者地区霸权主义，是中国道路的必然走向，此前任何国家的崛起道路都将直接或间接地发展为这种结果。然而事实上，正如史景迁所言："中国历史的发展进程在很大程度上与西方人为研究中国所进行的努力是互不相关的……西方人对中国的兴趣是不受中国的历史现实左右的……对于那些深怀不安全感和焦虑感的西方人来说，中国在某种程度上成了它们的一条出路或者退路。"① 中国的现代化发展道路决不是西方已有的现代化成果的某种"对象化"，而是具有多重向度的规定性，这也同时体现出透视中国道路以及中国问题的复杂性。

中国的现代化道路，总体是传统向现代跨越的历史性转换。这一转换，是以工业化、市场化、城镇化的形式展开的。从表层看，中国的现代化进程，是一种借助"后发优势"展开的追赶型发展，具有"部分从属"或"暂时从属"于西方文明的实践逻辑。而从深层分析，乃是中国社会从农业文明向工业文明的转移，具有新旧社会结构转换的历史逻辑。在中国的现代化推进中，横向是空间逻辑引发的"中""西"冲突，而纵向的时间逻辑则带来"古""今"冲突，在时空双重逻辑的对冲作用下，由此形成中国现代化道路的高度复杂的特性。

中国传统社会的基本性质，是典型的静态、内敛、保守的农业文明特征，它塑造了辉煌的东亚文明，相对于其他文明类型而言，

---

① ［美］史景迁：《文化类同与文化利用——世界文化总体对话中的中国形象》，北京大学出版社 1980 年版，第 144—145 页。

始终保持一种高度发达的稳定形态——超稳定结构的特点。然而，在过去的近二百年的时间里，伴随着资本主义开创世界历史、现代文明全球化的历程，中国传统的农业文明逐渐被摧毁和解体，从而开启了漫长而艰难的现代化道路，并经历了V字形的“繁荣—萧条—繁荣”的社会转型，让全世界看到了一个古老的东方国家的再度青春化。20世纪80年代以来，随着中国改革开放深入推进，国民经济快速增长，综合国力巨大提升，传统与现代、东方文明与西方文明等不同要素在交融与冲突中日趋复杂，既影响着中华文明的发展走向，也影响着中国道路的实践探索。因此，运用马克思关于现代文明历史道路的理论分析，有助于我们在复杂性中把握中国现代化道路的双重逻辑。

马克思的历史道路理论，总体上倾向于把人类历史看作一种受普遍性原则支配的进程。他说：“我的观点是把经济的社会形态的发展理解为一种自然史的过程。”[①] 马克思一再重申这种自然规律的普遍性：“问题本身并不在于资本主义生产的自然规律所引起的社会对抗的发展程度的高低。问题在于这些规律本身，在于这些以铁的必然性发生作用并且正在实现的趋势。工业较发达的国家向工业较不发达的国家所显示的，只是后者未来的景象。”[②] “一个社会即使探索到了本身运动的自然规律……它还是既不能跳过也不能用法令取消自然的发展阶段”，它能做的不过是“缩短和减轻分娩（历史的自然

① 《马克思恩格斯选集》第2卷，人民出版社2012年版，第84页。

② 同上书，第82页。

规律发展的新阶段及其产生的新事物）的痛苦”①。在以这种规律的普遍性为基本原则的分析框架之内，马克思自始至终通过考察人类的劳动生产以及生产方式的结构性变动来贯彻这一原则。在《共产党宣言》中，马克思指出了在世界历史的进程中传统社会开启现代化道路的不可移易性：它乃是源于资产阶级把一切民族甚至是最野蛮的民族都卷入到现代文明的进程中来了，“正像它使农村从属于城市一样，它使未开化和半开化的国家从属于文明的国家，使农民的民族从属于资产阶级的民族，使东方从属于西方”②。

按照对马克思历史道路理论所体现的普遍性的一般理解，人类历史道路按照自然规律的支配最终将会通向那齐一化的、无差别的未来社会中，这也正是近代哲学中极为常见的“一般历史哲学”的目的论形态。然而耐人寻味的是，马克思本人非常明确而坚决地反对这种一般性的理解。晚年马克思曾在给查苏利奇的复信草稿中强调，资本主义生产“这一运动的‘历史必然性’限于西欧各国”，但对于其他地区和文明而言，“一切都取决于它所处的历史环境”。③马克思的这些观点表明：现代化以及现代文明确乎是由西方开启的，并将其推行到全世界而开创了“世界历史”，然而不可或缺的另一方面在于：现代文明在西方意义上的普遍性又是具有基本限度的，它

① 《马克思恩格斯选集》第2卷，人民出版社2012年版，第83页。括号中内容为笔者所加。

② 《马克思恩格斯选集》第1卷，人民出版社2012年版，第405页。

③ 《马克思恩格斯选集》第3卷，人民出版社2012年版，第837页。

在其他不同民族和地区的生长取决于具体而特有的历史环境。马克思甚至认为规律的普遍性本身也一定是历史的，因而是具体的，拿“工资规律”来说，“如果我废除了雇佣劳动，我当然也就废除了它的规律，不管这些规律是‘铁的’，还是海绵的”[①]，也就是说，一旦把抽象的形式规律无节制地运用到任何实体内容之上，其结果必将导致以一种非历史的方式去强行解释历史。

在马克思看来，理解现代文明的全球化进程，核心在于理解这一进程中“东方”与“西方”之间的关系。在关于鸦片战争的政论与东方社会的研究中，马克思把这种关系看作两个方面：一方面，马克思认为传统的东方社会在世界历史之中“表现不出任何伟大的作为和历史首创精神”[②]。尽管欧洲资产阶级在海外殖民和征服世界的进程中给东方社会带来了深重的苦难，但问题的关键不在于采取一种人道主义的态度去同情和怜悯东方社会，而是应当看到如下事实：先进的工业国消灭落后的农业国的进程乃是世界历史的一种现代性逻辑使然。另一方面，当学术界据此认为“马克思可想出的唯一可选择的道路是欧洲已走过的道路”[③]的时候，我们不应忘记，马克思本人曾坚决反对“把关于西欧资本主义起源的历史概述彻底变成一般发展道路的历史哲学理论，一切民族，不管他们所处的历史

---

① 《马克思恩格斯选集》第3卷，人民出版社2012年版，第369页。

② 《马克思恩格斯选集》第1卷，人民出版社2012年版，第854页。

③ ［美］哈特、［意］奈格里：《帝国：全球化的政治秩序》，江苏人民出版社2005年版，第145页。

环境如何，都注定要走这条道路”这种教条主义的错误倾向，“这种历史哲学理论的最大长处就在于它是超历史的”[①]。因此，马克思本质性地揭示出了现代性的另一重逻辑，即欧洲以外地区现代化道路乃是在与欧洲本土相当不同的传统基础与现实实情之上展开的，因而不可能产生“全盘西化”的齐一性、均质化的世界文明图景。

马克思关于现代文明历史道路的理论概述，指明了一条通达当代社会现实的道路，而中国的发展也在这一道路的纲领和洞见之内。从马克思的历史道路理论出发，中国道路也同样包含了不可须臾相失的两方面：一方面，中国的现代化道路是被西方现代文明作为“世界历史的天命”强加上去的，它在很大程度上消灭了传统的农业文明的生产方式，而被迫接受和采纳西方发展和确定起来的现代工业文明的体系，或者确切说来，是资本主义文明体系。因此，当代中国负有现代化的历史任务，这一任务把我们带入“暂时从属”于西方现代文明之中历史道路上去；另一方面，中国现代化的历史任务是非常独特的、在与西方全然不同的国情现实和文化传统中展开的，正像马克思对俄国道路提出的“一切都取决于它所处的历史环境”[②]的忠告一样。因此，中国的现代化进程只能以“部分从属”的方式来批判性地消化和吸收现代文明，从而为中国特色社会主义道路创造了必要的条件。

① ［美］哈特、［意］奈格里：《帝国：全球化的政治秩序》，江苏人民出版社 2005 年版，第 145 页。

② 《马克思恩格斯选集》第 3 卷，人民出版社 2012 年版，第 837 页。

根据中国现代化道路之于西方文明的“暂时从属”和“部分从属”这两重特征，我们可以反观中国现代化道路的双重社会现实逻辑：其一，这一现代化任务是长期的、并且是艰巨的；其二，这一现代化任务又是在不同于西方文化的精神传统和国情基础上展开的。因此，在具体的实践道路上，前者要求着我们必须吸收现代文明的积极成果，以与传统的农业社会的政治架构相区分；而后者要求着这一吸收必须是批判性的和超越性的，结合独特的精神传统开启一条新文明类型的历史道路。在“古与今”“中与外”多重关系的相互制约下，中国道路不可能“全盘西化”，也同样不可能“全盘复古”，而必须在“古今中外”矛盾的持续张力中表现自身的独特性。

二、中国现代化道路的历史境遇与实践成就

党的十九大报告作出了一个重大的政治论断，即中国特色社会主义进入了新时代，它昭示着中国发展道路进入一个全新的历史方位。一个多世纪以来，中国经历了“数千年未有之大变局”，并依次经历了关于“中国向何处去”的三重“时代之间”“世纪之间”——在19世纪末20世纪初，遭受帝国主义殖民的旧中国向何处去？在20世纪后半叶，经历了“文革”的社会主义中国向何处去？在21世纪初，问题演化成了逐步繁荣富强的中国向何处去？每个“时代之间”“世纪之间”都在仁人志士的不懈求索与奋斗下，得出了明确而正确的答案，那就是中国化马克思主义道路的历史境遇和实践成就，深刻地植根于中国道路的时代发展变迁过程及其思想成果。

反观西方，一百多年前斯宾格勒率先道出了“西方的没落”。在此前后，无论是尼采的“虚无主义”、海德格尔的“哲学的终结”还是胡塞尔的“欧洲科学的危机”，实际上都看到了欧洲文明以及整个西方现代性文明的基本限度。在当代西方学者看来，现实中的美国实力的确在逐步减弱，奈格里和哈特认为，美国不能成为帝国计划者的中心[①]；沃勒斯坦认为，不仅是作为霸权国家的美国，而且整个资本主义都将无法继续无止境地积累资本，资本主义体系将随之进入结构性危机的阶段，最终走向灭亡[②]；而乔万尼·阿瑞吉则认为，美国作为最大的债权国从根本上无法解决不平衡发展、资本家的竞争所带来的灾难性后果，因而在全球经济持续动荡的过程中，美国的霸权地位正在解体[③]。许多思想家从不同层面洞察到了西方现代文明命运的不确定性和不可持续性。

以资本主义为主要内容的西方现代文明，体现出三重本质性特征：其一，资本的本性在于无限增殖，当“资本主义大国把世界领土瓜分完毕”之后，虚拟资本就通过创造虚拟时间和虚拟空间继续完成增殖过程。其二，资本作为一种感性的权力，在其增殖过程中不断巩固自己的统治地位——在资本主义社会内部表现为对无产阶

---

① 参看［美］哈特、［意］奈格里：《帝国：全球化的政治秩序》，江苏人民出版社2005年版，第4页。

② 参看［美］沃勒斯坦等：《资本主义还有未来吗》，社会科学文献出版社2014年版，第9—35页。

③ 参看［意］乔万尼·阿里吉：《亚当·斯密在北京——21世纪的谱系》，社会科学文献出版社2009年版，第146—170页。

级的剥削，在其外部表现为对落后地区和民族的控制。其三，资本在世界市场中主要表现为“一体化”和“不平衡”，并形成一个世界性的体系，通过“中心—半边缘—边缘”的层级结构不断流动。在一定程度上，这三重特点之下的现代西方文明表现为霸权主义和“欧洲中心主义”，进而形成所谓“落后就要挨打”的强权政治逻辑。正是基于这一政治逻辑，为强化资本的中心地位，西方世界从来没有停止过对中国的打压，经济上的打压与思想文化上的打压往往同步进行——要么掠夺中国的资源、摧毁现有的物质文明，要么让中国人的大脑变成西方人的附庸，“最好的情况”是两者兼有。因此，中国独立自主的社会主义现代化道路饱受西方的质疑和攻讦，充满了艰难和坎坷。就现代西方文明命运的不确定性和不可持续性而言，中国道路正面临着重要的历史机遇，即列宁关于“落后的欧洲与先进的亚洲”论断的现实化；就现代西方文明对中国崛起的打压而言，这是中国道路作为社会主义现代化之“弯道超车”面临的严峻挑战。

自鸦片战争以来，中国彻底沦为世界体系的边缘地区，并受尽了西方霸权的劫掠和欺侮，被迫在“传统断裂”的社会现状中开启现代化的道路，以“师夷长技”的方式批判性地吸收西方工业文明带来的普遍性成果。为了摆脱“边缘”体系结构被发达资本主义国家剥削和奴役的状况，必须通过革命的方式来首先获得政治解放，而这种解放必须以对资本主义生产方式的批判为前提，并开启一条社会主义道路作为这一批判的积极的、必然的结果。对于中国的现代化发展来说，它不可能依循西方资本主义—帝国主义的现代形式求得自身通达的道路，完全依照西方资本主义的标准和方式来开展的现代化是根本行不通的。这样一种历史命运固然受制于文化传统，但同时也为其和平发展道路的性质与方向提供了必要的前提。

众所周知，毛泽东提出了中国共产党的两重革命任务：新民主主义革命和社会主义革命。前者的性质是资产阶级民主革命，对应着中国现代化道路的第一步，即进入到世界历史赋予的现代化道路之中；后者的性质是无产阶级革命，对应着中国现代化道路的第二步，即这一现代化道路区别于西方之全新的基础与定向。这表明了中国现代化道路的复杂与艰难。在 1949 年新中国成立之际，毛泽东说："我们有一个共同的感觉，这就是我们的工作将写在人类的历史上，它将表明：占人类总数四分之一的中国人从此站起来了。……我们的民族将从此列入爱好和平自由的世界各民族的大家庭，以勇敢而勤劳的姿态工作着，创造自己的文明和幸福，同时也促进世界的和平和自由。"① 这一宣告向全世界正式表明：中国开始走上独立自主的社会主义现代化道路，同时也是中华文明伟大复兴的和平主义历史道路。

中国革命的胜利，为走一条独立自主的现代化道路作了必要的准备和铺垫。而随着中心工作从"继续革命"转向"经济建设"战略，激发社会活力，解放生产力，实现现代化，这一更为本质的历史任务摆脱"空场"，成为中国发展的主旋律。邓小平认为，社会主

① 《毛泽东文集》第 5 卷，人民出版社 1996 年版，第 343—344 页。

义的最高纲领是实现共产主义，它的根本前提是“解放生产力，发展生产力”，否则中国在世界经济体系的“边缘”中仅仅以自发地“不断革命”的方式是无益于通达共产主义的。因此，必须把批判性地吸收现代文明的积极成果再次作为社会发展的主要任务，以便填充毛泽东革命构想中的“空场”。其重要后果就是，在短短的30多年时间里，中国实现跨越式发展，并成为世界第二大经济体。中国的现代化道路以巨大的物质力量的快速发展而引起世人广泛关注。

“回顾我们党90多年的艰辛历程，中国共产党人能不能打仗，新中国的成立已经说明了；我们中国共产党人能不能搞建设，改革开放的推进也已经说明了；但是，我们中国共产党人能不能在日益复杂的国际国内环境下坚持住党的领导、坚持和发展中国特色社会主义，这个还需要我们一代又一代共产党人继续作出回答。”① 随着中国特色社会主义进入新时代，“强起来”之时代主题成为当今中国深刻历史命运。一方面，随着现代化不断深化，中国在若干重要领域取得世界重大成就，国际地位与国际影响力迈向新台阶；而另一方面，随着改革开放“后发红利”遇到瓶颈，整个社会面临重要转型，全面深化改革任务之艰巨前所未有，社会主要矛盾也随之转换为人民日益增长的美好生活需要和不平衡不充分的发展之间的矛盾。在全面建设社会主义现代化国家的新征程已经开启的新的历史起点上，我们必须充分领会“站起来”和“富起来”这两个历史阶段所

① 《锻造更为坚强的领导核心》，《人民日报》2014年7月1日。

蕴含的重要而深刻的中国历史道路的理论与现实逻辑，并在“强起来”这一新的时代主题中，对此前历史阶段的本质性内容进行充分并具有原则高度的综合，创造性地将既有的思想资源发挥应用于新的历史性实践。

三、中国道路的和平主义性质及其世界历史意义

中国是维护世界和平、促进世界共同发展的重要力量。坚持走和平发展道路，是中国根据时代发展潮流和国家根本利益作出的战略抉择。习近平指出：“中国梦需要和平，只有和平才能实现梦想。”实现我们的奋斗目标，必须有和平的国际环境。没有和平，中国和世界都不可能顺利发展；没有发展，中国和世界也不可能有持久和平。只有坚持走和平发展道路，只有同世界各国一道维护世界和平，中国才能实现自己的目标，才能为推动构建人类命运共同体打下坚实基础，才能为世界作出更大贡献。

中国走和平发展道路，不是权宜之计，更不是外交辞令，而是从历史、现实、未来的客观判断中得出的结论，是思想自信和实践自觉的有机统一。中国走和平发展道路的自信和自觉，来源于中华文明的深厚渊源，来源于对实现中国发展目标条件的认知，来源于对世界发展大势的把握。自古以来，中华民族就积极开展对外交往通商，而不是对外侵略扩张；执着于保家卫国的爱国主义，而不是开疆拓土的殖民主义。对和平、和睦、和谐的追求深深植根于中华民族的精神世界之中，深深地溶于中国人民的血脉之中，“以和为

贵”“天下太平”等理念世代相传。2100多年前，中国人就开辟了丝绸之路，推动东西方平等开展文明交流，留下了互利合作的足迹，沿路各国人民均受益匪浅。600多年前，中国明代著名航海家郑和率领当时世界上最强大的船队“七下西洋”，远涉亚非30多个国家和地区，并没有占领一寸土地，而是播撒了和平友谊的种子，留下的是同沿途人民友好交往和文明传播的佳话。中华民族曾遭到列强长期侵略和欺凌，但中国人民从中学到的不是弱肉强食的强盗逻辑，而是更加坚定了维护和平的决心。中国人民不接受“国强必霸”的逻辑，愿意同世界各国人民和睦相处、和谐发展，共谋和平、共护和平、共享和平。

美国前国务卿基辛格在其著作《论中国》中特别谈到了东西方在战略思维、政治理念、外交策略等方面之间的巨大差异，及其背后起决定性作用的文明类型与精神形态。基辛格以“国际象棋”和“围棋”这两种东西方各自流行的棋类作类比，前者强调决战决胜、英雄壮举，在战争中体现为大决战思维，目标是大获全胜，并且练就思维的目标专一特性；而后者则强调用计和迂回、耐心积累相对优势，在战争中体现为持久战，目标是积小胜，它培养了战略灵活性。简言之，西方文明强调力胜，而东方文明崇尚“心服”，前者塑造了霸权主义，而后者沉淀了和平主义。因此在基辛格看来，《孙子兵法》作为中国民族性格及其智慧的杰出体现，它与西方诸如克劳塞维茨《战争论》等论著中对待战争的态度乃是具有原则性区别的：“孙子与西方战略学家的根本区别在于，孙子强调心理和政治因素，而不是只谈军事……西方战略家思考如何在关键点上集结优势兵力，而孙子研究如何在政治和心理上取得优势地位，从而确保胜利。西方战略家通过打胜仗检验自己的理论，孙子则通过不战而胜检验自己的理论。”①

中国走和平发展道路具有非常独特的根基和渊源，它深深地为中国的民族性格打上了和平的烙印。首先，中国人的世界观是“大道之行，天下为公”。“三面屏障，一面向海”的地理因素对中国文化产生了双重影响：既可以主动阻隔异域文明的毁灭性打击，又限制了中国文化的向外探索，认为自己已经是整个世界，不具有对外殖民的强烈愿望。比如基辛格认为，郑和“七下西洋”充分显示了中国的和平主义：明代中国的船队在数量和技术水平上令世界叹服，连150年以后的西班牙无敌舰队也要相形见绌。“然而，除了举行庄重的仪式炫耀中国的伟大之外，郑和对开疆拓土似乎并没有多少兴趣……郑和没有为中国攫取任何领土或资源，充其量不过是较早地运用中国的‘软实力’。”②其次，传统中国具有宗法一体化的超稳定结构，这是和平主义植根的社会政治基础。具体说来，这种超稳定性体现在俸禄制度和地主经济，以及大一统的官僚政治和儒家道统。在金观涛看来，一方面是“社会内部经济、政治、意识形态三结构要保持某种相互适应的调节关系”，另一方面是“超稳定结构比稳定结构多一重调节机制”，在这两方面双重推动下，形成了中国传统社

① ［美］基辛格：《论中国》，中信出版社2012年版，第21页。

② 同上书，第5页。

会的超稳定结构。[①]再者，中国与欧洲的农业之间差别巨大，因而欧洲倾向于向外扩张而中国倾向于内部挖潜。[②]卡尔·施米特认为，西方文明是一种典型的海洋文明形态，而中国则是典型的陆地文明，并把世界历史概括为“一部海权对抗陆权、陆权对抗海权的斗争史”[③]。海洋文明是扩张性和进攻性的，而陆地文明则是保守性和防御性的，因而海洋文明孕育了霸权主义，正如陆地文明孕育了和平主义一样。

而当代中国的和平发展道路，是新中国成立以来特别是改革开放以来，经过艰辛探索和不断实践逐步形成的。改革开放40年的历史已经证明，和平发展是中国基于自身国情、社会制度、文化传统作出的战略抉择，顺应时代潮流，符合中国根本利益，符合周边国家利益，符合世界各国利益。中国无论发展到什么程度，永远不称霸，永远不搞扩张，始终做世界和平的建设者、全球发展的贡献者、国际秩序的维护者。世界繁荣稳定是中国的机遇，中国发展也是世界的机遇。走和平发展道路，对中国有利，对亚洲有利，对世界也有利。中国坚持走和平发展道路，既积极争取和平的国际环境发展自己，又以自身发展促进世界和平；既让中国更好利用世界的机遇，又让世界更好分享中国的机遇，促进中国和世界各国良性互动、互

① 金观涛、刘青峰:《兴盛与危机——论中国社会超稳定结构》，香港中文大学出版社1992年版，第199页。

② 参看［美］沃勒斯坦:《现代世界体系》第1卷，高等教育出版社1998年版，第41—50页。

③ ［德］卡尔·施米特:《陆地与海洋——古今之“法”变》，华东师范大学出版社2006年版，第7页。

利共赢。中国将坚定不移走和平发展道路，并且希望世界各国共同走和平发展道路，共同构建和平、发展、繁荣的人类命运共同体。

中国坚定不移走和平发展道路，始终不渝倡导合作共赢理念。但是，走和平发展道路、倡导合作共赢是有底线的，这就是坚决维护国家核心利益。习近平总书记指出："我们要坚持走和平发展道路，但决不能放弃我们的正当权益，决不能牺牲国家核心利益。任何外国不要指望我们会拿自己的核心利益做交易，不要指望我们会吞下损害我国主权、安全、发展利益的苦果。"①中国主权、安全、发展利益和民族尊严绝不允许任何势力侵犯，同时任何力量也不能动摇我们坚持和平发展的信念。1952 年中国提出了"和平共处五项原则"的政治外交主张，并在国际上取得了广泛的共识。这一主张是中国传统和平主义民族性格在战后国际政治外交环境下的当代发展。周恩来曾将新中国政治与外交的内容和思路总结为如下四个方面：一是要等待，不要将己见强加于人；二是决不开第一枪，人家可以先对我不好，我们决不会先对人家不好；三是凡是对我们友好的国家，我们就以更好的态度对待他们，如果敌视我们，我们就以同样的态度进行抵抗，也就是说，友好在先，抵抗在后，"来而不往非礼也"；四要"退避三舍"，你来，我先退，给你警告，再来再退，再给警告，但事不过三。

中国的和平主义道路充分尊重不同民族间的文明差异，与资本

① 习近平：《在十八届中央政治局第三次集体学习时的讲话》，《人民日报》2013 年 1 月 30 日。

主义文明"按照自己的面貌为自己创造一个世界"不同，中国人一向注重"强不执弱，富不侮贫"，强调世界民族大家庭"协和万邦"的共同繁荣。中国总是极尽可能地用和平手段解决各种冲突和争端——和平主义政策代表了中国人民的和平意愿，这种意愿不因百年的落后而轻易改变，也不因国运的强盛而轻易转型。中国"永远不称霸、永远不搞扩张，永远不会把自身曾经经历过的悲惨遭遇强加给其他民族"，坚持走和平主义发展道路的坚定决心，意味着中国道路在其全球化的交往过程中孕育出一种普遍性的新文明类型是可以期待的。中国以其现代化道路的历史性实践，为新文明类型的出场提供了可资借鉴的范例。

正如习近平指出的那样："为了和平，我们要牢固树立人类命运共同体意识。偏见和歧视、仇恨和战争，只会带来灾难和痛苦。相互尊重、平等相处、和平发展、共同繁荣，才是人间正道。世界各国应该共同维护以联合国宪章宗旨和原则为核心的国际秩序和国际体系，积极构建以合作共赢为核心的新型国际关系，共同推进世界和平与发展的崇高事业。"①

第三节　构建人类命运共同体的思想内涵与价值取向

当今世界，人类正处在大发展大变革大调整时期。一方面，世

① 《习近平谈治国理政》第二卷，外文出版社2017年版，第446页。

界多极化、经济全球化深入发展，社会信息化、文化多样化持续推进，新一轮科技革命和产业革命正在孕育成长，各国相互联系、相互依存，全球命运与共、休戚相关，和平力量的上升远远超过战争因素的增长，和平、发展、合作、共赢的时代潮流更加强劲。另一方面，人类也正处在一个挑战层出不穷、风险日益增多的时代。世界经济增长乏力，金融危机阴云不散，发展鸿沟日益突出，兵戎相见时有发生，冷战思维和强权政治阴魂不散，恐怖主义、网络安全、重大传染性疾病、气候变化等非传统安全威胁持续蔓延。国际格局以西方占主导、国际关系理念以西方价值观为主要取向的“西方中心论”已难以为继，西方的治理理念、体系和模式越来越难以适应新的国际格局和时代潮流。和平赤字、发展赤字、治理赤字，是摆在全人类面前的严峻挑战。

宇宙只有一个地球，人类共有一个家园。面对动荡不定的大世界，面对百年不遇的大变局，没有哪个国家能够独自应对人类面临的各种挑战，也没有哪个国家能够退回到自我封闭的孤岛。和平与发展是世界各国人民的共同心声，冷战思维、零和博弈愈发陈旧落伍，妄自尊大或独善其身只能四处碰壁。只有坚持和平发展、携手合作，才能真正实现共赢、多赢。可以说，各国之间的联系从来没有像今天这样紧密，世界人民对美好生活的向往从来没有像今天这样强烈，人类战胜困难的手段从来没有像今天这样丰富。我们要抓住历史机遇，推动构建人类命运共同体，开创人类更加光明的未来。同时，我们也呼吁世界各国要以负责任的精神同舟共济，共同维护和促进世界和平与发展。

一、现代霸权的成因、本质及其后果

现代汉语中对“霸权”一词的通行解释是：某一国家凭借其经济、政治、军事等实力优势或国家能力去干涉、控制或破坏其他国家或地区的主权，以谋求主宰某一地区乃至全球事务的领导权和统治地位的政策或行动。当我们提到霸权这个说法时，往往最先想到的是某一霸权国家或者该国曾经做出的霸权行径。比如二战时期德国试图在欧洲称霸，日本试图在太平洋地区称霸；而冷战时期则是美苏两个超级大国彼此争霸。在当今世界上，美国就是一个典型的西方霸权国家，其霸权行径在近期中美经贸摩擦中表现得淋漓尽致。

从理论上来说，“霸权”一词虽然很久以来就被经常地和广泛地使用，但只是在较为晚近才形成比较专门和系统的学说。就近代以来的观点而言，霸权首先与权力的概念密切相关，它意味着一种政治权力，在实际使用中又特别意指在国际政治结构中的权力。就一般的权力而言，其本质的特征是“支配”和“统治”，在某种意义上也包含所谓“领导权”。因此，霸权的基本概念是：政治上（包括国际政治上）的统治权、支配权与领导权。如果说霸权的实际运作还通过经济、军事和文化等等的方式来得到贯彻，那么，它的集中体现仍然主要是政治权力。15 世纪的意大利思想家马基雅维利在现代的霸权或政治统治权的阐述方面具有开创作用。他的主要著作《君主论》，集中探讨君主国的种类、君主如何治理国家，以及如何管理军事力量等等。其基本观点是：以权力作为国家和法的基础，以国家的利益作为政治行为的唯一准则；统治者为了达到目的，可以不择手段；外交上只要有实力，也不必遵守诺言和道义。他的观点既体现了一种新的政治权力的兴起，例如他主张建立民族统一国家，加强中央集权，反对教皇干涉；也体现了这种政治权力的基本性质，他的原则——“目的说明手段正当”——后来被称为马基雅维利主义，构成了这种政治权力运行的实际核心。

尽管马克思没有直接系统地讨论霸权理论，但却最为深刻地阐述了现代政治权力的起源、性质和基础，即阐述了政治上的统治和支配——一个阶级如何能够行使对另一个阶级的统治和支配。这种统治和支配既是“霸权”作为一般政治权力的基本含义，又是其作为国际政治格局中所谓“霸权”的真正基础。在马克思看来，政治上的统治权和支配权首先是从特定的物质生产方式中发源的，而现代的政治权力归根到底起源于资本（积累起来的劳动）对劳动的统治与支配；正是在这一基础之上，现代政治权力作为一种统治权和支配权才是现实地可能的。不仅如此，这种起源于物质生产领域的权力还同时上升为思想、观念、精神上的权力：“统治阶级的思想在每一时代都是占统治地位的思想。这就是说，一个阶级是社会上占统治地位的物质力量，同时也是社会上占统治地位的精神力量。支配着物质生产资料的阶级，同时也支配着精神生产资料，因此，那些没有精神生产资料的人的思想，一般地是隶属于这个阶级的。”①正是在此基础上，马克思主义学说深刻地探讨了作为政治权力的整

① 《马克思恩格斯选集》第1卷，人民出版社1995年版，第98页。

个领域，其中包括阶级斗争的各种形式、阶级的专政和暴力的使用、国家（有组织的暴力）及其机构，以及这种机构的对内职能和对外职能，等等。所有这一切，构成理解和把握现代霸权（包括国际政治格局之霸权）的基本的决定性的理论。

现代世界的争霸和霸权，首先是与资本的统治——因而是与资本主义所开创的“世界历史”——本质相关的，换言之，是以资本的力量为尺度、以资本的获利为主导目标的，是与“资本来到世间”步调一致的。忽略或遗忘了这一点，就根本无法真正理解现代争霸以及这种霸权的本质特征，就会仅仅满足于把西方的现代霸权与古代的霸权甚至是人类远古的争斗或动物的争斗等量齐观。从历史唯物主义的观点来看，霸权的基本含义是支配和统治的政治权力——即政治暴力，但这种暴力本身并不是本原的东西，而是某种需要说明的、派生的东西。正是以资本为主导的生产方式确定了这样一种政治权力的基本格局，即资产阶级对无产阶级的支配与统治，工业的西方对农业的东方的支配与统治，以及握有较大资本力量的国家对资本力量欠强国家的支配与统治。虽然现代霸权的表现形式是多种多样的，但从根本上说，问题的实质正是如此。仅仅着眼于政治暴力的直接运用来理解霸权，是肤浅的观点。如果说在前现代的霸权形式中，其根本的基础和动因还较为隐蔽，并且由于经常受到其他因素的“干扰”而偏离其本质的核心，那么，在现代的霸权形式中，它与经济力量的联系已经变得相当直接了：正像这种霸权的基础是以资本为主导的经济一样，它的最终目的是直截了当的利益，是资本的利益，尽管这种利益时常被称为国家利益。

其次，西方的现代霸权从本质上来说不是地域性的，而是全球性的。如果说传统时代的霸权总是受到地域的限制而成为有限度的，那么现代的霸权虽然从实际上总是受到特定的阻滞，但从性质上来说则是无限度的，是向全世界扩张的。其根本原因并不在于现代的手段可以抵达更加遥远的区域，而是在于现代资本主义第一次开辟了“世界历史”，在于资本的本性就是无限的增殖，因而在其逐渐的展开过程中就是无限的欲求和扩张。海德格尔曾把这种情形称为“进步强制”，即生产强制以及与之内在相关的需求强制。正是这一根本逻辑，使得资本的运动遍及全球，并在这种资本运动的过程中形成各种竞争，开辟出把各个角落连为一体的世界市场。“资产阶级，由于开拓了世界市场，使一切国家的生产和消费都成为世界性的了……，靠本国的产品来满足的需要，被新的、要靠极其遥远的国家和地带的产品来满足的需要所代替了。过去那种地方的和民族的自给自足和闭关自守状态，被各民族的各方面的互相往来和各方面的互相依赖所代替了。”① 如果说，西方霸权的现代根源在于资本的本性及其逻辑，在于资本的无限制的运动，那么，资本的行程能够到达到多远，它的触角能够伸到哪里，现代霸权的活动领域就能扩展到多远，并且必然要将征服推进到哪里。

第三，西方的现代霸权一方面表现为对落后国家和地区的征服，

① 《马克思恩格斯选集》第1卷，人民出版社1995年版，第276页。

另一方面表现为较强大的国家之间的争斗——这一切看起来似乎与先前历史上的情形颇为类似，但现代的争霸归根到底却是完全以资本的权力为依据、以这种权力之间的竞争为法则的。因此，已经掌握了资本权力的国家对缺乏这种权力的国家具有了支配和统治的强权优势，虽说在更早的资本原始积累时期以来就始终存在着殖民主义和对外掠夺，但主要是在资本主义取得了其初步的发展之后，由其本质而来的大规模的对外殖民和掠夺才充分地展开。所谓的"日不落帝国"就是对英国全球殖民的最典型概括。促使英国进行对外殖民、在全球确立霸权的根源，在于资本自我增殖、扩大再生产的需要。英国本土幅员狭小，迫切地需要向外掠夺资源和扩大市场来维持本国资本的正常运行。因此，资本一方面攫取无产阶级的剩余价值，另一方面通过征服、奴役甚至屠杀的手段获得海外资源。正是在这个意义上马克思说："殖民地为迅速产生的工场手工业保证了销售市场，保证了通过对市场的垄断而加速的积累。在欧洲以外直接靠掠夺、奴役和杀人越货而夺得的财宝，源源流入宗主国，在这里转化为资本。"① "欧洲的隐蔽的雇佣工人奴隶制，需要以新大陆的赤裸裸的奴隶制作为基础。"②

需要强调的是，在西方古代就有殖民主义和殖民体系，并且也往往与当时各国的争霸过程相联系，但现代的殖民主义非常清晰地与资本的扩张相联系，非常确定地植根于资本主义的本质之中。现

① 《马克思恩格斯全集》第23卷，人民出版社1972年版，第822页。

② 同上书，第828页。

代殖民主义只不过是这种本质的突出表现罢了。因此，问题的核心始终在于资本主义的本质，无论它是否采取典型的殖民主义形式。在这个意义上可以说，在所谓“后殖民主义”时代，以资本为主导的霸权依然存在，它可以不再需要采取殖民主义的方式，而是以新的方式来实现资本统治的权力。此外，各文明国家之间的争霸同样是在资本的本性和逻辑的范围内活动的。为了取得它们各自的国家利益而展开的冲突和争斗，使得这一争霸过程采取了如恩格斯所说的动物界的“生存竞争”的方式——正像其较早的形式表现为争夺殖民地、瓜分或重新瓜分世界一样，较为晚近的竞争则依然围绕着争夺资源、原材料和市场份额来展开，只是其具体方式可以发生改变——例如通过技术、信息或金融等方式来形成和巩固其霸权地位。

由此可见，西方的现代霸权是有其本质根源的。这一根源就是资本的本性与逻辑，就是资本主义生产方式。从历史的观点来看，资本主义生产方式曾经是一个伟大的前进运动，在历史上起过非常革命的作用：它创造出了巨大的生产力，它使生产过程迅速地社会化，并因而为人的解放作好了准备。然而也同样是在这一历史进程中，产生出了现代文明本身的冲突和斗争，以及现代意义上的霸权和霸权主义。因此，根本的问题并不在于西欧列强（以及稍后的美国）天生的“霸道”或“恶之本性”，而在于现代文明——确切些说，以资本为原则的西方文明——的基本性质。就这种基本性质来考究，正像现代世界的历史性成就由此而来一样，现代世界的冲突、战争和霸权亦是由此而来。总而言之，西方的现代霸权以及由争霸而来的战争最深刻地植根于资本主义的本质之中。第一次世界大战之后，这一点已是昭然若揭。正如罗素所说："我们文化的基础，是资本主义的产业主义。这种制度在早年的时代，虽然带进许多物质上科学上的进步，然而只能引到破坏的战争的道路上去。"①

二、现代世界治理体系与"中国方案"

现代世界首先在西方、在欧洲形成，其本质乃是以资本主义为基础的现代文明及其成果。一方面它意味着世界历史的真正开辟，另一方面同时取得了物质领域和意识形态领域的统治地位，在现时代这个特定阶段上获得了"绝对权利"，即欧洲对世界的支配关系和世界对欧洲的从属关系，海德格尔将其称为"人类和地球的欧洲化"②。

因此，现代世界治理体系——它的权利体系、政治体系和法的体系，一句话，市民社会的体系——本质说来乃是由现代资本主义社会为本质规定和基础定向的。马克思的《论犹太人问题》揭示了市民社会的利己主义、唯利是图的精神实质，而恩格斯在《英国状况》中洞察到了市民社会的原子式个人的基本前提。这种通过利己主义和原子个人双重作用和制约下的市民社会体现出的本质特征为："市民社会是个人私利的战场，是一切人反对一切人的战场，同样，市民社会也是私人利益跟特殊公共事务冲突的舞台，并且是它们二

① 《罗素在华演讲集》，北京大学出版社 2004 年版，第 300—301 页。

② 《海德格尔选集》下卷，上海三联书店 1996 年版，第 1019—1020 页。

者共同跟国家的最高观点和制度冲突的舞台。”[①]为了克服这种状态和结局，人们不得已通过契约来建立国家秩序和世界秩序。因此，现今所谓的世界秩序或者大国关系只是单纯地停留于“应然”，即应当遵守的某些抽象义务，亦即“独立的任性”——国家作为独立主体彼此订约，但同时作为不受裁判的权力而凌驾于约定之上。因而这样的秩序真正说来是“偶然的应然”：一方面，如果国家的独立而特殊的意志无法在约定之中达成协议，争端就只有通过战争、冲突或制裁来解决；另一方面，诸国家的独立而特殊的意志只不过是完全表达了自身的利益，所以“在对其他国家关系中的目的，以及替战争和条约正义性辩解的原则，也不是一种普遍的（博爱的）思想，而是它的特定的和特殊的、实际受到侵害或威胁的福利”[②]。

新中国成立以来，特别是改革开放以来，发展成就举世瞩目。随着国民经济的快速增长和综合国力的巨大提升，整个世界日益在国际政治和全球战略的主题上关切中国的发展走向，以及这种走向可能产生的诸多后果。就当代世界之基本的国际政治格局而言，人们最为疑虑且暗中又颇为肯定的一点是：随着国民经济和总体国力的快速增长，中国的发展将直接或间接地导致帝国主义和霸权主义（首先是地区霸权主义）。这种观念看来是相当普遍的，因为它确实符合现代西方世界的理论逻辑和实践法则。

近年来西方世界的推测是：西方对中国正在逐渐丧失竞争优势。

① ［德］黑格尔：《法哲学原理》，商务印书馆1961年版，第309页。

② 同上书，第349页。

太空技术开发、核武反制和海上封锁能力的提升，使中国军力的发展首先对美国地区性的军事存在构成挑战；崛起的中国将力图把美国的势力从亚洲驱赶出去，以谋求其地区霸权。这种“中国争霸”的态势看起来是如此合乎逻辑，以至于像大卫·哈维这样的新马克思主义者也开始认为，中国是正在形成中的另一种类型的帝国主义，这种帝国主义的根源就在于：“真正的大量的剩余正在东亚和东南亚积聚。可确认的帝国主义实践也正在这个地区出现，中国通过重新确定自己的领土权力概念的非常古老的逻辑，来积极寻求摆脱其自身资本剩余的途径。”① 上述图景及其推论在塞缪尔·亨廷顿的“文明的冲突”模式中同样得到了认可，并得出相应的结论。在他看来：“中国的历史、文化、传统、规模、经济活力和自我形象，都驱使它在东亚寻求一种霸权地位。这个目标是中国经济迅速发展的自然结果。所有其他大国如英国、法国、德国、日本、美国和苏联，在经历高速工业化和经济增长的同时或在紧随其后的年代里，都进行了对外扩张、自我伸张和实行帝国主义。没有理由认为，中国在经济和军事实力增强后不会采取同样的做法。”②

然而，就像亨廷顿对当今文明之冲突的整个理解是无内容的抽象化一样，他对“中华文明”的理解尤其是非历史的和自然主义

---

① ［美］大卫·哈维：《“新帝国主义之新”新在何处》，载《国外马克思主义研究报告（2008）》，人民出版社 2008 年版，第 431 页。

② ［美］塞缪尔·亨廷顿：《文明的冲突与世界秩序的重建》，新华出版社 1999 年版，第 255 页。

的。这种观点实质上起源于现代性意识形态的幻觉，因为现代性原则——资本和现代形而上学——本身的基本性质乃是无止境扩张的、进步强制的和进攻性的。于是在观念形态上，整个人类历史的图景就像当今世界政治的图景一样，被反映为诸“原子帝国”之间自然的（并因而是永恒的）冲突与争霸。然而，就“历史—文化—传统”而言，正是在亨廷顿所称“中国曾一直是东亚的杰出大国”的两千年里，中华文明的基本原则从来就不是什么霸权主义，而毋宁说恰好是霸权主义的反面，即和平主义。这种和平主义民族性格不仅植根于前文谈到的中华民族传统精神文化的基因与血脉之中，而且更为本质地在中国现代化道路的实践中被诸时代主题和任务整合与再造、被一以贯之地明确表达。

其中尤为重要的方面是理解社会主义、和平主义同资本主义、霸权主义之间的批判性脱离，即必须在中国道路这个主题上明确地区分现代化和西方化，明确地区分现代化的资本主义样式和社会主义样式。就中国的现实发展道路而言，现代化不等于西方化，其现代化的内容被建设性地整合到中国特色社会主义道路之中，具有独特的和平主义性质，从根本上不同于西方资本主义及其霸权主义。总之，中国发展道路的现实可能性首先来自它走西方资本主义道路的不可能性，这种不可能性从基本性质上规定了中国现代化实践的出发点和立足点，规定了它的实际内容和价值取向。我们应当看到，在中国历史道路展开过程中所内在要求的思想资源上，至关重要地提示出了马克思主义哲学这一方面，它仍然是当代资本主义批判最有力的武器。同时，中国的和平主义与中国特色社会主义的方向是内在一致的：只有当中国的发展道路表现为对资本主义的批判性脱离时，它才可能是和平主义的；而只要这一道路表现为此种脱离，那么它在现代世界的格局中就意味着社会主义。即便这里的问题不牵涉到中国，世界和平的真正重建也必须建基于跟现代资本主义完全不同的社会。

从现代文明的历史脉络和发展过程来看，正如人类历史上曾经涌现过的所有文明一样，它们都有其历史性的基本限度。正如黑格尔用辩证法指明民族精神的兴衰更迭、西斯蒙第论证了资本在经济学上的限度一样，马克思以及若干思想家都以不同的路径——如哲学、社会学等等的批判方式——道出了资本主义文明必然的、不可避免的历史限度。如果说这些洞见尚在抵达这一限度的前夜，随着近年来中国的快速发展，以及其他民族国家的现代化要求，这一限度时至今日成为清晰可见的了：一方面是自然的限度，资本不断增殖的本性使得全部的自然资源“耗损殆尽”，在资本的主体性原则的无限扩张欲望和自然的有限性之间呈现高度紧张的对抗形式；另一方面是社会的限度，支撑资本逻辑实现全球化的乃是资本主义的精神—文化建制，马克斯·韦伯称之为由新教伦理支撑的资本主义文明，然而对于中国和其他缺乏此种精神—文化建制的现代国家而言，资本的唯利是图就会变成足以使得整个社会生活紊乱瓦解的为所欲为。

既然现代文明在当今世界的发展中迅速临近了它的限度，这意味着我们正处于一种危险与希望并存的发展之中。就其希望的一面而言，中国发展的前景意味着开启新文明类型的可能性，亦即对现行资本主义文明的超越。按照大卫·哈维等一些西方学者的观点，资本主义社会的积累一定是一种剥夺性积累，无论是马克思洞察到的原始积累还是从卢森堡、希法亭时代直到当代社会的高级积累机制，皆是如此，这种剥夺性内在于资本主义文明之中从而几百年来未有过真正的改变。① 而就现实维度而言，中国崛起伴随着物质力量和社会财富的积累，这种积累具有“无剥夺积累”的特点，即与西方在征服世界的进程中不断夺取外部资源的“剥夺性积累”模式完全相反，在经济上通过以农村为基础的乡镇工业发展来“向内挖潜”，在政治组织上以“集体”或“社会”的形式整合到全部建制的基础之中。

在乔万尼·阿瑞吉看来，21 世纪初的中国面临着极其关键的社会转型，“如果这种转向成功恢复并巩固了中国的传统，那么，中国很有可能能够成为真正尊重文化差异的文明联邦的出现作出决定性的贡献。这些传统包括以自我为中心、以市场为基础的发展，无剥夺积累，人力而非人力资源的流动，以及民众参与政策制定的政府等”②。阿瑞吉洞察到，中国崛起必然积累起丰富的物质力量和社会

① 参见［美］大卫·哈维：《新帝国主义》，社会科学文献出版社 2009 年版，第 117—124 页。

② ［意］乔万尼·阿里吉：《亚当·斯密在北京——21 世纪的谱系》，社会科学文献出版社 2009 年版，第 392 页。

财富，然而这种积累的性质是“无剥夺积累”，即与西方在征服世界的进程中不断夺取外部资源的“剥夺性积累”模式完全相反，而是通过本土以农村为基础的工业发展来“向内挖潜”。因此中国将会发展出一条更加平等和人道的市场经济道路，即不以制造霸权和不平等为经济增长先决条件的“共同富裕”模式，从而与200多年前亚当·斯密的观点遥相呼应，即“把中国而不是欧洲看做政府最应该追求的那种市场经济发展的典范”①。这些颇具洞察力的描述无非表明：“中国方案”对西方现代性法则具有某种根本性的超越。

三、构建人类命运共同体的价值取向

2017年，习近平出席瑞士达沃斯论坛开幕式并在讲话中提出一个振聋发聩的问题——“世界到底怎么了？”在2018年中央外事工作会议上，习近平对这一问题做出了回答：当前世界处于“百年未有之大变局”。与此同时，当前中国处于近代以来最好的发展时期。在两者同步交织、互相激荡的历史潮流中，由中国倡导推动构建的人类命运共同体具有极其重要的价值取向。什么是人类命运共同体？为什么由中国提出？这两个问题意味深远。

---

① ［意］乔万尼·阿里吉：《亚当·斯密在北京——21世纪的谱系》，社会科学文献出版社2009年版，第61页。按照大卫·哈维等学者的观点，资本主义社会的积累一定是一种剥夺性积累，无论是马克思洞察到的原始积累还是从卢森堡、希法亭时代直到当代社会的高级积累机制，皆是如此，这种剥夺性内在于资本主义文明之中从而几百年来未有过真正的改变。参看［意］大卫·哈维：《新帝国主义》，社会科学文献出版社2009年版，第117—124页。

德国学者滕尼斯认为，共同体意味着从“人类意志完美统一”的原始或自然状态产生出来。[①]如果此种说法成立，那么现代文明中市民社会的共同体便是由原始状态和自然状态的共同体发展而来，并在历史中成为理所当然的事物，从而市民社会的一切本质特征——唯利是图、争斗与冲突、抽象的契约——也就成了无批判的“圣物”，被所谓的“完美统一”起来的意志也不过是市民精神的普遍化和完成。马克思之所以用共产主义和“自由人的联合体”来超越市民社会虚幻的共同体，根本目的正是着眼于这样一种现代性批判。马克思认为，以资产阶级为核心的现代文明的本质特征是“以物的依赖性为基础的人的独立性”[②]，这种独立性的原子式个人乃是以异化劳动和对物的依赖性的异化状态为前提和本质根据的，因此如果说资本主义社会还有什么共同体的话，也最终表现为普遍异化的或普遍物化的共同体，这种共同体本质来说不是“属人”的，而毋宁说是资本原则的世界化对人的本质力量不断“拷打”形成的现代生产能力，在黑格尔那里则表现为绝对精神在不断外化的过程中超越自身的有限性、占领外部对象化的世界，使对象性活动成为自身的确证过程，这种精神辩证运动过程的现实化就是资本化的世界历史的生成过程。因而马克思强调“黑格尔站在国民经济学家的立场上”，将人视为精神实现自身过程中被利用、被统治、被物化的

① ［德］斐迪南·滕尼斯:《共同体与社会——纯粹社会学的基本概念》，商务印书馆 2019 年版，第 76 页。

② 《马克思恩格斯文集》第 8 卷，人民出版社 2009 年版，第 52 页。

人。所以正如黑格尔在原则高度上论证了现代世界的“权利的哲学”（philosophy of right）一样，马克思在同样的原则高度上超越了现代世界的黑格尔基础及其现实表征，将其揭示为历史唯物主义基础上的“权力的哲学”（philosophy of power）。黑格尔试图在权利的合理性上建立人类理性的架构体系，然而马克思却道出了人类理性的“前置”基础，即感性的权力体系，亦即现代资本主义奠基的支配权与统治权。

“人类命运共同体”的提出，就其哲学基础来看，是与马克思共产主义思想一以贯之的。共产主义是建立在个人的全面发展和自由个性的基础之上，使共同的社会的生产能力成为人类自己的社会财富的社会组织形式。就此而言，它首先要求回复到人的自由全面丰富的本质上来，即“完成了的人道主义”和“完成了的自然主义”互为表里。而在“尚待完成”的历史进程中，人类共同的命运乃是“统一的意志”，即人们对美好生活的期待和对人类解放事业的追求。它的前提就是上文指出的“和平发展”与“无剥夺积累”，即废黜并超越黑格尔绝对精神征服对象世界过程中的主体性统治权威与矛盾的外部转移，而使得每一个“去主体性的真正主体”向内挖潜、自我解决矛盾、达到充分的平衡与平衡的充分。这种真正的主体是人民性的、以维护国家和人民的核心利益为底线的。中国主权、安全、发展利益和民族尊严绝不允许任何势力侵犯，同时任何力量也不能动摇我们坚持和平发展的信念。

在国际上中国提出推动构建人类命运共同体的主张，与在国内中国共产党领导的以人民为中心的群众路线之间，具有一致的逻辑与哲学基础，这一基础乃是对黑格尔“主奴辩证法”本体论的超越和重构。众所周知，黑格尔哲学的本体论基础乃是绝对精神的自我辩证运动的过程，即精神在对象世界中确证并丰富自身。其发生学原理被黑格尔用主人与奴隶的关系作了一番比喻：主人一方面“通过独立存在间接地使自身与奴隶相关联”，另一方面同时“通过奴隶间接地与物发生关系”，换言之，他被奴隶承认为主人。① 但是，主人自己的行动乃是由奴隶的活动表现出来的，也就是说，主人只是一个自为的、非独立的自我意识，反倒是在对象性的活动中，主人使奴隶通过主人的意志确证了奴隶之为奴隶的独立定在：“他成为迫使自己返回自己的意识，并且转化自身到真实的独立性。” ② 因而在主人对奴隶的统治过程中，奴隶最先成为具有对象性（此处表现为主人意识）的活动主体，他通过恐惧、反抗和斗争，迫使主人承认奴隶的独立定在并从而获得奴隶意识，最终完成主人意识的独立定在。这一过程的外化与现实化，表现为资产者与无产者、发达国家与发展中国家在历史进程中的活动与主体性意识的塑造过程。因此，除非奴隶对主人的反抗和斗争达到彻底的、殊死搏斗的状态，否则主人不会自行发展出对象性的意识，落实到世界历史与当代全球治理外部环境中来看，正如威斯特伐利亚和会（及其体系与原则）表现出主体性权力的无限膨胀及其姑息性、契约性的均势与和解一样，

① ［德］黑格尔：《精神现象学》上卷，商务印书馆 1979 年版，第 128 页。

② 同上书，第 129 页。

现代文明除非遇到最强有力的界限来为其规定和明确概念范围，否则其“进步强制”与资本增殖的原则必定会无休止地扩张。

但是，“中国方案”从根本上超越并扬弃了黑格尔“主奴辩证法”的本体论境遇，首要因素在于“中国方案”以超越黑格尔本体论的马克思主义哲学作为重要思想资源之一。纵观西方哲学史，除了马克思主义理论家之外，几乎没有哪一派哲学家、哪一种哲学思想是将“人民”概念置于枢轴的。马克思主义哲学与马克思主义中国化成果要求具有最高觉悟的共产党人从思想的“天国”回到“人间”，自愿放弃主人意识，将自身主动降为“奴隶”，从而奴隶自身即是主人，消除了自为存在的主体性活动的对抗与斗争。毛泽东曾在《愚公移山》一文中将“全中国的人民大众”比作上帝，而共产党是挖山并感动上帝（人民）的愚公，便是如此。这一主奴辩证法的新本体论，正是中国共产党人贯彻“以人民为中心”群众路线的哲学内核。因此，这一新本体论打开的现实化了的政治秩序乃是与黑格尔砥定的现代性治理体系完全不同的：它毋宁说是和平的、非对抗的，非剥夺性的，向内挖潜、以人为本和共同繁荣发展的。

诚然，这一新本体论的现实化依然要解决三方面的疑难：一是活动主体的动力问题。黑格尔用绝对精神自我设定主奴二元对立从事对象性活动来解释历史的能动性问题，这确实为历史的活动原则提供了一种本源性的强逻辑，即精神必须完成确认它自身“已经是某种东西，同时又还不是某种东西”，是“居留于‘已经’的‘尚末’之中”的东西，[①]它是强制性的实现自身的过程。但是一旦在新本体论中取消主奴二元对立，那么历史的动力就必然来自外部世界而非自身本性，也就是说，中国共产党人必须不断从外部向人民群众、向党自身浇筑理想信念、使命意识和奋斗精神，实现全面建成社会主义现代化强国的宏伟目标。

二是为新定在塑造新主人意识的问题。在新本体论中，原有的主奴二元关系被废黜之后，党和人民群众成为不可分割的新定在（新主体），在这种情况下，历史运动将把这一新定在带往何方——是整体成为新主人，还是整体沦为新奴隶——就成了性命攸关的问题。因此，新本体论要求党必须负有带领人民群众成为新的主人的精神觉悟与使命任务，因而党自身的建设就尤为重要，它成为自我授权的、要求在废黜旧本体论中旧的主人意识中对奴隶的统治和征服但同时保留了整体回复到新的共同的主人意识的要务，它的现实路径就是当前的“全面从严治党”，确保党对中华民族伟大复兴进程的坚强领导。

三是新主体自我革命的问题。马克思认为：“革命的进展不是在它获得的直接的悲喜剧式的胜利中，相反，是在产生一个联合起来的、强大的反革命势力的过程中，即在产生一个敌对势力的过程中为自己开拓道路的，只是通过和这个敌对势力的斗争，主张变革的党才走向成熟，成为一个真正革命的党。”[②]因此，党和人民团结起

① ［德］海德格尔：《林中路》，上海译文出版社 1997 年版，第 189 页。

② 《马克思恩格斯文集》第 3 卷，人民出版社 2009 年版，第 79 页。

来的新主体必须勇于自我革命，特别是不断与各种矛盾与现实问题进行伟大斗争，这一革命道路是极为漫长的，在此过程中从“自发革命”成熟为“自为革命”，不断生成新的主人精神，即人民当家作主、实现治理体系与治理能力现代化的要求。

就此而言，这一新辩证法无疑对于现代性及其既有的辩证法本体论基础具有根本的超越性，而它也立即赋予了中华民族伟大复兴的世界历史意义：即在把现代文明成果积极地据为已有的同时，使社会主义这一新本体论定向整合到新文明类型的构造过程之中。这一点是理解当今中国整个发展的关键，因而也应当成为理解全球治理的中国方案的基石。因为只有在这样的视域中，中国方案所涉及的国际利益关系，无论是经济的、政治的，还是军事的和国际交往的利益关系，才能摆脱现代性所设利益对立的狭隘眼界，才能为真正新型的世界秩序和国际关系的重建赢得共识的基础。同样，也只有在新文明类型的可能性中，中国所倡言的“新型大国关系”，尤其是“人类命运共同体”，才具有了与众不同的规定和特别深远的意义。

四、展望“后疫情时代”的世界秩序

2020 年，新型冠状病毒（COVID-19）肆虐全球，给全世界和全人类带来了难以估量的损失。尤有甚者，真正严峻的挑战还不止于高居不下的感染和死亡人数，而是经此一疫深刻改变的世界秩序——它将会在疫情结束之后的“后疫情时代”愈发显著地作用于当代世界。

已经确定不移的几个事实是：其一，撇开迄今为止未有定论的病毒起源问题不谈，此次疫情虽然较早在中国伴随春运等因素大规模爆发，但中国雷厉风行地用了不到两个月的时间控制住了疫情升级；其二，当新冠肺炎疫情借由飞机、轮船等现代性要素迅速在全球扩散之后，美洲和欧洲成为此次疫情的“震中”区域；其三，面对疫情，美国一方面倨傲自大、管控不力，另一方面又退出世卫组织、“甩锅”于中国，进退失据；其四，以“人道主义”价值观自居的发达国家在疫情面前表露无遗的，是以市场原则为本质导向的私有制、霸权主义和反人道主义的核心价值观；其五，中国的复工复产进一步推动亚太区域经济的核心竞争力和领导力，而世界经济的疲软倒退则加剧了现代世界秩序的失序和失信；其六，由此而来的是，当西方世界试图用“文明冲突”等老调重弹的政治舆论打压中国时，中国坚定不移地以“新文明类型”的历史性实践为世界秩序重塑活力。

当马克思和恩格斯在《共产党宣言》中指出“资产阶级，由于开拓了世界市场，使一切国家的生产和消费都成为世界性的了”①时，他们已然在现代性发展的起始阶段一针见血地道明其核心要义：世界历史。随着世界历史的渐次展开、特别是在20世纪的深刻变动，我们更为清醒地认识到：世界历史不是以资本为主导的现代性的抽象前提，相反，世界历史的具体的前提是人格化了的资本逻辑。换言之，在“世界是平的”这种表象之下，其世界历史之为现代性

① 《马克思恩格斯文集》第2卷，人民出版社2009年版，第35页。

之本质在于资本的权力在世界范围内的统治，这种统治为世界强行塑造了现行的政治秩序。它分为以下几个逻辑层面：

首先，由于资本开拓了世界市场，使得劳动分工和商品交换都成为世界性的了，各个国家和地区都被纳入一个庞大的经济体系中昼夜运转，这种世界历史的开创即体现着一种普遍性的“一体化”。它既是最为表象和最为抽象的逻辑开端，又同时是最为深刻和最为本质的逻辑终点。经历了从威斯特伐利亚和约、维也纳会议到雅尔塔会议、布雷顿森林体系之后，这种一体化突出地表现为大国之间的“均势化”博弈过程。历史地看，资本唯利是图之本性在经济个人和原子个人身上体现出的契约精神之“人格”，也一并塑造了资本霸权主义本性在现代国家身上体现出的均势化之“国格”。

其次，一体化不等于均质化，相反，世界经济体系在各个地区之间根本说来具有“不平衡”的特性，沃勒斯坦用“中心—半边缘—边缘”的层级结构来表现这种不平衡。在马克思时代的欧洲，英国、法国等发达国家居于体系的“中心”，中欧和南欧的一些中等发达的国家属于体系的“半边缘”，而东欧的落后国家则处于体系的“边缘”。“中心”拥有生产和交换的双重优势，并体现着资金密集型和技术密集型的生产方式，对“半边缘”和“边缘”进行经济剥削，不断强化自己的既得利益；“半边缘”既受“中心”的剥削，又同时剥削更落后的“边缘”，而“边缘”则受到前两者的双重剥削，生产方式主要是劳动密集型。

最后，这种“不平衡”体现出双重的辩证作用：一方面，地域上的不平衡不断被体系中心的国家制造出来，以便进行剥削、掠夺和统治，保证资本积累的运行，同时发达国家在统治的过程中也使得处在体系边缘的国家得到一定程度的发展，而在这一发展过程中，不平衡的巨大差异似乎也在慢慢填平；另一方面，“中心—半边缘—边缘”的结构也在历史的长时段中不断变换区域，同一区域的层级结构也在不断发生位置上的变化。就“中心”区域而言，迄今为止就发生过数次变更：最初是地中海地区的威尼斯和热那亚，接着是荷兰的阿姆斯特丹，然后是英国的伦敦，20 世纪初则转移到了美国的纽约。每一个阶段的中心国家都是当时的霸权国家。①

由此可见，现行世界秩序在其“普照之光”和“特殊的以太”背后，有其深刻的逻辑层级和历史要义，即由偶然性积累和确立起来的资本主义如此这般的历史谱系，福柯把这种历史过程描绘为偶然性之间经过互相博弈并最终居于显要位置的“爆发力量”和“登场入口”，②而沃勒斯坦则认为资本主义从众多的偶然之中，确立了自身发家的必然性。③现代资本主义这种通过偶然性来确立必然性的历史辩证法，马克思和恩格斯在《共产党宣言》第一部分“资产

---

① 世界体系论学者如沃勒斯坦、阿瑞吉等借鉴和结合了布罗代尔的“长时段”、康德拉季耶夫的“长波”等理论，提出了“霸权周期”说，每个周期与这一时段世界体系的中心区域的维持时间是一致的。参看［意］阿瑞基：《漫长的 20 世纪》，江苏人民出版社 2011 年版，第 7 页。

② 参看刘小枫、倪为国选编：《尼采在西方——解读尼采》，上海三联书店 2002 年版，第 280—292 页。

③ 参看［美］沃勒斯坦：《现代世界体系》第 1 卷，高等教育出版社 1998 年版，第 29—39 页。

者和无产者”之中已经明明白白地展示出来了。

然而，历史的诡异之处就在于，在辩证运动中活动着的实在主体总是在特定的活动阶段上树立自身的阶段性主体地位，并抽离其特定阶段的前提和界限，使其看上去像是一种超历史的恒在结构。越是在这种主体地位被新的实体性内容（黑格尔称之为“实体性的再度青春化”）迭代的前夜，原有主体为了维持结构的恒在特性所做出的努力手段就越是不计后果。历史地看，中国崛起为当代世界赋予的新的实体性内容，正像战后美国崛起为20世纪中期的世界赋予实体性内容一样，本质来说皆是马克思所洞察到的辩证法的历史性实践的应有内容。但是，在现今“百年未有之大变局”下，国际秩序持续激荡，反全球化、冷战思维进一步盛行，特别是经由新冠病毒这一“全球化之特异”因素的催化，世界秩序愈发展现出障人耳目的特异趋势，有赖此种情形，我们感到重新揭示出现代秩序植根的逻辑和历史前提乃是十分必要乃至性命攸关的。

且让我们重申一遍现今以资本主义文明为本质价值取向的现代世界秩序的二重辩证特性——“一体化”和“不平衡”。“不平衡”意味着霸权主义和强权政治依然具有主导地位，而“一体化”则表明这种霸权主义和强权政治依然呼唤一种和平主义的新文明类型。两者在结构性上的辩证矛盾必然也体现在历史性上，即现代世界秩序正在走向终结之处。当中国以“一带一路”“人类命运共同体”倡导“一体化”和“平衡”时，以美国为首的现代秩序主体国家背道而驰地走向了“反一体化”和“不平衡”的道路。美国越是要维护其现代秩序的主导地位，越是要对抗中国的和平崛起，越是使得现代秩序加快终结。就历史当代发展的客观性而言，今日世界高度融合的一体化已不是一种强行塑造出来的政治结构，而是技术的本质力量及其市场经济相匹配不断扩张的结果。

中美关系一度被形容为“自由落体式下坠”，美国政客不遗余力地拉拢其军事盟友，试图共同对抗他们虚设出来的“东方恶魔”或“中国独裁威胁”符号。当越来越多的世界媒体和观察者使用“新冷战”这个概念时，我们的基本原则和立场是：“新冷战”不是美国政客和精英主义分子能够一家独定的，今日之世界早已不是曾经的冷战世界，中国根本不会、也根本不屑于跟美国打“新冷战”。中国文明是历经风浪、见过世面、充满智慧且韧性十足的文明，中国近现代历史是充分领会到现代文明之必要性与局限性而不断开展富有张力和活力的社会实践过程。当寡头世界的“均势”及其对边缘世界的“不平衡”被中国的和平崛起瓦解之后，新的和平主义的、无剥夺积累的、动态平衡的一体化世界将是新文明类型的真实写照。

当今世界正经历“百年未有之大变局”，主要体现在以下三个方面：第一，世界权力格局出现根本性变化，自近代以来首次开始向非西方世界转移，即所谓“东升西降”，百年来西方国家主导国际政治的局面正在发生根本转变。第二，世界秩序开始出现坍塌的风险和征兆，美国采取逆全球化举措，先后退出多项国际组织和协议，数次挑起贸易争端，肆意破坏现行国际规则，世界面临失序的危险。第三，大变局之下新兴技术要素成为核心竞争优势，人工智能、虚拟现实、量子技术等领域将深度改变人类生产和生活方式，这也同样考验国家治理机制、手段、执行力的创新。立足于世界格局和国际环境背景的深刻新发展、深刻新变化，中国倡导全世界人民携起手来，“建设持久和平、普遍安全、共同繁荣、开放包容、清洁美丽的世界”。① 这反映了人类社会共同价值追求，汇聚了世界各国人民对和平、发展、繁荣向往的最大公约数，为人类社会实现共同发展、持续繁荣、长治久安绘制了蓝图，指出了前进方向，对中国和平发展、世界繁荣进步都具有重大而深远的意义。

当今中国关于世界秩序的倡言，不会拒斥任何一种以真正的和平为目的的治理理念或改革设想，中国方案正在开启的乃是全球治理的新文明类型。不消说，中华民族是通过其积极的现代化努力方始能够卓然自立于世界民族之林的；同样不消说，当中国能够开启出一种新文明类型的全球治理方案时，当这样的方案能够在历史的行程中不断丰富和充实而成为主流与共识时，中国也就为人类作出了非同一般的历史性贡献。

---

① 《决胜全面建成小康社会　夺取新时代中国特色社会主义伟大胜利——在中国共产党第十九次全国代表大会上的报告》，人民出版社 2017 年版，第 58—59 页。

第七章　中国特色社会主义道路与马克思主义实践观

从哲学的视域着眼，“道路”这一概念所揭示的，是一个国家或一个民族现实的历史性实践，是一个国家或一个民族之生活方式的发展过程，并最终成为一种文明和这种文明之命运的展开。因而，中国特色社会主义道路这一概念，是指当下中国人民实际行进着的生活路径是一条独特的社会主义路径；而当下中华民族之生存活动和存在方式是在这条路径上展开的，其意义领域是由这条路径规定的。

马克思主义的实践观则是指一种新世界观的纲领性原则，而这种新世界观的任务和目的不仅在于解释世界，而且尤其在于改变世界，在于实际地参与改变那个作为对象的、感性现实的世界本身。“对实践的唯物主义者即共产主义者来说，全部问题都在于使现存世界革命化，实际地反对并改变现存事物。”①

① 《马克思恩格斯选集》第1卷，人民出版社1995年版，第75页。

因此，中国特色社会主义道路与马克思主义实践观这一提法，乃是试图从哲学层面揭示：当下在中国大地上现实地发生着的社会发展过程，以及中国人民现实地进行着的历史性实践，与马克思主义哲学的新世界观，特别是与其纲领性的实践原则，具有怎样的关联？因此，本章的目的，就是要通过对马克思主义哲学之根本性质的把握，以及通过对中国社会，特别是通过对现代中国社会发展之内在线索的分析，去历史地理解中国特色社会主义道路和马克思主义实践观之间的本质联系。

第一节　马克思主义实践学说的革命性质

中国现代社会的发展与马克思主义的本质关联，首先是和中国社会，甚至是和中华文明自身发展的方向和任务相关联的。这里可以简要地提及这一问题的两个关节点：一是传统中国社会的发展最迟大约在 18 世纪末和 19 世纪初抵达了这一文明自身“内在演进逻辑”与“内部演化动力”的限度，并进而实际地、具体地面临着一系列的困境与进一步发展的障碍。① 二是传统中国社会的发展在 19

① 参见葛兆光:《“漫长的十八世纪”与“盛世背后的危机”》。“徐中约《中国近代史》曾经把大清帝国‘国运逆转，由盛到衰’，归结于‘行政无能’、‘普遍腐败’和‘财政窘迫’，这当然有一定道理。但我想和大家讨论的是另外三点：第一，帝国庞大疆域和复杂族群，造成控制成本过大；第二，思想文化与意识形态无法面向世界，越来越凝固和僵化；第三，归根结底，是皇权或国家权力过于集中，封杀了变革的可能性。”

世纪中叶之后，不可避免地被卷入到了世界历史发展的进程之中，并由此使得中国现代社会的发展不可避免地和以现代性为原则的“世界历史”发生必然的关联。

问题不仅关系实际的、具体的“历史进程”方面，而是还关系到思想的、理论的“行动指南”方面。人们会问：为什么恰恰是马克思主义，而不是自由主义或无政府主义，成为中国现代社会发展之主要的精神力量，并且还转变成巨大的物质力量，从而成为与中国现代社会发展具有本质关联的一部分。在具体展开关于中国特色社会主义道路与马克思主义之本质关联的详尽内容之前，首先需要对马克思主义学说的实质和根本进行考察，而考察这一学说的实质和根本，就必须把握其纲领性的原则，即马克思主义的实践观。就相关的主题而言，我们主要考察马克思主义哲学的“实践”概念，并进而考察马克思主义哲学以“实践”纲领为基础所完成的本体论革命。

一、实践与实践的唯物主义

在《关于费尔巴哈的提纲》中，马克思清晰鲜明地写道：“从前的一切唯物主义（包括费尔巴哈的唯物主义）的主要缺点是：对对象、现实、感性，只是从客体的或者直观的形式去理解，而不是把它们当作感性的人的活动，当作实践去理解，不是从主体方面去理解。因此，和唯物主义相反，能动的方面却被唯心主义抽象地发展了，当然，唯心主义是不知道现实的、感性的活动本身的。费尔巴哈想要研究跟思想客体确实不同的感性客体：但是他没有把人的活动本身理解为对象性的活动。因此，他在《基督教的本质》中仅仅把理论的活动看作是真正人的活动，而对于实践则只是从它的卑污的犹太人的表现形式去理解和确定。因此，他不了解‘革命的’、‘实践批判的’活动的意义。”① 马克思在这里主张的“实践”原则，迥然有别于费尔巴哈以及全部旧唯物主义。而他们之间根本的、决定性的差别就在于：第一，费尔巴哈只是从客体、直观的形式去理解对象、现实和感性，而马克思要求从主体、能动的方面去理解对象、现实和感性；第二，费尔巴哈只是把理论活动看作是真正人的活动，而马克思则认为对象性活动即实践才是人的活动本身；第三，费尔巴哈把实践看作是卑污的犹太人的表现形式，而马克思则认为实践是感性的人的活动，并具有革命的、实践批判的意义。

由此可见，实践原则乃是马克思哲学与全部旧哲学——无论是唯心主义还是唯物主义——的决定性差别。在马克思那里，新世界的原则立场，是作为“对象性活动”或“感性活动”的“实践”，而不是费尔巴哈人本学唯物主义中的“一般人”或“人自身”，也不是在旧唯物主义那里形而上学地改装了的脱离了人的自然（斯宾诺莎的“实体”），更不是德国唯心主义的“自我意识”或“纯粹活动”等等。实践是人的感性活动或对象性活动，是人与自然、主体与客体的原初关联，因此“这种活动、这种连续不断的感性劳动和创造、这种生产，正是整个现存的感性世界的基础”②。因而，马克思主义

① 《马克思恩格斯选集》第 1 卷，人民出版社 1995 年版，第 54 页。

② 同上书，第 77 页。

哲学的“实践”原理，绝不是仅仅只从客体的，或是直观的形式去理解对象、现实和感性，而且要求从主体的，或是能动的形式去理解对象、现实和感性。意识与精神生产，是在“实践”这样一种感性的、物质活动过程中形成的，人们的物质实践在观念上的反射和回声的发展。“思想、观念、意识的生产最初是直接与人们的物质活动，与人们的物质交往，与现实生活的语言交织在一起的。人们的想象、思维、精神交往在这里还是人们物质行动的直接产物。表现在某一民族的政治、法律、道德、宗教、形而上学等的语言中的精神生产也是这样。人们是自己的观念、思想等等的生产者，但这里所说的人们是现实的、从事活动的人们，他们受自己的生产力和与之相适应的交往的一定发展——直到交往的最遥远的形态——所制约。意识（das Bewußtsein）任何时候都只能是被意识到了的存在（das Bewußte Sein），人们的存在就是他们的现实生活过程。”①

因此，马克思主义哲学的基础和决定性原则，乃是作为“感性活动”“对象性活动”的实践。这样一种活动在哲学上意味着：第一，实践是人的思维及其思维产物之真实性与真理性的根据，它揭示出人的思维及其思维产物之现实性和力量的来源。“人的思维是否具有客观的［gegenständliche］真理性，这不是一个理论的问题，而是一个实践的问题。人应该在实践中证明自己思维的真理性，即自己思维的现实和力量，自己思维的此岸性。”第二，揭示了人的

① 《马克思恩格斯选集》第1卷，人民出版社1995年版，第72页。

存在及其生活的现实，是人得以实现和确证自身的根据和意义的来源。“全部社会生活在本质上是实践的。凡是把理论引向神秘主义的神秘东西，都能在人的实践中以及对这个实践的理解中得到合理的解决”。第三，打开并展现了“现实环境”和“人类活动”之间真实的、现实关联的基础。“环境的改变和人的活动或自我改变的一致，只能被看作是并且合理地理解为革命的实践。”人和自然之间真正现实的关联，是在实践活动中的彼此生成和创造，一方面是具有实践意识和实践观念的“从事实际活动的人”，另一方面是作为历史产物、人类活动结果的“成为感性世界的自然”。“如果懂得在工业中向来就有那个很著名的‘人和自然的统一’，而且这种统一在每一个时代都随着工业或慢或快的发展而不断改变，就像人与自然的‘斗争’促进其生产力在相应基础上的发展一样，那么上述问题也就自行消失了。”①

综上所述，马克思主义新世界观的决定性原则就是“实践”，就是在“实践”基础上的“人的现实的存在”或“现实的人的存在”。以此，马克思主义哲学“统摄一切的纲领”是“实践”，而马克思主义哲学对实践概念之最简单、最基本的表达，就是“人的感性活动”或“对象性的（gegenständliche）活动”。所以，马克思主义哲学，即马克思主义的世界观，也就可以直接名之为“实践的唯物主义”。

① 《马克思恩格斯选集》第1卷，人民出版社1995年版，第76—77页。

二、马克思的哲学革命与唯物史观的创立

马克思的“实践”概念，首先具有本体论的意义，因为这一概念是表示关于存在和非存在、关于存在之现实性、关于自然界与人的现实存在的原理。从总体上来说，马克思主义实践原则颠覆了自古希腊哲学以来就形成的哲学—形而上学传统，而这一颠覆又主要包含着三个相互关联的方面：一是超感性世界的破产和倾覆；二是单纯理论态度的终结；三是现代形而上学基本建制——意识之内在性——的瓦解。从建设性的方面来说，实践原则的主要成果是创立了作为新世界观的马克思主义哲学，也就是辩证的、历史的唯物主义。

第一，超感性世界的倾覆。黑格尔在《哲学史讲演录》中说道：“真正的哲学思想从巴门尼德起始了，在这里面可以看见哲学被提高到思想的领域。一个人使得他自己从一切的表象和意见里解放出来，否认它们有任何真理，并且宣称，只有必然性，只有‘存在’才是真的东西。”① 在这里，当黑格尔断言“存在”是“真的东西”时，他所说的“真的东西”并不是感性的东西，而是“抽象的东西”，因为“存在”不是各式各样具体的“存在者”，而是思想对“存在者”之“存在”的把握。换言之，“存在”是对一切感性具体性进行抽象之后的剩余物，所以它已经不再是感性的东西本身了，而是感性的东西的思维规定。就整个西方哲学的路向而言，真实的东西、真

---

① ［德］黑格尔：《哲学史讲演录》第1卷，商务印书馆1996年版，第267页。

理的东西，也就是必然的东西和本质的东西，一开始就被设定在思想里面，亦即被设定在作为思想之表达的哲学里。柏拉图的理念论就是这一路向之决定性的奠基者或最典型的代表。在这样的哲学路向中，感性的事物乃是表象的、意见的东西，它们变化多端、短暂易逝，没有逻辑性和必然性；而在思想中呈现的或抽象的东西则是本质的、真实的东西，它们具有规律、稳固恒定，并具有逻辑性和必然性。于是最终感性世界（即所谓“形而下世界”）与超感性世界（即所谓“形而上的世界”）被绝对地分离开来并被绝对地对立起来。真理性的、本质性的东西仅仅归属于超感性世界，而感性世界之所以具有实在性或真实性，则仅仅是因为“分有”了超感性世界的本质与真理。真理性全在超感性世界这一方面，而不在感性世界这一方面。在肇始于笛卡儿（“我思故我在”）并发展至黑格尔（“绝对精神”）的近代哲学中，理念论的路向即柏拉图主义，仍然得到始终如一的继承、巩固与发展，以至于现代英国哲学家怀特海说：全部西方哲学史不过是柏拉图的思想的注脚而已。

当费尔巴哈将他的神学批判转变为对一般哲学—形而上学的批判时，他便指正了这一哲学路向具有“逻辑的、泛神论的神秘主义”。他直截了当地指出，超感性世界的直接领域乃是作为宗教反思的宗教神学，上帝的本质归根到底是“人自己的人的本质”，而神学的秘密就是人本学。他进一步论证说，黑格尔的思辨哲学、近代哲学，乃至整个从古希腊发展而来的西方哲学，都具有和宗教神学一样的“自我异化”的形式，亦即把世界“二重化”为宗教—思想—

超感性的世界，以及与之对立的世俗—现实—感性的世界，并把前者视为是真实的、本质的世界，后者则是虚假的、现象的世界，因而是需要被贬低和摒弃的世界。针对这样一个超感性的世界，费尔巴哈提出了与“思辨思维”相对立的“感性事物”的现实性和真理性——即一种“基于自身并且积极地以自身为依据的肯定的东西”。换言之，他试图在本体论上论证一种和以往全部哲学都不同的新原则，即“感性的原则”。但是，费尔巴哈虽然试图从“感性”出发，可是他对“感性”的理解还仍然只是一种思维上的设定，亦即他只是把在天国中以神的形式存在的“超然性”变成是人们心中的自然的内在“普遍性”①。而这样的一种感性世界，至多也只是和超感性世界形成一种抽象的对立。所以，虽然费尔巴哈一开始试图以感性现实来对抗衡超感性世界，但是他对感性世界的理解本身，又恰恰从属于形而上学的基本方式和基本领域，并使得他试图倾覆超感性世界的愿望最终落空。

因此，尽管费尔巴哈想要掀起一场本体论上的革命，并试图通过肯定“感性”而推翻超感性神话在现实性、真理性上的统治权与支配权，但“它们始终不过是一些零星的猜测”，而未能从根本上撼动并摧毁超感性世界。为什么会出现这样的一种“事与愿违”的情

① 《马克思恩格斯选集》第1卷，人民出版社1995年版，第139页。“费尔巴哈把宗教的本质归结于人的本质。但是，人的本质不是单个人所固有的抽象物，在其现实性上，它是一切社会关系的总和。费尔巴哈没有对这种现实的本质进行批判，……因此，本质只能被理解为‘类’，理解为一种内在的、无声的、把许多个人自然地联系起来的普遍性。”

形呢？其中的秘密就在于，“他从来没有把感性世界理解为构成这一世界的个人的全部活生生的感性活动”。他没有意识到，感性世界决不是那个直接的、直观的，纯粹的自然界，而是在感性活动或对象性活动中的“现实的自然界和现实存在的社会关系”。因此，只有当马克思完成了以感性活动或对象性活动，亦即以实践纲领为基础的本体论革命之后，那个统治了西方哲学思想两千多年的超感性神话才真正破产，那个作为现实性和真理性基地的超感性世界才被真正颠覆；而以感性活动、对象性活动为基础的现实的人、现实的自然界、现实的意识、现实的社会关系，一句话，作为现实性和真理性之前提、依据和确证的“感性世界”，才真正在本体论上被确立，并成为一切“存在者”之存在根据的新原则。对此，马克思这样比喻说：“即使感性在圣布鲁诺那里被归结为像一根棍子那样微不足道的东西，它仍然必须以生产这根棍子的活动为前提。”①

第二，单纯理论态度的终结。既然真实性、真理性的东西是在抽象的超感性世界中，那么，作为超感性世界的表达与表征的理论（意识、观念、思想、概念、逻辑、普遍必然性、道德、宗教、法律等等）自然就成为衡量感性世界的尺度，成为判断具体事物的标准，并且也成为指导行动的依据。换言之，超感性世界本体论的必然后果，就是以概念立场为基础的理论态度的形成。在形而上学的整个历史中，以理念论为基底的单纯理论态度，从古希腊至黑格尔始终

① 《马克思恩格斯选集》第1卷，人民出版社1995年版，第79页。

构成哲学的基本定向和基本品格。对此，马克思恩格斯批判道：德国唯心主义和其他一切民族的意识形态没有任何特殊的区别。后者也同样认为世界是受观念支配的，思想和概念是决定性的本源，一定的思想是只有哲学家们才能理解的物质世界的奥秘。简而言之，真实性、真理性的东西就在理论之中，在作为理论之核心和总汇的哲学之中。

和对待超感性世界的问题一样，费尔巴哈也曾试图通过诉诸感性，即所谓“生活”与“实践”的原则来终结这种概念立场与单纯理论态度。但是，就像马克思一再指出的：“费尔巴哈不满意抽象的思维而喜欢直观；但是他把感性不是看作实践的、人的感性的活动。”所以，尽管费尔巴哈想通过宗教批判，即“把宗教世界归结于它的世俗基础”而树立起感性世界的首要地位，但是由于他对感性世界的理解仅仅局限于“单纯的直观”和“单纯的感觉”，因而他所谓的感性“生活”和“实践”的原则，最终还是出于理论合理性或理论解释性而要求的公设、基本概念，并最终仍不可避免地又回到了概念立场和单纯理论的态度。“诚然，费尔巴哈与‘纯粹的’唯物主义者相比有很大的优点；他承认人也是‘感性对象’。但是，他把人只看做是‘感性对象’，而不是‘感性活动’，因为他在这里也仍然停留在理论领域，没有从人们现有的社会联系，从那些使人们成为现在这种样子的周围生活条件来观察人们。”①

---

① 《马克思恩格斯选集》第1卷，人民出版社1995年版，第157页。

和费尔巴哈最终仍把“生活”和“实践”归结为“单纯的直观”（哲学的高级直观和理论的直观）不同，在马克思看来，作为感性活动或对象性活动的实践原则，其首先的和基本的意义就在于“使现存世界革命化，实际地反对并改变现存的事物”。因此，在马克思那里，实践原则，不仅仅是出于理论合理性和解释性所提出的要求，而特别是现实生活本身的推动原则，它直接意味着现实的人的活动，意味着现实生活的变革，意味着历史性地改变世界；实践原则不仅仅只是理论批判的诉求和任务，它还是现实主体的实践批判的活动。

因此，当马克思主义哲学将作为感性、对象性活动的实践原则，确定为自身的“内在定向”时，它不仅彻底推翻了作为哲学—形而上学传统之本体论的超感性世界的原理及其神话，而且彻底终结了概念立场和单纯的理论态度，即“哲学必须自己‘转向外面’，对世界采取实际行动”；“通过理性在现实世界黎明的实现，作为哲学的哲学扬弃了自己，成为现存的非哲学的实践，也就是说，哲学成了马克思主义，成了一种直接实践的理论。”① 换句话说，马克思主义哲学不仅是理论的原理，而且是实践的要求和行动的渴望。按其形式和语言来说是理论的东西，按其内容、实质和目的来说，则是指向实践并且深入于实践的。以感性的活动为本体论定向的新世界观，直接就意味着把哲学的根本把握为理论与实践的统一。

第三，意识之内在性的瓦解。单纯理论态度和概念立场的依据

① ［德］卡尔·洛维特：《从黑格尔到尼采》，三联书店2006年版，第122、124页。

是：真实的和真理性的东西寓于超感性的世界中，并形成了以宗教、法律和道德等来对事物进行判断或断言的超感性的神话学对于这种神话学，马克思批判说："迄今为止人们总是为自己造出关于自己本身、关于自己是何物或应当成为何物的种种虚假观念。他们按照自己关于神、关于标准人等观念来建立自己的关系。他们头脑的产物不受他们支配。"① 因此，概念立场、单纯理论态度与形而上学的本质——超感性世界及其神话学——是完全一致并且互为表里的。而形成并巩固这两个方面的更加深刻的原因，不仅是一般形而上学的传统，而且特别是作为现代形而上学基础的"形而上学的基本建制"，即意识的内在性。所谓意识的内在性，是指"意识之存在的特性"主要是由"主体性"而获得其规定。但是，这个主体性却并未就其自身的存在性质得到质询。在笛卡儿创立近代哲学时，他的作为"追溯之原点"和"建构之起点"的"我思"，除非通过"神助"，否则便不可能贯穿对象领域，不可能真正触动对象领域。而在近代形而上学集大成的黑格尔哲学那里，所谓"实体即主体"的主张，亦即作为存在和思维之统一的"同一哲学"，其实质不过是绝对精神（上帝）的纯粹活动或自我活动，是这种活动围绕自身的无休止的运动。当它作为过程的绝对的主体时，它不过是"在自身内部的纯粹的、不停息的转圈"；而当它作为过程中的对象时，它不过是"自我意识的外化"，亦即只是由自我意识而设定的物性，即只是一种"抽

① 《马克思恩格斯文集》第 1 卷，人民出版社 2009 年版，第 509 页。

象的自然界”。“自然界的思想物”，而不是现实的自然界、现实的物。因此，整个哲学—形而上学传统的全部的要害就在于抛开并弃绝观念的现实基础。在现代形而上学中，由于观念的现实基础被取消，观念方始立足于自身，也就是说，成为意识范围以内的观念，而意识范围以内的观念直接就意味着最广义的意识之内在性。

然而，在马克思看来，无论是观念，还是意识形态，都不是本身自足的领域。归根到底，观念有其自身的现实基础，亦即现实的人及其现实的活动，马克思说：“人们是自己的观念、思想等等的生产者，但这里所说的人们是现实的、从事活动的人们，他们受自己的生产力和与之相适应的交往的一定发展——直到交往的最遥远的形态——所制约。”他还说：“我们的出发点是从事实际活动的人，而且从他们的现实生活过程中还可以描绘出这一生活过程在意识形态上的反射和反响的发展。”① 如果抛开这些现实基础，即“生产”这些观念的现实的人——现实的主体，以及作为这些观念之内容、实质和目的的现实的活动，那么，这些观念、思想的来源就只能封闭在意识的内在性之中，就只能被看作是意识的“内部自身”，也就是说，被单纯理解为“自我”“我思”等的产物。在这样的情形下，现实的人及其现实的活动被抽象掉了，剩下的就只有作为“纯粹活动”的“自我意识”；而自我意识作为“对意识的意识”，成为纯全“内在的意识”，而不再是关于对象的意识。也就是说它们的对

① 《马克思恩格斯选集》第1卷，人民出版社1995年版，第73页。

象性方面被撤回到主观的方面来了，就从实体被提升为自我意识了；这些观念就是怪想或固定观念。

但是，真正的人的意识首先是“实践意识”，它最初是直接与人们的物质活动，与人们的物质交往和现实生活的语言交织在一起。它直接地生存于实践活动中，既是活动的主体性的实现，即现实的人和主体的现实的生成；也是活动的对象性的实现，即现实的物体、自然和客体的现实的生成。而只是当实践由于分工而导致物质劳动和精神劳动的分离时，“从这时候起意识才能现实地想象：它是和现存实践的意识不同的某种东西；它不用想象某种现实的东西就能现实地想象某种东西。从这时候起，意识才能摆脱世界而去构造‘纯粹的’理论、神学、哲学、道德等等”①。所以，那些脱离了实践意识的观念、思想，只不过是理论家和哲学家想象出来的、脱离了现实基础的理论意识。最终，他们以意识的内在性作为前提与基础，构成了“实体与自我意识”的形而上学框架，构成了主体与客体的本质上的二元论，即现代“形而上学的基本建制”。

然而，在马克思主义哲学的本体论视域，现实的人本身就是感性的、对象性的活动本身，是现实的主体。一个人怎样表现自己的生活，他们就是怎样的；而人的本质，“在其现实性上，它是一切社会关系的总和”②。另一方面，对象、现实、感性等等，它们同样是在感性对象性的活动中生成的，并在这一生成过程中表现为现实的

① 《马克思恩格斯选集》第 1 卷，人民出版社 1995 年版，第 82 页。

② 同上书，第 60 页。

客体。因此，在感性活动或对象性活动中，意识的内在性就瓦解了。意识不再是关于其自身的意识，也不再是这一意识基础上的理论的意识，而是首先是实践的意识，是感性的意识或对象性的意识。换言之，在实践中，正像人的活动先行地寓居于对象领域中一样，对象本身的存在亦先行地涵泳于人的活动领域之中。这样一来，作为基本建制的意识内在性就被贯穿了。而一言以蔽之，马克思实践观的确立，首先是一场本体论意义上的革命，这一革命的直接后果是：现代形而上学的基本建制即意识的内在性彻底瓦解了。

第四，以实践为纲领的新世界观。马克思的实践学说，既是马克思主义认识论的第一的和基本的观点，也是唯物史观的直接的理论前提。之所以如此，是因为马克思的实践观作为纲领性的原则，构成新世界观的实质与根本。它要求把人和自然的存在以及由之而来的意识、观念、认识等均置于“实践”之中，亦即置于人的感性活动或是对象性活动的过程中去理解和把握，从而揭示并开启出一种新唯物主义的世界观。而这一唯物主义，较之于旧唯物主义，有三个基本的、不可分割的本质特征：第一，它是以实践为定向的唯物主义；第二，主体性因而成为唯物主义的内在原则；第三，辩证法被整合进唯物主义的基础之中。

因此在马克思主义哲学中，构成基础性和本质性的原则是：

“感性活动”或“对象性活动”，即“实践”。正是在实践中，现实的人和现实的自然界被把握为“人们的现实生活过程”。马克思主义实践观表明：一方面，人们通过感性对象性活动使自己同自然界的联系超越了动物同自然界的联系，而成为“为我而存在”的关系，即物质生产和物质交往基础上的关联。在这种关系中，人们在使自然界成为其本质力量的对象化的同时，也使人获得其感性生活的基础，从而使他自己成为“现实的人”，即“现实的主体”；同时也使自然界成为“现实的自然界”，即“现实的客体”（作为工业和社会状况的历史的产物）。另一方面，人们通过对象性活动在改变他们现实生活的同时，也改变着他们自己的思维和思维的产物，“不是意识决定生活，而是生活决定意识”。

因而，在马克思的新唯物主义世界观看来，真实的、真理性的东西不是那种“开天辟地以来就直接存在的、始终如一的东西”（这种东西只“适用于原始的、通过自然发生的途径产生的人们”），而对于现实的、通过社会发生的途径产生的人们，真实的、真理性的东西是：第一，现实的历史的人，即“在一定条件下进行的发展过程中的人”。第二，现存的感性世界，即作为“工业和社会状况的产物”、作为“历史的产物”的感性世界；作为“世世代代活动的结果”。以及第三，综合以上两者的能动的生活过程。即把“从事实际活动的人”和在“连续不断的感性劳动和创造、这种生产”基础之上的“现存的感性世界”连接起来、综合起来的“能动的生活过程”。

而在这个“能动的生活过程”中，人们的意识、观念和思想等是以感性的、对象性的活动为基础、为前提的，它们不过是这一生活过程本身在观念形态上的表现罢了。它们最初是直接地与人们的物质活动、物质交往和现实生活的语言交织在一起，一方面连续不断地、有意识地生产着能够满足人们的生活需要的资料，即生产“物质生活本身”；另一方面又连续不断地，在生产中把人们的思想观念对象化，即生产“社会生活本身”。需要补充说明的是，这里的“社会生活本身”不是指个体的生活，而是指社会的生活；任何个体的生活首先是并且始终是社会的生活。在这个意义上，以现实的人作为主体，无非意味着人的社会或社会的人乃是真正的主体。因此，马克思主义实践观在社会历史理论中所开启出来的正是作为“实在主体”的“社会”；它是“具体的、生动的既定整体”，一个具有自身实体性内容的自我活动者，一个“实在主体”。马克思这样写道：“实在主体仍然是在头脑之外保持着它的独立性；只要这个头脑还仅仅是思辨地、理论地活动着。因此，就是在理论方法上，主体，即社会，也必须始终作为前提浮现在表象面前。”①

由此我们看到，旧唯物主义无法从能动的方面去理解对象、现实和感性，而唯心主义只能在抽象的意识、思想和观念中去发挥能动的方面。与这两者全然不同，马克思的实践观把现实的主体理解为“感性活动”或“对象性活动”；这样的活动作为人的活动同时就是社会的活动，就是“能动的社会生活”，就是“环境的改变和人的活动或自我改变的一致”，即“革命的实践”。因此，马克思主义实践观把“能动性”即“主体的方面”，统摄涵纳进了唯物主义的基础之中，使之成为新唯物主义本体论根基中的基本原则。不仅如此，

---

① 《马克思恩格斯选集》第2卷，人民出版社1995年版，第19页。

正是由于实践观全面地重建了唯物主义基础，辩证法才获得了合理的形态。以实践为基础的人们的现实生活过程，是一个既连续又变化着的历史性进程。而这样一个统摄了不同方面及其制约的相互发展变化过程，正是一个辩证的过程。所以，在马克思主义实践观的基础上，辩证法无非是“感性活动”“对象性活动”的基本结构与展开过程，是以物质生产活动与社会生产活动为基础的整个历史的发展进程。正是由于马克思主义实践观的确立，才最终使得新唯物主义能够牢牢地把握由唯心主义发展起来的“能动的原则”和“历史的原则”，并最终使辩证法取得了唯物主义的形态。

第二节　马克思主义中国化的历史性实践与马克思主义实践观

马克思主义哲学，作为一种新世界观，首先是一种以理论形态表达出来的学说。但正是由于这一学说的实践定向，所以它决不满足于只做黄昏才起飞的密涅瓦的猫头鹰；也决不会把“关于现实问题的哲学词句”当作现实问题本身。马克思主义的实践观意味着：哲学要在理解与揭示现实的同时，直接进入现实的历史进程中去；哲学要在作为真理性和科学性世界观的同时，成为现代世界发展的现实的、历史的力量，并使这种力量得以真正实现。

一、马克思主义、马克思主义中国化和中国社会的发展

在中国道路的百年探索中，在这一历史性的实践中，居于本质性和必然性地位的规定是：现代化；马克思主义中国化；由上述两个规定而来的中国特色社会主义。

首先是现代化这一规定，它本质重要地出现在中国自近代以来的历史性实践中，并且成为中华民族复兴事业的持久基础。之所以如此，是因为现代性在特定阶段上的“绝对权力”，是因为以资本和现代形而上学为主干的现代性在开辟出“世界历史”的同时，也布局了现代世界之基本的支配—从属关系。“正像它使农村从属于城市一样，它使未开化和半开化的国家从属于文明的国家，使农民的民族从属于资产阶级的民族，使东方从属于西方。”① 正是由于世界历史及其特定的支配—从属关系，使得现代化（无论以何种方式）对世界各民族来讲，成为命运性的了。海德格尔将这种命运叫作“人类和地球的欧洲化”。而马克思则将之更明确地表述为：它迫使一切民族——如果它们不想灭亡的话——采用资产阶级的生产方式，它迫使一切民族进入到现代资本主义的文明之中②。

对于中华民族来说，现代化同样构成其历史性的命运。虽说中国自身的历史极为悠久，文化独特且人口众多，但它同样不可避免

① 《马克思恩格斯选集》第 1 卷，人民出版社 1995 年版，第 277 页。

② 同上书，第 276 页。

地被卷入现代性之中，以至于现代化不能不成为中国近代以来历史进程之本质的和必然的规定。尽管不同的阶段呈现出重要的差别，尽管历史的曲折总会“翻涌起泡沫”，但现代化的主题和基调却是贯彻始终的：1840 年以来是如此，1911 年以来也是如此；1921 年以来是如此，1949 年以来也是如此；1978 年以来是如此，并且直到今天同样如此。所谓现代性，是指现代世界的本质一根据；而现代化则意味着进入到现代性之中。现代化之所以成为中国近代以来历史的本质规定，不仅是因为它构成这一历史进程中可以明显识别的主旋律，而且尤其是因为任何一个民族在现代世界中的生存，必然要以现代化的某种实行作为基本前提。马克思用“如果它们不想灭亡的话”这个短语突出地强调了这种必然性。一部分文化保守主义者为了批判现代性，却试图在其历史叙述中取消现代化对于中国来说的客观意义（往往将之当作“误入歧途”），这只能表明他们是陷入了幻觉之中。因为既然现代化已成为中国晚近历史之本质的和必然的规定（通常所谓“不以人的意志为转移的”），那么，排除或曲解这一规定的历史叙述，就只能是从主观的想象中虚构出来的东西了。

然而，对于中华民族复兴事业的历史进程构成本质规定的，不仅有“现代化”，而且还有“马克思主义中国化”。虽说马克思主义中国化这个规定较为晚出，但它同样是关乎本质的规定，是不以人的意志为转移的必然规定。以五四新文化运动为起点，中国近百年来的历史性实践在展开其现代化进程的同时，揭示出这一进程与马克思主义开始建立起本质的关联。这种本质关联的核心在于：中国的现代化事业必须经由一场彻底的社会革命来为之奠基，而这场社会革命历史地采取了新民主主义—社会主义的定向。如果说，这场社会革命的新民主主义—社会主义定向意味着马克思主义对于中国现代化进程来说的本质重要性，那么，这恰恰是因为，除非这场社会革命能够完成并达到它的目的，否则的话，中国的现代化事业就还未曾获得它的决定性奠基。由于这一点并且经过这一点，中国的现代化进程，从而中华民族的复兴事业，便建立起它与马克思主义关乎本质的必然联系。

有一种观点认为，中华民族的复兴也就是现代化，而这一现代化进程本来是可以和马克思主义截然无关的。这样的观点是同样陷入了幻觉之中：主观的想象固然可以这般虚构（“假设历史”），但现实的历史决非如此。如果只是满足于这种虚构，那就甚至连五四运动的意义也消化不了。五四运动固然是以现代性的观念为旗帜的（德先生、赛先生），但作为现实的历史，它既是彻底地不妥协地反对封建主义的运动，又是彻底地不妥协地反对帝国主义的运动。抽象的观念在这里只能看到抽象的对立（如“救亡压倒启蒙”之类），却完全无法识别和理解在现实历史中生成的本质趋势，而这一趋势正就是马克思主义必然地进入到中国的现代化进程之中。就当时已经展开的现实的历史而言，中国革命若不彻底地反对帝国主义，就根本不可能彻底地反对封建主义，因而也就根本不可能获得其本已的现代化以之作为前提的社会基础，并从而实现之。在这个意义上，如果“启蒙”一词可以用来概括一般的现代价值，那么马克思主义进入中国的必然性，恰恰在于中国实现现代化的必然性，在于能够占有“启蒙”即一般现代价值的必然性。只要不是停留在非历史的抽象观念中，我们就能清晰地看到，五四以来在现实历史中生成的本质趋势，根本不是消除或压倒“启蒙”的诉求，而是历史地拯救并且也历史地提升这一诉求。对于中国的历史现实来说，除非这样的诉求能够被提升，否则它就不可能得到起码的实现。

正是在马克思主义与中国现代化进程逐渐形成的本质关联中，五四运动以及中国共产党的出现才成为真正历史性的事件。“五四运动时期虽然还没有中国共产党，但是已经有了大批的赞成俄国革命的具有初步共产主义思想的知识分子。……五四运动是在思想上和干部上准备了一九二一年中国共产党的成立，又准备了五卅运动和北伐战争。”① 那种试图在中国近代以来的历史中仅仅承认现代化规定的观点，在这里就成为一种完全抽象的观点了；而那种试图以现代化（或“启蒙”）的名义来排除或拒斥马克思主义对这一历史进程之本质意义的观点，则尤其表现为对现实历史的无知，表现为理论上的空疏和无头脑。这样的观点甚至根本看不到即使是稍有识见的历史学家早已清晰地看到的东西。例如，费正清在《伟大的中国革命》一书中明确指出：美国式的自由主义和中国革命“不可能并行不悖”，而这种不可能性正就绽露出马克思主义对于中国革命来说在本质上的必然性。“杜威于 1921 年 7 月 11 日离开上海时中国共产党

① 《毛泽东选集》第 2 卷，人民出版社 1991 年版，第 699—700 页。

刚好要在那里成立，最为进步的教育（按：指杜威关于现代教育的演讲）刚刚展示在革命的中国面前时，她却转到马克思和列宁那边去了。……显然，美国的自由主义解决不了中国的问题，虽然它作为主流思潮后来又苟延了 15 年。”①现实历史的焦点首先在于为中国的现代化事业全面奠基的社会革命。除非这一社会革命得到彻底完成，否则的话，中国的现代化进程就不可能充分展开并达到自己的目的；同样，除非马克思主义本质重要地进入这一过程，否则的话，中国的社会革命就不可能充分实现并达到自己的目的。在这个主题上，费正清以历史学的方式比较了共产党和国民党，并得出如下结论：“不管你怎样加以平衡，彰明昭著的事实是：中共越来越能够使它自己成为一个早已该进行的深刻社会革命的领导者。”②

如果说，我们由此领会到马克思主义与中国的社会革命、从而与中国的现代化进程具有本质的和必然的联系，那么，需要进一步理解和把握的是：与中国近百年的历史性实践建立起本质关联的，不仅是一般而言的马克思主义，而且尤其是中国化的马克思主义，是在中国的历史性实践中不断生成并不断获得生机的马克思主义。马克思主义的一般原则或原理固然十分重要，但除非这样的原则或原理能够深入到特定的历史性实践之中，能够由此开展出以特定的社会—历史内容而来的全面的具体化（所谓“中国化”就是这个意思），否则的话，滞留在抽象性上的原则和原理，就立即沦落为无头

① ［美］费正清：《伟大的中国革命》，世界知识出版社 2000 年版，第 243 页。

② 同上书，第 262 页。

脑的“外在反思”，即通常叫作形式主义或教条主义的东西。正如黑格尔所说，“……一个所谓哲学原理或原则，即使是真的，只要它仅仅是个原理或原则，它就已经也是假的了；要反驳它因此也就很容易。”① 教条主义或外在反思只是将抽象原则先验地强加到各种内容之上，而这样的情形是我们很熟悉的：中国革命时期就有一部分“教条主义的马克思主义者”，他们只是把马克思主义的原理、俄国的经验当作抽象原则来进行外在反思的运用，亦即将之先验地强加到中国革命的内容之上；由之而来的结果同样是我们很熟悉的：它付出惨重的代价，导致一次又一次的灾难性失败。

从这样的代价和失败中总结的经验教训，使中国共产党迅速成长起来。它很快摆脱了理论上和实践上单纯的“学徒状态”，以及这种学徒状态惯常具有的教条主义倾向。这就意味着要使马克思主义的原理深入到特定的社会现实中，以便同中国革命的实践相结合，而这种结合也就是马克思主义的中国化。正如毛泽东所指出的：“必须将马克思主义的普遍真理和中国革命的具体实践完全地恰当地统一起来，就是说，和民族的特点相结合，经过一定的民族形式，才有用处，决不能主观地公式地应用它。公式的马克思主义者，只是对于马克思主义和中国革命开玩笑，在中国革命队伍中是没有他们的位置的。”② 之所以如此，是因为教条主义的马克思主义在理论和实践两个方面都完全脱离了特定的现实，其结果是：就像它在理论

① ［德］黑格尔：《精神现象学》上卷，商务印书馆 1979 年版，第 14 页。

② 《毛泽东选集》第 2 卷，人民出版社 1991 年版，第 707 页。

上不可避免地转化为马克思主义的对立物一样，它在实践上由于先验强制的经常落空而不可避免地导致失败。因此，真正说来，与中国革命、从而与中国的现代化进程建立起本质联系的，是这样一种马克思主义，即中国化的马克思主义。

由此我们可以清晰地看到，对于自中国共产党成立以来近百年的历史性实践来说，它的本质的、必然的规定是现代化和马克思主义中国化。这两个规定不仅出现在中国革命的历史进程中，而且在总体上支配着由这一社会革命奠基的现代化建设的整个进程，以至于我们可以说，现代化与马克思主义中国化是一百年来“中国道路”的最关本质的规定，是任何一种对中国道路具有历史性意义的言说都不可能丢弃或越过的规定。进而言之，这两个规定同样也构成“中国特色社会主义”的基础领域，这个基础领域是指现代化任务的继续执行和马克思主义中国化进程的持续开展。虽说中国特色社会主义更为晚近也更为具体（它特别地与四十年改革开放的历史相联系），但它不仅更为紧密地建立起现代化与马克思主义中国化的直接联系，而且成为更高阶段上综合两者的进一步规定。不消说，没有现代化和马克思主义中国化在展开过程中的历史性推进，就不会有中国特色社会主义道路；同样不消说，正是中国特色社会主义道路的历史性生成，使现代化和马克思主义中国化的进程进入新的历史阶段。

二、民族解放、国家独立与新民主主义革命

中国的现代化事业和民族复兴必须通过一场彻底的社会革命来

为其奠基。这样的一场社会革命，由于其范围之广，程度之深，所以必须号召和动员最广泛的民众参与方可完成，而这绝不是可以简单照搬西方资产阶级革命的理念和模式，也不是可以简单沿用中国传统社会农民战争的办法和手段来加以实现的。要形成最广泛的民众参与的社会革命的局面，就必须有新的社会革命的理论来号召，必须有基于中国传统和现实资源的，具有强大领导力量的组织和团体来动员。

毛泽东从中国近代以来的历史状况与社会状况出发，分析了中国社会的半殖民地与半封建的性质，指出中国是一个以农业经济为主，政治、经济和文化各方面发展都很不平衡的广大国家。这就决定了中国革命现阶段的资产阶级民主革命的性质，也决定了中国革命的主要方式是武装斗争；同时由于资本主义的发展不充分，中国工人阶级的人数少，占 80% 以上的人口是农民，因而农民乃是中国革命的主力军；城市是敌人统治的中心而农村则是相对薄弱的环节，所以中国革命必须将重点放在农村，先在农村积聚力量，通过武装割据建立农村革命根据地和红色政权，走农村包围城市，最后夺取城市和全国胜利的中国革命的道路。因此，毛泽东指出："我们说马克思主义是对的，决不是因为马克思这个人是什么'先哲'，而是因为他的理论，在我们的实践中，在我们的斗争中，证明了是对的。我们的斗争需要马克思主义……马克思主义的'本本'是要学习的，但是必须同我国的实际情况相结合。我们需要'本本'，但是一定要纠正脱离实际情况的本本主义。”①

农民作为中国革命的重要力量，从总体来说，在文化知识水平、政治理论水平和革命纪律性方面比较薄弱。针对这一实际状况，毛泽东特别强调了中国共产党的无产阶级思想的教育和对各种非无产阶级思想的克服，提出了不仅要在组织上建党，而且还要在思想上建党的理论。他指出：“以马克思列宁主义的理论思想武装起来的中国共产党，在中国人民中产生了新的工作作风。这主要的就是理论和实践相结合的作风，和人民群众紧密地联系在一起的作风以及自我批评的作风。”② 这是中国共产党区别于其他任何政党的显著标志。针对中华民族必须解决民族危亡、人民解放和国家独立的问题，毛泽东研究了中国革命的特点与中国革命的规律，发展了马克思主义关于无产阶级在民主革命中的领导权的思想，提出了无产阶级领导的，以工农联盟为基础的，人民大众的，反对帝国主义、封建主义和官僚资本主义的新民主主义革命的理论，领导了新民主主义革命的历史性实践。在 1939 年 10 月的《〈共产党人〉发刊词》中，毛泽东提出了“建设一个全国范围的、广大群众性的、思想上政治上组织上完全巩固的布尔什维克化的中国共产党”，并强调这是一项“伟大的工程”。而对于新民主主义革命的胜利，他说：“统一战线，武装斗争，党的建设，是中国共产党在中国革命中战胜敌人的三个法宝，三个主要的法宝。这是中国共产党的伟大成绩，也是中国革命

① 《毛泽东选集》第 1 卷，人民出版社 1991 年版，第 111—112 页。

② 《毛泽东选集》第 3 卷，人民出版社 1991 年版，第 1093—1094 页。

的伟大成绩。”① 在抗日战争即将取得胜利之际，中国在战后面临着两个前途、两种命运的选择，毛泽东再次深刻阐述了新民主主义革命的历史前提、现实条件与实际任务，提出了“废止国民党一党专政，建立民主的联合政府”的主张，并将中国共产党的政治路线确定为：“放手发动群众，壮大人民力量，在我党的领导下，打败日本侵略者，解放全国人民，建立一个新民主主义的中国。”②

因此，马克思主义与中国社会历史发展的第一个阶段的结合，就是作为现实的、历史运动的中国新民主主义革命的发生和发展，以及作为其理论表现的毛泽东思想的形成与产生。这两个方面是密切联系在一起的，甚至可以说是同一个过程；这个过程就是马克思主义与中国革命的实践相结合，就是马克思主义实践观的实践运用，就是马克思主义中国化。正是中国化的马克思主义，实际地参与并深入到中国革命的历史性实践之中，从而开辟出中国新民主主义革命的历史道路。这条道路既是马克思主义中国化的进程，也是马克思主义通过中国社会现实的具体化而形成的创新性发展。对此，毛泽东在 1941 年 5 月所作的报告《改造我们的学习》中指出：“中国共产党的二十年，就是马克思列宁主义的普遍真理和中国革命的具体实践日益结合的二十年。如果我们回想一下，我党在幼年时期，我们对于马克思列宁主义的认识和对于中国革命的认识是何等肤浅，何等贫乏，则现在我们对于这些的认识是深刻得多，丰富得多了。

① 《毛泽东选集》第 2 卷，人民出版社 1991 年版，第 606 页。

② 《毛泽东选集》第 3 卷，人民出版社 1991 年版，第 1101 页。

灾难深重的中华民族，一百年来，其优秀人物奋斗牺牲，前仆后继，摸索救国救民的真理，是可歌可泣的。但是直到第一次世界大战和俄国十月革命之后，才找到马克思列宁主义这个最好的真理，作为解放我们民族的最好的武器，而中国共产党则是拿起这个武器的倡导者、宣传者和组织者。马克思列宁主义的普遍真理一经和中国革命的具体实践相结合，就使中国革命的面目为之一新。”①

因此，毛泽东思想，作为中国化的马克思主义，紧紧地抓住了中国近代以来社会历史的实际状况，深刻地把握了这一历史时期所提出的实现民族独立、人民解放和建立新中国的历史任务和历史使命，并切实根据其现实的历史基础、社会条件和时代状况等因素，找到了能够有效推动中国社会发展的真实力量。按照马克思主义原则组织起来的中国人民，在中国共产党的领导下，赶走了帝国主义，推翻了国民党统治，最终实现了民族独立和人民解放，建立起中华人民共和国。

中华人民共和国的诞生是中国革命的历史性成果，正是这一社会革命为大规模的现代化进程、为中华民族的伟大复兴奠定了坚实基础。而这一革命是以中国化的马克思主义即毛泽东思想为指导的，是中国共产党领导的，以新民主主义革命为其基本形式的，是中国人民的历史性实践的产物。新中国“既是中华政治共同体的重构，同时也是中华文明的重建”；它“突破了主要建立在欧洲经验基础上

---

① 《毛泽东选集》第3卷，人民出版社1991年版，第795—796页。

的民族国家构建模式，塑造了作为56个民族统一体之中华民族的集体自我意识”；它“既是现代民族国家的创建，同时又是对民族国家的超越”。[①] 新中国的诞生，标志着中国近代以来历史性实践的一个决定性的转折点，标志着社会主义革命和建设进程的积极开启，从而为稍后的中国特色社会主义道路提供基础上的积累和经验上的准备。

三、改革开放与中国特色社会主义道路

由当代中国的历史性实践所展开的中国特色社会主义建设，以及作为这一历史发展进程之理论表现的中国特色社会主义理论，是由邓小平首先开创和明确提出的。1982年9月，他在党的十二大开幕词中明确指出：“我们的现代化建设，必须从中国的实际出发。无论是革命还是建设，都要注意学习和借鉴外国经验。但是，照抄照搬别国经验、别国模式，从来不能得到成功。这方面我们有过不少教训。把马克思主义的普遍真理同我国的具体实际结合起来，走自己的道路，建设有中国特色的社会主义，这就是我们总结长期历史经验得出的基本结论。”[②]

“走自己的路，建设有中国特色的社会主义。”这句话所揭示的，仍然是把马克思主义的基本原理同中国建设的实际结合起来。邓小平说：“中国革命的成功，是毛泽东同志把马克思列宁主义同中国的

① 白钢、丁耘等:《中国道路与马克思主义》，中国人民大学出版社2015年版，第12、13页。

② 《邓小平文选》第3卷，人民出版社1993年版，第2—3页。

实际相结合，走自己的路。现在中国搞建设，也要把马克思列宁主义同中国的实际相结合，走自己的路。”[①] 就马克思主义中国化的理论创新而言，这句话，作为邓小平理论的思想精髓，坚持了马克思主义以“实践”为纲领的新唯物主义世界观，即坚持“不是在每个时代中寻找某种范畴，而是始终站在现实历史的基础上，不是从观念出发来解释实践，而是从物质实践出发来解释各种观念形态”[②]。

因此，邓小平理论，和毛泽东思想一样，也是马克思主义的基本原理同中国的实际，特别是同当代中国建设的实际相结合的产物与成果。它对中华民族的现代转型，特别是对当代中国社会主义现代化建设的“具体形式”与“实际道路”的思考，以及对中国特色社会主义道路的开创与推动，产生了意义极为深远的影响。

1949 年中华人民共和国的成立，开始了此后三十年以“社会主义革命形式”所进行的社会主义建设。毫无疑问，毛泽东所领导与开创的新民主主义革命，通过革命建国，也就是通过民族独立与人民解放，赶走了帝国主义列强，解除了中华民族生死存亡的危机，把苦难深重的旧中国从殖民地和半殖民地的统治中拯救了出来，完成了中国近现代以来其社会发展面临的并且是迫切需要解决的第一个历史任务。因此，新民主主义革命的胜利，新中国的成立，一方面是终结了中华文明发展的旧的时代，另一方面则是开启了社会主义建设的新天地，特别是在一个落后的以农业生产为主的东方国家

① 《邓小平文选》第 3 卷，人民出版社 1993 年版，第 95 页。

② 《马克思恩格斯选集》第 1 卷，人民出版社 1995 年版，第 92 页。

中，开始尝试一种社会主义国家建设的世界历史的新路向。

由于特殊的历史语境和现实状况，并且由于中国共产党和中国人民在此之前是从革命和战争中一路走来，因而往往习惯性地使用革命的手段和战争的方法来进行社会主义建设。虽然这一时期提出的历史任务是建设与发展，是实现现代化，但却由于种种现实条件和主观因素的影响，使得 1956 年以后开始的社会主义建设时常偏离发展生产这一首要任务，难以始终坚持以经济建设为中心。发展到“文化大革命”时期，持续进行大规模的政治改造和政治运动。从这个意义上来说，在新民主主义革命完成之后，中国特色社会主义建设开始之前的这一段时间里，社会主义建设是在曲折中摸索的，在取得成就的同时也遭遇了挫折。诚如邓小平所说：“一九五六年召开的党的第八次全国代表大会，分析了生产资料私有制的社会主义改造基本完成以后的形势，提出了全面开展社会主义建设的任务。‘八大’的路线是正确的。但是，由于当时党对于全面建设社会主义的思想准备不足，‘八大’提出的路线和许多正确意见没有能够在实践中坚持下去。‘八大’以后，我们取得了社会主义建设的许多成就，同时也遭到了严重挫折。”①

正是在这样一种实际的历史语境与现实的社会状况下，邓小平紧紧把握住中国近现代以来社会发展提出的第二大任务，亦即实现中国社会的现代化这一历史使命，提出了“走自己的路，建设有中

① 《邓小平文选》第 3 卷，人民出版社 1993 年版，第 2 页。

国特色的社会主义”的思想和理论，开始了中国特色社会主义的历史性实践。中国的社会主义建设也由此进入了以经济建设为中心，以改革开放为手段和动力的新时期。就邓小平理论的主要内容来说，始终是根据中国当时的实际，一切从实际出发，并针对“文化大革命”中错误的观点和错误的方针、政策，提出了一系列实际有效地推动中国社会现代化的思想理论与方针政策，并实际地成为中国特色社会主义建设的内生动力，为中国特色社会主义道路的展开奠定了坚实的基础。邓小平一方面是紧紧抓住中国社会“生产力发展太慢”这样一个直接碰到的最大的、最根本的现实问题，另一方面是紧紧抓住中国发展“必须在思想政治上坚持四项基本原则”的根本前提，创造性地提出了中国特色社会主义理论。

因此，从马克思主义中国化的角度来说，邓小平理论是马克思主义基本原理与中国现代化建设实际相结合的产物，是对毛泽东思想的继承和发展。

邓小平开创的中国特色的社会主义建设，其历史性实践的内容非常广泛，不仅包括经济体制、政治体制和其他体制改革，也包括生产力发展、人民文化素质的提高等涉及国家与社会全面发展的方方面面；作为其理论总结的邓小平理论，同样包含着政治、经济、思想文化、法制、外交、国防、党的建设、统一战线、港澳与台湾问题等一系列的思想与学说。但就我们这里的主题——中国特色社会主义道路及其理论——而言，其中最为关键的主要有以下三个方面的内容。

第一，这条道路的历史性实践及其理论表达，始终坚持了马克思主义以“实践”纲领为定向的唯物主义的观点，重新恢复了中国共产党的实事求是的思想路线：一切从实际出发，理论联系实际，实事求是，在实践中检验真理和发展真理。这一思想路线的核心是“实事求是”，它也是毛泽东思想的精髓。因此，邓小平领导的中国特色的社会主义建设的开端和其理论起点就是：旗帜鲜明地反对“两个凡是”，在全党开展真理标准问题大讨论，并深刻地阐述解放思想、实事求是对于建设中国特色社会主义的重大理论意义和实践意义。邓小平指出：“一个党，一个国家，一个民族，如果一切从本本出发，思想僵化，迷信盛行，那它就不能前进，它的生机就停止了，就要亡党亡国。……只有解放思想，坚持实事求是，一切从实际出发，理论联系实际，我们的社会主义现代化建设才能顺利进行。”①所以从十一届三中全会开始，中国共产党领导全国人民，坚决冲破各种阻力，并坚持和发展了毛泽东思想最根本的东西：实事求是。并经过不断地探索和创造，终于找到了一条建设有中国特色的社会主义道路。

第二，这一道路的历史性实践及其理论表达，始终坚持从中国近现代社会发展所面临的实际问题出发，坚持以实现中国的现代化作为自己的历史使命，坚持以发展生产力，提高人民生活水平作为其自觉的历史任务，并以此来理解和把握什么是马克思主义，什么

① 《邓小平文选》第2卷，人民出版社1994年版，第143页。

是社会主义，并进而在推动马克思主义和社会主义发展的同时，强有力地推进中国特色社会主义建设。邓小平说：“什么叫社会主义，什么叫马克思主义？我们过去对这个问题的认识不是完全清醒的。马克思主义最注重发展生产力。”①他进一步指出，在中国这样一个经济落后的东方国家里建设社会主义，“经济长期处于停滞状态总不能叫社会主义。人民生活长期停止在很低的水平上总不能叫社会主义”。②“讲社会主义，首先就要使生产力发展，这是主要的。只有这样，才能表明社会主义的优越性。社会主义经济政策对不对，归根到底要看生产力是否发展，人民收入是否增加。这是压倒一切的标准。空讲社会主义不行，人民不相信。”③因此，十一届三中全会以后，中国的社会主义建设即从“以阶级斗争为纲”转向“以经济建设为中心”。

那么，如何才能够提高生产力，发展经济呢？邓小平指出，一是要改革，二是要开放。他在1978年12月的中央工作会议上尖锐地指出：“如果现在再不实行改革，我们的现代化事业和社会主义事业就会被葬送。”④对于开放，他说：“中国在历史上对世界有过贡献，但是长期停滞，发展很慢。现在是我们向世界先进国家学习的时候了。我们过去有一段时间，向先进国家学习先进的科学技术被

① 《邓小平文选》第3卷，人民出版社1993年版，第63页。
② 《邓小平文选》第2卷，人民出版社1994年版，第312页。
③ 同上书，第314页。
④ 同上书，第150页。

叫作‘崇洋媚外’。现在大家明白了，这是一种蠢话。……关起门来，固步自封，夜郎自大，是发达不起来的。”① 所以，中国特色的社会主义道路就是紧紧围绕着中国自近代以来社会发展提出的第二个大问题，亦即中华文明的现代化转型和中国社会的现代化任务，由此展开了中国共产党和中国人民的新的历史性实践，展开了中华民族之新的生活方式和交往关系的生成，所以它是中国近现代历史发展以来的第二次革命，是一场解放生产力的革命，而其目的，就是要在中国人民站起来之后，还要使中国人民富起来。

第三，这一道路的历史性实践及其理论表达，始终坚持中国的社会发展、中国的现代化实践必须走自己的道路，必须坚持四项基本原则。邓小平说："中国式的现代化，必须从中国的特点出发。"② 而中国的特点，从历史现实发展而来的基本特点，除了像人口多、耕地少、底子薄，经济文化落后等这样一些经济文化的历史前提与历史条件之外，还有作为行动指南的马列主义、毛泽东思想，中国共产党的领导，人民民主专政等这样一些历史前提与现实条件。因而，邓小平始终强调："我们要在中国实现四个现代化，必须在思想上坚持四项基本原则，这是实现四个现代化的根本前提。"③ "我们干四个现代化，人们都说好，但有些人脑子里的四化同我们脑子里的四化不同。我们脑子里的四化是社会主义的四化。他们只讲四化，不讲社会主义。这就忘记了事物的本质，也就离开了中国的发

① 《邓小平文选》第 2 卷，人民出版社 1994 年版，第 132 页。

②③　同上书，第 164 页。

展道路。”①他还进一步指出中国实现四个现代化与中国共产党之间的内在关系：“离开了中国共产党的领导，谁来组织社会主义的经济、政治、军事和文化？谁来组织中国的四个现代化？”②“我们说的社会主义是具有中国特色的社会主义，而要建设社会主义，没有共产党的领导是不可能的。”③因为“在中国这样一个大国，没有共产党的领导，必然四分五裂，一事无成。这是四个现代化能否实现的关键”④。而关于实现现代化和社会主义道路之间的关系，他反复指出：“我们执行对外开放政策，学习外国的技术，利用外资，是为了搞好社会主义建设，而不能离开社会主义道路。”⑤“在改革中坚持社会主义方向，这是一个很重要的问题。我们要实现工业、农业、国防和科学技术现代化，但在四个现代化前面有‘社会主义’四个字。叫社会主义四个现代化。”⑥可是“我们搞四个现代化建设，人们常常忘记是什么样的四个现代化，是社会主义的四个现代化。这就是我们今天做的事。”⑦

20世纪90年代初，苏联解体东欧剧变，国际社会主义运动遭遇到重大挫折。江泽民坚持党的十一届三中全会以来的基本路线，

① 《邓小平文选》第3卷，人民出版社1993年版，第204页。
② 《邓小平文选》第2卷，人民出版社1994年版，第170页。
③ 《邓小平文选》第3卷，人民出版社1993年版，第208页。
④ 《邓小平文选》第2卷，人民出版社1994年版，第358页。
⑤ 《邓小平文选》第3卷，人民出版社1993年版，第195页。
⑥ 同上书，第138页。
⑦ 同上书，第173页。

多次强调改革开放的总方针、总路线、总方向是完全正确的。只有改革开放，才能够使中国社会获得快速的发展，为实现共同富裕奠定坚实的物质基础；只有坚持社会主义的改革方向，坚持四项基本原则，毫不动摇地坚持走中国改革开放的道路，才能实现建设有中国特色的社会主义的根本目标。因此，改革的目的在于不断实现社会主义制度的自我完善和自我发展，要正确认识和处理改革发展稳定之间的关系。江泽民同志提出，必须要不断深化改革、扩大开放、促进发展和保持稳定。三者间相互依存，互为条件。此外，江泽民还指出："改革开放和现代化建设的根本目的，就是要通过发展社会生产力，努力满足人民群众日益增长的物质文化需要。因此，在整个现代化建设的过程中，都必须努力使广大工人、农民、知识分子和其他群众共同享受到经济社会发展的成果，使他们不断得到看得见的物质文化利益，从而使他们愈来愈深刻地认识到实行改革开放和实现社会主义现代化是祖国的富强之道，也是自己的富裕之道，也从而使他们更加自觉地为之共同奋斗。这是我们的事业不断发展并取得最终成功的根本保证。"① 一切工作都必须紧紧依靠群众，坚持相信群众。

胡锦涛强调，要着力推进改革开放。改革开放是经济发展的巨大引擎，也是走新型工业化道路的强大动力。2008 年 12 月 18 日，

---

① 《江泽民论有中国特色社会主义》(专题摘编)，中央文献出版社 2002 年版，第 111—112 页。

在纪念党的十一届三中全会召开30周年大会上胡锦涛同志发表讲话，全面回顾和总结改革开放30年的伟大历程和辉煌成就，高度评价党的十一届三中全会的重要意义和历史功绩，系统阐述改革开放“十个结合”的宝贵经验，明确指出继续推进改革开放伟大事业的前进方向。胡锦涛强调，党的十一届三中全会“实现了新中国成立以来我们党历史上具有深远意义的伟大转折，开启了我国改革开放历史新时期。从此，党领导全国各族人民在新的历史条件下开始了新的伟大革命”①。改革开放是决定当代中国命运的关键抉择，是发展中国特色社会主义、实现中华民族伟大复兴的必由之路；只有社会主义才能救中国，只有改革开放才能发展中国、发展社会主义、发展马克思主义。

综上所述，我们看到，中国特色社会主义道路的历史性实践，是中国共产党和中国人民，根据中国近现代社会历史发展所面临的现实问题和所提出的实际任务，并以新中国成立后的社会主义革命和建设的实际成效作为基础，在充分汲取了“文化大革命”的经验与教训后所开启的社会主义建设的新的历史阶段；作为其思想形态的邓小平理论、“三个代表”重要思想和科学发展观，则是对这一道路之历史性实践的阶段性思考和总结。就具体的、实际的历史进程来说，以恢复马克思主义“实践观”、毛泽东“实事求是”思想路线为开端的中国特色社会主义建设，既是新的马克思主义中国化的努

① 胡锦涛：《在纪念党的十一届三中全会召开30周年大会上的讲话》，人民出版社2008年版，第1页。

力，也是中国化马克思主义的新发展，亦即从毛泽东思想到中国特色社会主义理论体系的发展。总而言之，中国特色社会主义理论体系是中国现代化道路百年探索的一部分，而且是最重要的部分之一，它一方面最充分地揭示了中国的现代化进程和马克思主义的本质关联；另一方面也最充分地展示了马克思主义的生命力和一种全然不同于西方的现代化道路的可能性——中国特色社会主义道路。

第三节　中国特色社会主义新时代的历史方位与世界意义

2017 年 10 月 18 日，习近平在党的十九大报告中宣示：中国特色社会主义进入了新时代。“中国特色社会主义进入了新时代，这是一个分量很重、内涵很深的重大政治论断。新时代之‘新’，首先在于我们进入了一个新的发展阶段，发展环境、发展条件都发生了新的变化，目标任务也发生了新的变化，已经从‘未发展起来’时期进入到‘发展起来以后’时期。新时代之‘新’，在于我们面临着新的社会主要矛盾，也就是党的十九大所指出的我国社会主要矛盾已经转化为人民日益增长的美好生活需要和不平衡不充分的发展之间的矛盾，这深刻揭示了当前我国发展状况和人民生活状况的时代特点，对党和国家各方面工作都提出了新的要求。新时代之‘新’，还在于我们迈向新的奋斗目标，中华民族迎来了从站起来、富起来到强起来的伟大飞跃，即将全面建成小康社会、踏上全面建设社会主义现代化国家的新征程，我们比历史上任何时期都更接近、更有信心和能力实现中华民族伟大复兴的目标。”① 只有从中国近现代社会发展的内在逻辑，从中华民族伟大复兴的战略全局出发，我们才可能真正理解和把握中国特色社会主义新时代之历史性实践对于中国社会之未来发展的真实意义，才能真正把握其思想理论形态——习近平新时代中国特色社会主义思想——对于 21 世纪马克思主义发展的重要价值。

一、全面建成小康社会

改革开放标志着中国特色社会主义道路的积极开启，而建设小康社会的目标正是在这一道路的开启中被提出来的。这条中国特色社会主义道路的阶段性目标具有一个中国特色的名称——“小康”。改革开放之初提出的目标是“四个现代化”（农业、工业、国防和科技的现代化），并且很快就被进一步明确为“中国式的四个现代化”。中国式的现代化必须从中国的特点出发，而这样的特点首先就是人口多，耕地少，底子薄。因此，邓小平在 1979 年会见日本首相大平正芳时说，“我们要实现的四个现代化，是中国式的四个现代化。我们的四个现代化的概念，不是像你们那样的现代化的概念，而是‘小康之家’。到本世纪末，中国的四个现代化即使达到了某种目标，

① 《习近平新时代中国特色社会主义思想三十讲》，学习出版社 2018 年版，第 2 页。

我们的国民生产总值人均水平也还是很低的。……所以，我只能说，中国到那时也还是一个小康的状态。”① 很显然，小康状态是一个阶段性的目标，这个目标是以中国特点和现有前提为出发点的，是与社会主义初级阶段的历史定位相适应的，而中国特色社会主义正是首先依循这个目标来为自己开辟道路的。

现实的历史道路不仅是目标，而且是目标的实践展开或付诸实行。与抽象的目标不同，现实的目标不会虚弱到这种程度，以至于它只能滞留在空洞的观念中，而不能在历史的行程中实现自身。如果说中国特色社会主义在20世纪的最后20年中，实现了从贫困到温饱、从温饱到总体小康的积极跨越，那么，21世纪的头20年，就是全面建设小康社会的历史进程，就是从较低水平的、尚不全面尚不平衡的小康，决定性地抵达小康社会的全面建成。就像2020年被标识为全面建成小康社会的决胜时刻一样，这一社会的全面建成将意味着“小康中国”的历史性实现。正是通过其整个展开与实现过程，我们得以真正历史地理解并把握小康中国的本质来历：它是中国特色社会主义的直接产物，并且因此也是中国现代化事业和马克思主义中国化进程的组成部分。在这个意义上，小康中国的历史性实现，既可以看作改革开放以来历史进程的阶段性完成，也可以看作是建党建国以来更长久历史进程的重大成果。

中国特色社会主义是一个波澜壮阔的历史进程，而在这一进程

---

① 《邓小平文选》第2卷，人民出版社1994年版，第237页。

中构成基本实践的正是小康目标的提出、展开、深化和全面实现。正像2020年将以“小康中国”作为里程碑而载入史册一样，这个里程碑是以中国特色社会主义的全部历史性成就来铸造的。全面描述小康中国所达致的历史性成就，但从历史性意义上来概括这种成就则可以在深度和广度上举出两个要点来加以提示。

第一，全面建成小康社会，从纵深上来说要求彻底消除贫困。它是全面建成小康社会的基本目标之一，甚至可以说是其最基本的目标。近年来如火如荼推进着的“脱贫攻坚战”，最为坚决并且卓有成效地致力于脱贫目标。这一目标的达成将是真正历史性的：不仅因为消除贫困对于全部中国的历史世代来说是史无前例的，而且因为如此大规模人口的迅速脱贫在世界史上同样是——并且尤其是——史无前例的。如果说，新中国成立之初的“扫盲”（消除文盲）所取得的成就曾经得到过国际社会的极高评价，那么，小康中国被称为奇迹的脱贫成就，则是无论怎样评价都不会过高的。第二，全面建成小康社会，从广度上来说是“五位一体”发展理念的决定性形成。所谓“统筹推进”经济建设、政治建设、文化建设、社会建设和生态文明建设，正就意味着以上诸方面的建设只有成为一个有机的和彼此促进的整体，才能构成全面发展、可持续发展的坚实基础。在现代化的一般进程中，特别是在这一进程的展开之初，不同领域的推进往往是参差不齐的，甚至是彼此抵牾的。这种情形，只有在发展的特定阶段上才能被清楚地意识到，并且得到有效的多方整合。如果说全面建设小康社会的历史性实践，使我们很快明确了诸领域统筹推进的本质要求，那么，五位一体的发展理念就会作为小康中国的主要理论表现而得以确立和巩固。这同样是一项重大的历史性成就，因为就像前此的历史性进程发展出这一理念并付诸实行一样，未来的实践展开将首先依循这一理念来起步投足，并反过来使理念本身得到充实和提高。

全面建成小康社会意味着某种完成，意味着小康中国的历史性到达；但是，就其作为一种真正的历史性到达而言，它必定同时就是一种积极的开启，是一种以以往建设的全部成果作为前提的再出发。就此而言，小康中国总是标志着一个既作为终点又作为起点的转折。

如果说，重大的历史转折是由我们身处其中的时代状况和立足其上的历史方位来规定的，那么，我们就有理由问：小康中国处在怎样的时代状况中，并居于怎样的历史方位呢？为了回答这个问题，必须对时代的变迁形成本质的洞见。

二、新时代的历史方位

党的十九大报告就当今时代给出了一个根本的历史性判据：“经过长期努力，中国特色社会主义进入了新时代，这是我国发展新的历史方位。”① 由此可以形成两个基本判断。第一，伴随着全面建设小康社会的历史进程，中国特色社会主义进入了“新时代”；第二，已然建成的小康社会，正就处在“我国发展新的历史方位”上。

---

① 《习近平谈治国理政》第三卷，外文出版社 2020 年版，第 8 页。

为了更加深入地理解新的时代或新的历史方位，我们须得回到30多年前，也就是回到20世纪的最后10多年。那时改革开放才开始起步，“小康之家”的设想也只是最初被提了出来。然而，刚刚踏上改革之路的中国是处在怎样的世界境况中呢？每一个亲身经历这段历史的人，一定清楚地记得，当时的世界格局正处在巨大的变动中。世界社会主义经历着史无前例的灾难性挫折：苏联解体东欧剧变，先前的体制在一夜之间轰然倒塌；经历了一场又一场的“颜色革命”，许多社会主义国家纷纷改旗易帜。与这个几乎是颠覆性的巨大变动相适应，当时一般的意识形态氛围和知识界的流行观念似乎已完全认定，马克思主义最终被送进了博物馆，而《共产党宣言》的结论最终破产了。最能体现这种普遍氛围和流行观念的理论表述，是福山的著作《历史的终结与最后的人》。这部著作的核心观点是：世界历史或“人类普遍史”在现代性支配的世界中最终完成了，也就是说，它终结了，它终结于现代资本主义的经济、政治、社会和文化的建制中。“在我们的祖父母时代里，许多有理智的人竟然可以预见出一种辉煌的社会主义前景。……然而，当今世界上，我们却难以想象出一个从根本上比我们这个世界更好的世界，或一种不以民主主义和资本主义为基础的未来。”① 当历史以这样一种方式被判定为终结时，所谓“终结”当然也就意味着：世界历史不再能展现其他的可能性；除了现代性本质的扩散和流布之外，人类再也不会

① ［美］福山：《历史的终结及最后之人》，中国社会科学出版社2003年版，第52页。

有新的可能的未来。如果说福山的这部著作——这部轻佻的伪黑格尔主义的著作——在当时取得了很大的成功，那么，这不过是因为它充分应和着流俗的浅见和无头脑的观念罢了。

正是被这种流俗的浅见和无头脑的观念所激怒，并不是马克思主义者的后现代哲学家德里达发表了他的一系列演讲，这些演讲的结集以“马克思的幽灵”为标题出版。它在抨击福山所代表的意识形态虚假氛围时所要阐述的核心思想是：伴随着世界社会主义的巨大挫折，马克思主义在今天也许不再具有现实的存在、肉体的存在，但它依然存在——它是一个幽灵般的存在。“幽灵”一词立即使我们想起《共产党宣言》的首句名言：“一个幽灵，共产主义的幽灵，在欧洲游荡。”① 确实，在1848年的欧洲，共产主义还不曾具有现实的、肉体的存在，但却已然是一个幽灵般的存在。不仅如此，这个幽灵还是真正可怕的和强有力的，所以旧欧洲的一切势力，教皇和沙皇，梅特涅和基佐，法国的激进党人和德国的警察为了驱逐这个幽灵而结成了神圣同盟。为进一步阐明“幽灵般存在”的关键意义，德里达还特别解说了莎士比亚《哈姆雷特》一剧中的幽灵角色，即已被谋害致死的哈姆雷特的国王父亲。这个幽灵的数度登场在哈姆雷特的整个复仇过程中所起的核心作用是：告知真相，发出指令，并敦促行动。如果说“马克思的幽灵”在当今所具有的历史作用与之相似，那么，这恰恰是因为马克思的思想决定性地与现代世界的

① 《马克思恩格斯选集》第1卷，人民出版社1995年版，第271页。

本质根据相联系，与这种本质根据的内在矛盾和自我否定相联系。因此，马克思主义无论如何都将伴随着现代世界已经展开的历史性命运，即便仅仅是以幽灵的形式来显现。“那幽灵乃是一种自相矛盾的结合体，是正在形成的肉体，是精神的某种现象和肉身的形式。”①

毫无疑问，相较于那种无头脑的意识形态浅见，德里达的观点要正确得多也深刻得多。

因为它牢牢地抓住了马克思同现代世界之内在矛盾的关联，而这种关联是如此地切近并关乎本质，以至于即使其肉体全部消失，它也会将自身保持在幽灵的显现中。然而，尽管如此，德里达没有看到，事实上我们也不应要求他当时就能看到，有一支马克思主义——它是现实的和具有肉体的马克思主义——正在生机勃勃地成长，正在强有力地壮大起来，这就是改革开放以来中国化的马克思主义，就是中国特色社会主义。如果说由于中国特色社会主义在当时还处于开端阶段，建设小康社会的探索性实践才刚刚起步，所以其历史价值尚不能立即得到充分的彰显，那么，在今天，在经历了30多年的发展之后，我们已能对这一现实的、活生生的马克思主义成长过程作出较为整全的历史性估量了。

新的历史方位是做出这种历史性估量的坚实基础。十九大报告明确地将新的历史方位揭示为一个三重的意义领域，它是由（1）对于中华民族的意义，（2）对于世界社会主义的意义，以及（3）对

① ［德］德里达：《马克思的幽灵》，中国人民大学出版社1999年版，第11页。

于人类整体进步的意义来构成的。新的历史方位首先是通过对于中华民族来说的历史性意义而得到描述的："中国特色社会主义进入新时代，意味着近代以来久经磨难的中华民族迎来了从站起来、富起来到强起来的伟大飞跃，迎来了实现中华民族伟大复兴的光明前景。"①这是一个关于中华民族的历史性叙事，它一直可以追溯到1840年以来我们民族的整个历史境遇和历史事变，包括它的艰难困苦和顽强奋斗，并最终汇聚于通过全部现代化努力来实现中华民族伟大复兴的历史行程。这一行程通过其各阶段的发展，特别是通过中国特色社会主义的持续推进，通过全面建设小康社会的历史性实践，使其当代意义进入到新的历史方位之中，并成为这一历史方位的基本主线之一。

然而，新的历史方位不只是由这一意义线索构成的。中国特色社会主义进入新时代，还"意味着科学社会主义在21世纪的中国焕发出强大生机活力，在世界上高高举起了中国特色社会主义伟大旗帜"②。这是一个关于世界社会主义的历史性叙事，尤其是一个关于中国特色社会主义和世界社会主义特定联系的历史性叙事。自五四运动和中国共产党成立以来，就像中国革命成为世界革命的组成部分一样，为中国的现代化事业奠基的中国革命历史地采取了新民主主义—社会主义的定向，而这一定向的本质也使中国的社会主义不可避免地成为世界社会主义的组成部分。如果说，在中国革命的历

①② 《习近平谈治国理政》第三卷，外文出版社2020年版，第8页。

史进程中已经开展出马克思主义的中国化，那么，在新中国成立以来的社会主义实践中同样要求使马克思主义全面地中国化，亦即要求使社会主义的原则或原理同中国的现代化建设紧密地结合起来。这种结合首先是探索性的，而这样的探索性实践既不可能一蹴而就，也不可能一经达到就被固定下来；毋宁说，它是一条经历了许多艰难险阻，通过不断地获取经验和教训而被开辟出来的社会主义道路。这条道路的晚近形式就是中国特色社会主义——这条一开始同样是探索性的道路，通过其整个历史性的展开过程，通过全面建设小康社会的历史性实践而显示出对于世界社会主义来说的重大意义。这一意义在比照 20 世纪末社会主义的境遇时，尤其变得昭彰显著：中国特色社会主义以其自身的发展壮大，从一种普遍遭遇的巨大挫折中决定性地站立起来；它在成为科学社会主义伟大印证和伟大实践的同时，历史性地展现出世界社会主义的积极前景。因此，中国特色社会主义对于当代社会主义命运的深远意义，构成新时代历史方位的又一主线。

不仅如此，新的历史方位还有第三条意义线索，它是和世界历史的整体发展本质相关的。这一线索的历史性呈现，是由于中国特色社会主义在各个方面（特别是道路、理论、制度、文化）的不断发展，拓展了实现现代化的途径，提供了不同国家和民族谋求发展的全新选择，从而“为解决人类问题贡献了中国智慧和中国方案”。① 这是一个关于世界历史，关于人类整体发展的历史性叙事。

① 《习近平谈治国理政》第三卷，外文出版社 2020 年版，第 9 页。

自从现代性在特定阶段上取得绝对权力以来，一般而言的现代化确实成为人类的普遍命运，成为对各民族的生存和发展来说的基本任务。但是这种现代化的付诸实行，以及由此而开展出来的历史道路必定是相当不同的，因为它本质地依循于特定民族立足其上的文化传承、社会特性和历史环境。黑格尔早就以“民族精神”的概念来表示历史现实中民族特性的原则了：“民族精神便是在这种特性的限度内，具体地现出来，表示它的意识和意志的每一个方面——它整个的现实。”① 同样，在马克思看来，现实的历史道路根本就不可能由抽象的普遍性来先验地加以决定，恰恰相反，它总是在民族特性的具体化中客观地形成的。因此，比如说，德国革命的道路不可能重复法国革命的道路，它是从走法国道路的不可能性中被开辟出来的。② 如果说，中国特色社会主义道路的历史性实践突出地在其现代化的进程中反复证明了这一点，那么，这条道路就在其历史性成就被巩固地建立起来的地方，开始对世界历史进程具有意义，对这一进程中全体人类的进步具有意义。这是表明新时代历史方位的第三条基本主线。

因此，综合起来说，新时代的历史方位是通过上述三条意义主线来构成的。只有当中国特色社会主义发展到特定的转折点上，它才能迎来中华民族伟大复兴的决定性飞跃，才能对世界社会主义做出意义深远的建设性贡献，才能对世界历史的总体进步提供中国智

① ［德］黑格尔：《历史哲学》，上海世纪出版集团 2006 年版，第 59 页。

② 参见《马克思恩格斯选集》第 1 卷，人民出版社 1995 年版，第 14—16 页。

慧和中国方案。这个特定的转折点就是新的历史方位，就是三重意义领域的历史性开启："中国特色社会主义进入新时代，在中华人民共和国发展史上、中华民族发展史上具有重大意义。在世界社会主义发展史上，人类社会发展史上也具有重大意义。"①

我们今天就处在这样的历史方位上。如果说，这样的历史方位是经由中国特色社会主义的历史性进程而形成的，是通过全面建设小康社会的历史性实践而抵达的，那么，就像中国特色社会主义的当今意义要通过这个历史方位来得到深入理解一样，那已经全面建成的小康社会——即小康中国——的当今意义，同样要通过这个历史方位来得到完整的把握。中国特色社会主义是一条风云激荡的漫长道路，而全面建设小康社会则是这条道路的一个历史性阶段；这个阶段的完成，同时又将为小康社会的再出发提供前提并做好准备。在这个意义上，小康中国以其全部成果标志着特定阶段历史任务的完成，也意味着完成了的任务已成为过往而我们开始站上新的出发点了。作为真正的历史性成果，小康中国不仅是完成或实现，而且不能不是向着未来的筹划。就理解这种筹划而言，小康中国今天所处的历史方位是至关重要的；因为只有牢牢地把握这一历史方位，未来前景中现实的可能性——而不是抽象的可能性——才会被揭示着前来同我们照面，小康中国的明天才会将其展开过程中的必然性启示给今天的我们。

① 《习近平谈治国理政》第三卷，外文出版社 2020 年版，第 10 页。

三、中国道路的世界历史意义

小康中国处在新的历史方位上。这个历史方位不仅表明小康社会的全面建设，对于中华民族的复兴事业具有深远的意义，而且开始显现出中国特色社会主义的历史进程对于世界社会主义、对于人类文明的整体进步所具有的意义。虽说后一种意义还只是初露端倪，但就其性质而言却是至关重要的。它意味着中华民族自近代以来所开辟的现代化道路，尤其是中国特色社会主义道路，在它的进程中抵达了一个转折点；在这个转折点上，中国道路的历史性成就开始具有“世界历史意义”。我们大体上是在黑格尔所规定的含义上来使用“世界历史意义”这个术语的。它是表示：特定的民族在特定的历史阶段上承担起世界历史任务；由于这种任务在世界历史中具有更高的普遍性，因而便展现出它的世界历史意义。①

中国道路之所以能够在特定的阶段上展现出这样一种意义，最为简要并且也最关本质地说来，是由于中华民族的伟大复兴在完成现代化任务的同时，正在开启一种新文明类型的可能性。这种可能性固然是在较高的阶段上——在中国特色社会主义进入新时代，在小康中国处于新的历史方位上——才积极地绽露出来，但它作为本质的东西却植根于中国的现代化和马克思主义中国化的历史性进程中。易言之，就像中国的现代化和马克思主义中国化在特定阶段上

① 参见［德］黑格尔：《历史哲学》，上海世纪出版集团 2006 年版，第 48—49 页。

形成中国特色社会主义道路一样，中国特色社会主义道路在特定阶段上、在新的历史方位上表明：它在继续执行现代化任务的同时，正在将新文明类型的可能性作为一种本质的趋势造就出来。

如果说，小康中国就处在这样的历史方位上，那么，从小康中国出发的历史性筹划，就必定在一个方面表现为现代化的继续推进，在另一个方面则越来越多地指向一种新的文明类型。这两方面是同一个进程：新文明类型的可能性不是出现在现代化夭折或其意义被抹杀的地方，恰恰相反，它是在现代文明的成果能够被积极地占有、并且在特定的历史环境中才会真正出现的。小康中国面临的具体目标是，经过30年左右的努力，在21世纪中叶建成一个“社会主义现代化强国”——它是高度现代化的，它又是以社会主义为基本取向的，而这两者的统一就意味着一种新文明类型的可能性。因此，从历史性的根据来说，中国的现代化进程之所以能在特定的阶段上开启这种可能性，是因为这一现代化事业历史地采取了社会主义的定向，是因为社会主义现代化强国的目标本身就表明这一现代化任务的实现是由新时代的中国化马克思主义来为其制定方向的，是由中国特色社会主义的进一步发展来为其开辟道路的。从根本上来说，小康中国的历史性前景是由这样的基本前提所预设的。

新的文明类型是指什么呢？它是指超越现代性的文明类型，更为简明地说来，是指超越资本主义的文明类型——它的可能性是在特定的现代化基础上产生出来的，但它的成长却绝不仅仅局限于现代性之中；毋宁说，它的成长过程总是以不断地克服并保留——哲学上的术语叫“扬弃”——现代性的方式来实现的。这就是说，作为现实历史运动的社会主义（这是科学社会主义的核心要义），只有以特定的方式不断地超越现代—资本主义经济、政治、社会、文化等等的建制，才得以历史性地展开出来。一句话，它是以扬弃了的现代性、扬弃了的资本主义为本质特征的，从而表明自身为一种新的文明类型。如果说在全面建设小康社会的过程中这种新文明类型的可能性已经开始闪现出来，那么，在小康中国所朝向的目标中，在建设社会主义现代化强国的过程中，这种可能性就将在更加广阔的领域中呈现，就将以更加明确的方式转变为现实性，并通过这种转变而敞开其世界历史意义。因此，小康中国向着未来的筹划并不仅仅局限于现代性之中，并不仅仅是要求成为一个如英、美、德、法等的现代强国，因为单纯作此要求的发展对于中国社会的本质来说不仅根本不可能，而且也不会具有新的世界历史意义——它至多只是作为某种表征而从属于现代—资本主义文明及其被规定的意义罢了。

在中国特色社会主义的展开过程中，在全面建设小康社会的历史性实践中，那种能够标示新文明类型之可能性的基本要求和重要主张，已时而在我们眼前积极地呈现出来。这种可能性的识别标准是：它以占有现代文明的积极成果为前提，但它的本己性质不能不越出现代性的规定之外。如果我们的观察完全囿于现代性的眼界，那么把握这种可能性的前景从一开始就变得毫无希望了。举例来说，“新型大国关系”的主张只有在一种新文明类型的可能性中才能得到整全的理解，正像这一主张也只有在这种可能性的展开过程中才能得到真正的实现一样。之所以如此，是因为在现代性范围内的国际关系是以“威斯特伐利亚体系”为基准的，也就是说，是以丛林法则下诸实力单位的均势来维系其间歇和平的。既然“国强必霸”属于现代性本身的逻辑，那么，中国的和平崛起在现代性的狭隘视域中就变得难以捉摸了：即便是对中国颇具同情理解的基辛格，也只是把新型大国关系的主张看成是一种策略而已。如果说这一主张绝不可能局限于现代性的逻辑（正是依照这一逻辑，黑格尔让康德“永久和平”的善良愿望及其理论构造变得哑口无言），那么，真实地不走国强必霸的老路，就只能意味着超出现代性本身，意味着一种唯有在新文明类型的可能性中才能得到真正理解和实现的主张。同样，“文明互鉴”也在本质上生存于现代性被超越的地方，亦即是说，这一倡言也只有在新文明类型的可能性中才会得到切近的理解和全面的展现。因为现代性在开辟出世界历史的同时，将其特性固定在一开始就确立起来的“支配—从属”关系上，以至于使真正的文明互鉴在实际上不再成为可能。因此，虽说现代世界使历史摆脱了民族和地域的局限，极大地拓展了各领域中的社会化，并建立起人们之间普遍交往的广阔舞台。但在现代世界中，真正的文明互鉴实在是最少的，与以往的历史时代（通过偶然的交往，通过贸易、战争、迁徙等等来进行的文明互鉴）比较起来是更为罕见的。如果说，现代性视域中的晚近观点被归结为“文明的冲突”（亨廷顿），那么“文明的互鉴”则在新文明类型的可能性中具有积极的生存和真实的意义。我们通过上述例证无非是表明，当中国特色社会主义发展到特定阶段时，特别是当这个阶段开始展示新的历史方位时，在我们眼前继续推进的现代化进程，便不可避免地呈现出新文明类型的可能性。事实上这样的例证是很多的，它们仿佛是在这一历史进程中不可遏制地涌现出来："以人民为中心的发展思想是如此，"人类命运共同体"的理念也是如此。

这样的理念——作为现实的理念而不是抽象的理念——以现代化的实践展开为基础，但它们已经不是现代性所能束缚、所能牢笼的，它们通过扬弃现代性而展开一种现实的可能性，一种新文明类型的可能性。如果说，从小康中国通达社会主义现代化强国的道路，本质地属于中国特色社会主义道路，并且表现为这一道路的更高阶程，那么，小康中国向着未来出发的历史性进程，就将在更深入地完成现代化任务的同时，更多地展现出新文明类型的可能性，并且更经常地将这种可能性转变为现实性。

对于已经完成的历史性任务来说，通达未来的可能性不仅是更高的目标，而且是对当今的筹划和行动能够行使规定的东西。正如黑格尔所说，历史性的本质趋势比既成的事实具有更高的现实性。因此，把握这种历史性的趋势，把握在这种趋势中已然呈现的新文明类型的可能性，对于理解从小康中国的重新出发来说，具有非常根本的意义。事实上，正是这种作为历史性趋势的现实的可能性，应当成为统摄理解的总体。因为只有通过这样的总体，才能理解变化着的和生成着的各个部分；也才能对小康中国未来前景中的两个关键因素——现代化和传统文化——作出决定性的意义估量，并使之卓有成效地综合进我们的历史性筹划中。

在新文明类型的可能性被积极地开启出来的地方，进一步现代化的任务不仅不能被排除，相反却变得更加关乎本质。那种把新文明类型同现代性截然割裂并且全然对立起来的观点，就像在中国的现代化进程中试图取消马克思主义意义的观点一样，是肤浅的和无头脑的。新文明类型的可能性必定是全面地建立在现代化基础上的，是在中国现代化进程的特定阶段上得到开启的，并且是以占有现代文明的成果为根本前提的。正如马克思在 1881 年谈到俄国道路时所说，在具体的历史环境中可能的发展道路会多种多样（甚至可能跨越资本主义的“卡夫丁峡谷”），但无论走怎样的道路，都必须能够现成地占有现代文明的积极成果；① 否则的话，就只会有贫穷的普遍化，只会使一切陈腐的东西死灰复燃。在这个意义上，小康中国的再出发，必须最为坚定地继续推进其现代化任务的纵深开展，因为如果没有现代化的进一步深化，任何超越现代性的企图都不可能转变为现实性，而只能沦为抽象的即虚幻的可能性。然而，如果在对历史性前景的观照中仅仅将小康中国的未来锁闭在现代性之中，那么，这样的观点就是同样肤浅的和无头脑的。正如我们已经说过的那样，当今中国的现代化进程是以中国化的马克思主义来制定方向的，是由中国特色社会主义来开辟道路的，因而它就不能不在特定的转折点上“改弦更张”，并历史性地展现出世界历史之新的可能

① 参见《马克思恩格斯选集》第 3 卷，人民出版社 1995 年版，第 762、765 页。

性——这种可能性是从中国走西方道路的不可能性中产生的，是从中国现代化成为西方现代化翻版的不可能性中产生的。

另一方面，也正是在新文明类型的可能性被积极地开启出来的地方，中国文化传统的历史性重建才获得更为广阔也更为丰沛的意义空间。中华民族的复兴在大规模地占有现代文明成果的同时，还必须能够在特定的转折点上最关本质地重建它自己的伟大传统；没有这样的创造性重建，是谈不上真正的民族复兴的。如海德格尔所说，一切本质的和伟大的东西都从人有个家并且在传统中生了根这一点产生出来。① 但这样的传统并不现成地存在于辽远的过去，就像某些文化保守主义者所设想的那样，似乎只有返回宋代、汉唐甚至先秦，真正的传统才能被实际地据有似的。这种浪漫主义的复古想法，由于无法理解传统在本质上的历史性（即活在当下的过去），所以只能以僵死的过去与现代性构成紧张的外在对立。如果说，现代性对于中国来说曾经是外在的东西，而中国的现代化又是一个历史性的必然进程，那么，在这里不可避免地发生的就是所谓“文化结合的锻炼”。关于这种情形，黑格尔在谈到古希腊文明的缔造时曾说：希腊人既有自己的传统，又面临着当时更强大且更优势的东方文化的压力；正是经历了文化结合的艰苦锻炼，希腊人才获得了应有的活力，并开创出他们胜利和繁荣的时代。② 事实上，中国自近代以来的整个历史进程都贯穿着文化结合的艰苦锻炼，而这种锻炼

① 参见《海德格尔选集》下卷，上海三联书店 1996 年版，第 1305 页。

② 参见［德］黑格尔《历史哲学》，上海世纪出版集团 2006 年版，第 210 页。

只有在特定的转折点上才能赢得它的“自我主张”，即文化上坚定的自主性和自立性。当中国特色社会主义发展到特定阶段，当小康中国站到新的历史方位时，文化上自我主张的转折点便开始同我们真正照面。在这样的转折点上，新文明类型的可能性不仅把占有现代文明的成果理解为自身的基础，而且将中国文化传统的重建自觉地把握为本己的任务。这个任务意味着：经历“文化结合的锻炼”，中国的文化传统将在继续现代化的进程中得到复活与重建，从而迎来这一文化传统的再度青春化。

综上所述，我们可以概括出这样的结论：小康中国是中国特色社会主义的一个具有决定性意义的阶段性成果，更加广泛地说来，是中华民族伟大复兴事业的一个具有决定性意义的前进步伐；这个成果或步伐的决定性意义，不仅在于它无可置疑地构成未来事业得以出发的强大基石，而且在于它实际地引达并且明确地站上了新的历史方位。新的历史方位表明中国特色社会主义的发展在对中华民族具有深远意义的同时，开始对世界社会主义、对人类整体的发展显示出积极意义。因此，在这里得以展露的是一种“世界历史意义”。而这种意义的取得，是由于中国特色社会主义的历史性进程在推进现代化任务的同时，正开启出一种新文明类型的可能性。小康中国向着未来的筹划和出发，既然本质地属于这一历史性进程，那么它就将使现代化任务的继续执行更为切近地关联于新文明类型的可能性，并依循这种关联而使可能性不断地转变为现实性。世界历史意义的呈现，意味着能够真正承担起世界历史任务。这样的使命，不是可以偶然获取也不是可以任意规避的，它是由世界历史的现实进程所指派的；这样的任务，也绝不可能通过虚夸或自负来轻易完成，毋宁说，它是一个须由巨大努力才能担起的重任，是一个须经无数崎岖和艰难才能通过的考验。小康中国的再出发，就面临着这样的重任和考验，并且唯有通过这样的重任和考验，才能展示出它的伟大前景和成功未来。“小康”一词出自中国古代典籍《礼记·礼运》，用来表示一个“以著其义，以考其信，著有过，刑仁讲让，示民有常”的时代，后人也时常将之看作一个百姓小富，颇有节余的社会状况。然而，在这样的社会状况之上，还有一个更高的被名之为“大同”的社会理想，它的总体特征，在“大道之行也，天下为公”一语中得到本质的显现。① 大同和小康的区分不仅在于富裕程度的差别，而且尤其在于社会原则的不同（前者是“天下为公”，后者是“天下为家”）。由此来比况当今小康中国的历史方位和历史意义，在辨明其差别的情况下，可以是具有启示性的。当今的小康中国是以现代化和马克思主义中国化作为前提的，是经由中国特色社会主义的历史性道路达成的；而那全面建成了的小康社会，在消除贫困的同时达到了较为富庶的普遍状况，并且从这种状况的完成开始启程迈向更高的社会理想。如果说，小康中国所面向的具体目标是建设社会主义现代化强国，那么这一建设进程的实际展开，同样将不仅意味着经济上的更加富足，而且将意味着从新文明类型的可

① 参见《礼记·礼运》。

能性中造就出更高的社会原则。新文明类型的社会原则是怎样的呢？它的中国式表达就是："大道之行，天下为公。"这个本质表达出现在十九大报告的最后一个段落中，它意味深长地指示着从小康中国通达社会主义现代化强国的根本方向。

后 记

《当代中国马克思主义哲学研究》是复旦大学“两大工程”创新理论研究系列丛书之一，由吴晓明教授统筹完成。本书在深入学习贯彻习近平新时代中国特色社会主义思想的基础上，尝试依循“历史逻辑、理论逻辑和实践逻辑”建立当代中国马克思主义哲学的研究框架，具体阐明“以人民为中心”“实事求是”“新发展理念”“治国理政”“生态文明建设”等中国化马克思主义哲学的重大主题。在深刻领会习近平总书记在庆祝中国共产党成立100周年大会上的讲话精神基础上，本书尝试进一步立足于中国特色社会主义道路的历史性实践，深入探索中华民族伟大复兴与新文明形态形成的思想基础，深刻分析改革开放至今中国社会现实的重大转变，从哲学思想—理论的层面阐明党和国家事业取得历史性成就的现实根源，使切中“当今中国的社会现实”成为哲学社会科学的理论自觉与思想任务。

书稿撰写的具体分工如下：导论（王强、吴晓明），第一章（户晓坤），第二章（訾阳、吴晓明），第三章（姜婷），第四章（祁涛），

第五章（何莹），第六章（肖鹏、吴晓明），第七章（袁新、吴晓明）。全书由吴晓明、户晓坤统稿，后期审稿获得了《学术月刊》总编辑姜佑福的支持。由于论题本身艰深、论域宽广，书中存在各种缺陷与不足，请广大读者批评指正！

作者

图书在版编目(CIP)数据

当代中国马克思主义哲学研究/吴晓明等著.—上海:上海人民出版社,2021
当代中国马克思主义研究工程
ISBN 978-7-208-17251-7

Ⅰ.①当… Ⅱ.①吴… Ⅲ.①马克思主义哲学-研究-中国 Ⅳ.①B0-0

中国版本图书馆 CIP 数据核字(2021)第 143556 号

责任编辑 罗　俊
封面设计 汪　昊

当代中国马克思主义研究工程
当代中国马克思主义哲学研究
吴晓明　户晓坤　等　著

出　　版 上海人民出版社
(200001　上海福建中路 193 号)
发　　行 上海人民出版社发行中心
印　　刷 江苏凤凰数码印务有限公司
开　　本 720×1000　1/16
印　　张 28
插　　页 2
字　　数 276,000
版　　次 2021 年 9 月第 1 版
印　　次 2021 年 9 月第 1 次印刷
ISBN 978-7-208-17251-7/B·1570
定　　价 118.00 元